白澤政和
SHIRASAWA Masakazu

介護保険制度とケアマネジメント

創設20年に向けた検証と今後の展望

中央法規

はじめに

介護保険制度が始まり19年目を迎える。そして、ケアマネジメントも同様に月日を重ねてきた。このケアマネジメントについては、一方で厳しい批判も多い。それはケアマネジャーの資質に起因することであるのか、あるいは制度に起因するのか、あるいは両者に課題があるのか、を検証し、あるべき方法を示していくことが求められている。

この検証は、これまで長年にわたりケアマネジメントの研究を行ってきた者としての責任でもあり、『介護保険制度とケアマネジメント 創設20年に向けた検討と今後の展望』のタイトルでまとめることにした。そして、政策立案者もケアマネジャーも、ケアマネジメントの原点やあるべき方法を確認し、次のステージに進んでいってほしいと願っている。

私のケアマネジャーに対する認識は、ケアマネジャーという業務は極めて厳しく、様々なステークホルダー（利害関係者）と向き合い、自らの専門職としての価値を実現していく人材であると思っている。その価値とは、個々の利用者がエンパワメント（自ら力をつけること）していくよう支援することである。

そのためには、ケアマネジャーは様々な知識や方法を学ばなければならない。同時に、それを可能にする制度や仕組みを準備していく必要がある。ケアマネジメントは医療や介護といった利用者に対して直接サービスを提供することとは異なり、利用者とのフェース・トゥ・フェースの関係で進められるものであり、その効果はみえにくい。そのため、厳しい評価を受けたり、時には不要論まで噴出することになる。本書では、そうしたみえていないことを顕在化させたいと思っている。

本書で最も顕在化したかったことは、介護保険制度が療養保険制度に成りつつあり、介護を家族と介護保険で分担し合う制度に戻していくこと、さらにケアマネジャーはそれを推進していく人材であってほしいということである。図に示してあるように、医療と介護の間には療養がある。この療養は介護保険制度が存在しなかった時代は医療が引き受けてきた。介護保険制度ができたことで、介護保険が療養の大部分を引き受けることになりつつある。その結果、介護保険の本来の目的である介護の機能が弱くなっていると認識している。介護保険制度に療養部分を含めていくこと自体を何ら否定するものではないが、それにより本丸である介護が見失われつつあるように思われる。これが私の主張したいことである。

これは、実際に要介護3の認知症の母の介護を担っている家族としての実感でもある。その意味では、これは私だけの訴えではなく、大多数の介護者の思いではないかと推測する。厳しい介護を介護保険制度にすべてを委ねることはできないが、せめても家族介護者と介護保険制度が二人三脚で進めていただきたい。同時に、そうした視点で、ケアマネジャーが支援をしていただくことを願っている。

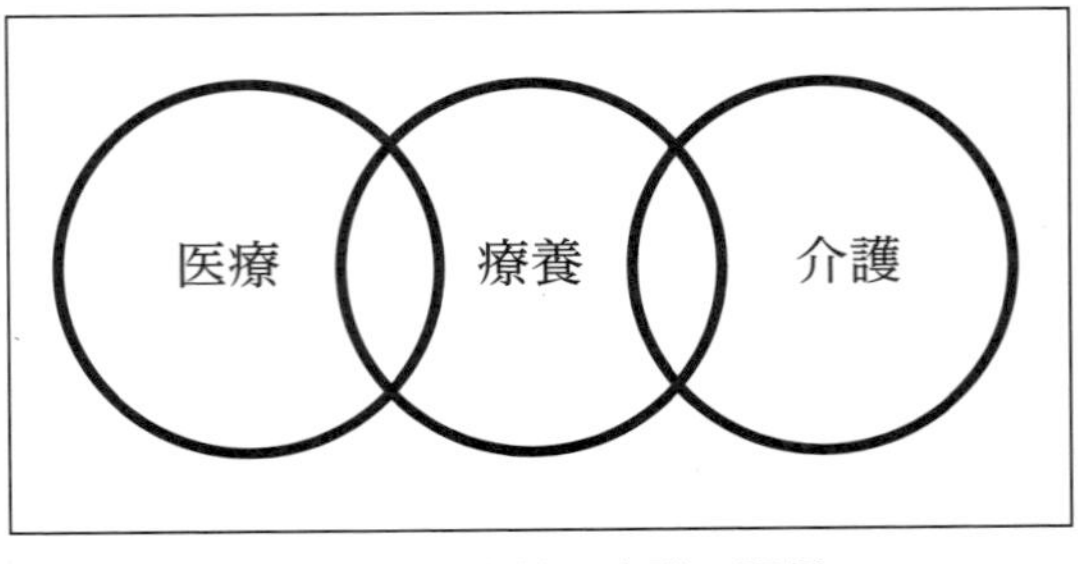

図　医療・療養・介護の関係

２０１９年３月吉日

桜美林大学大学院老年学研究科　**白澤政和**

目次

第1章

介護保険制度のあり方を考える

1　介護保険は公助か共助か

『地域包括ケア研究会報告書』（地域包括ケア研究会・三菱ＵＦＪリサーチ&コンサルティング）が２０１０（平成22）年3月に刊行した報告書では、多くの重要な提案が行われているが、ここで示されていることで、介護保険制度を医療保険同様に「共助」と位置づけていることに違和感をもつ者であるが、いかがであろうか。

従来から、「公助」「互助」「自助」という3分類はよく用いられてきた。介護保険制度との関係でいうと、介護保険制度は公助であり、近隣やボランティアが互助であり、利用者自体が自ら有している能力等を活用することが自助であるとしてきた。今回、これら3つのフォースに加えて、「共助」が加わり、4つに分類され、介護保険制度は、従来からの「公助」ではなく、「共助」として位置づけられていることである。

共助とは、それぞれの市町村で、65歳以上の人々が保険料を払い、お互いの介護を分ち合っていることで整理をされたのであろうが、このような4分類については十分理解し難い。

介護保険制度には、財源の半分が国、都道府県や市町村からも公費が投入されており、40歳以上65歳未満の方は全国一律の方法で保険料が医療保険と一緒に徴収されている。さらに国は介護保険法をつくることで介護保険制度の骨格をつくり、都道府県はサービス事業者の指定を行い、保険者である市町村が要介護認定の決定を行っている。また、市町村等が保険者として介護保険の運営に責任をもっている。その意味では、介護保険制度は公的責任が強い制度であり、「公助」と位置づけされてきたといえる。これが、民間の保険会社が行っている保険制度と根本的に異なる部分である。そのため、被保険者は保険料を払うことを自らの責任とし、義務としているといえる。

そのため、海外に介護保険制度を紹介する時には、民間の保険会社が行う介護保険ではないことを示すために、わざわざ、公的（Public）という言葉を冠して、公的介護保険制度（Public Long-term Care Insurance）としている。

介護保険制度の理念は、地方分権のもとで、そこで住民が保険料を出し合い、被保険者間で介護を受け合っていくという意味では、共助の意味合いをもっており、全く否定することはないが、それでは、介護に対して公助は何を担うのであろうか。この報告書が、介護保険の議論のベースにあることから、単に介護保険での「共助」という言葉の不明確さを指摘するというよりは、介護保険制度には国や自治体の責任が大きいことを確認し、公的責任から撤退するかのような雰囲気は避けなければならないと警鐘しておきたい。さもなければ、保険料を払う国民から、介護保険制度に対する信頼を失うことを危惧するからである。

あえて、介護を整理すると、公助としての介護保険制度、互助としてのボランティアや近隣、自助としての被保険者とその家族の、3つのフォースがお互いにできる限りの力を発揮し合い、個々の高齢者の介護にあたっていくことである。さらに、これら3つの力が発揮し合うことが、共に支え合う「共助」ということになれば、国民の理解が得やすいのではないだろうか。一時期、「新たな公共」ということがいわれ、あるべき姿が模索されたが、自助、互助、公助が一体になり、共に支え合っていくことが、まさに「新たな公共」が狙いとすることである。その意味では、国や自治体の責任も含めて、介護領域で、日本の「新たな公共」づくりのモデルを目指したいものである。

「公助」や「共助」といった言葉の使い方の議論ではなく、日本が高齢者の介護や介護保険制度をどのように行政と国民が責任を分ち合いながら、今後さらに厳しくなる超高齢社会をどのように乗り越えていくかについての根本的な議論が必要不可欠である。「自助」や「互助」も重要であるが、「公助」の重要性を認識して、介護保険制度が改正されていくことを願っている。さらに、この議論に国民が参加することで、介護での権利と責任を認識する機会になってほしいものである。

その後、厚生労働省では、介護保険の公費部分は「公助」、保険料部分は「共助」、自己負担部分は「自助」と整理している。私から言えば、介護保険は「公助」であり、「公助」には「共助」や「自助」の意味を内包しているとするほうが理解しやすい。なぜなら、国民や介護保険に関わる多くの専門家でさえ、介護保険は「公助」であるとの意識が高いからである。

2 要介護認定は本当に必要だろうか

2009（平成21）年4月に「個々の保険者間での2次判定の認定変更のばらつきをできる限り少なくする」ことを目的にして、要介護認定項目が修正された。

この要介護認定について、現在大きく2つの議論がある。第一は、個々の利用者に必要な介護の程度はどのような変数でもって測ることができるのかという議論である。この議論については、私は、単に利用者の「身体機能状態」項目だけで要介護度は測れず、「心理状態」の項目や「社会環境状態」の項目が必要不可欠であると主張してきた。

従来は、利用者の身体機能面や行動・心理症状でもって要介護の程度を捉える変数としていたが、新たな認定では、「心身の能力」、「障害や現象（行為）の有無」、「介助の方法」の3つの評価軸に分けた。結果的に、「介助の方法」が変数に入ってくることで、心身面だけでなく、介護者や住環境といった変数が関わることになる。ところが、新たな要介護認定項目にはそうした項目は入っておらず、理論的整合性を崩してしまったのではないかと思っている。ただ、こうしたことは、今まで議論することを避けてきた、介護の必要な程度はどのような変数により決まるのかを議論するスタート台に着けたのではないかと考えている。

私自身は、個々の利用者の要介護の程度なり時間は身体的な機能でもって決まるのではなく、心理的な状態や家族の介護力や住環境によって異なるものであり、主として身体的機能の調査項目でもって決定していること自体に、現在の認定項目は問題があると考えている。一方、介護保険では、家族の介護力を評価しないで、要介護度を認定することになっている。家族の介護力についてどのように位置づけ、要介護認定をしていくかについて、国民のコンセンサスが必要になってきている。

要介護認定についてのもう一つの議論は、「要介護認定制度」そのものが本来必要なのかどうかについてである。私も共同代表をお引き受けしていた『介護保険を維持・発展させる１０００万人の輪』が主催し、介護保険制度についての六党の国会議員による政策討論会が開かれた時のことである。そこで、現在混迷している要介護認定制度について将来どうあるべきか、六党の国会議員に尋ねた時のことである。そこでは、ニュアンスの違いはあるが、当然、様々な条件を付加しての話であるが、ほとんどの政党が「要介護認定制度」は必要ないのではないか、という意見であった。

私自身も将来的にはそのような制度にもっていく必要があると考えていたが、今までは現実離れしたように思われるのではとの気持ちから、話すことがはばかれてきた。その意味では、多くの国会議員が私に代わって、発言してくれたことでほっとした経験がある。現実に、イギリスでは、ケアマネジャーが作成するケアプランでもって、サービス内容が決定している。

確かに、現在要介護認定では、在宅の要介護・支援者は要介護度によって決められている支給限度額の平均4割程度しかサービスを利用していない事実をもとに考えても、不要論がまかり通るであろう。同時に、現在要介護認定に関わる事務経費に年間400億から500億円が使われており、さらに市町村に設置されたコンピュータ関連費用を含めれば年間2000億円という推計もあり、財政上のメリットは極めて大きい。

ただし、要介護認定制度を廃止するには、これにより、利用者が適正なサービスを利用できるようになるかどうかということである。このためには、2つのことが達成されることが条件である。ケアマネジャーの専門性が高まり、ある利用者に対してどのケアマネジャーが担当しても、ほぼ同じサービスが提供できる水準に到達させることである。同時に、公正中立にケアプランが作成できるような体制を確立することが不可欠である。

3　介護保険は高齢者雇用を促進

2010（平成22）年6月18日に閣議決定した日本の新成長戦略は、環境を整備していく「グリーン・イノベーション」と、医療・介護を強化していく「ライフ・イノベーション」が両輪であった。後者の「ライフ・イノベーション」は、医療や介護を経済活性化に結びつけていこうというものである。

高齢社会に伴い、どうしても予算が増える社会保障や社会福祉は従来から「金食い虫」とされ、小泉政権時代の2006（平成18）年に閣議決定した「骨太の方針06」では、社会保障費の自然増分から毎年

2200億円を削減していくことが盛り込まれ、2009（平成21）年度まで社会保障財源のカットが続いたが、あの時代からすれば、隔世の感がする。

介護が国民の内需を生み出す産業であることは、地域に急増したデイサービスやデイケアの施設、さらにはそこに通うための朝夕行きかう多くの送迎車の姿を見れば、歴然としている。ここには、多くの施設が建設され、車が買われ、多くの人が職を得て、内需をもたらし、その結果所得税や法人税が増え、失業率低下にも貢献している。

この介護事業は、単に産業として経済に寄与しているだけでなく、高齢社会を克服していくうえで必要不可欠な高齢者雇用の先駆的役割を果たしている。2010（平成22）年度、介護保険での民間の訪問介護事業所における高齢者雇用の実態に関する研究会に参加し、『平成21年度在宅介護サービス業高齢者雇用推進事業報告書』（一般社団法人日本在宅介護協会）として調査結果をまとめた。その結果、民間事業者のホームヘルパーの多くが高齢者で賄われている実態が明らかになった。訪問介護事業所職員の圧倒的多数を占める非常勤ヘルパーについて、高齢者が多いだろうことは薄々承知していたが、極めて高齢者雇用の進んでいる事業所であることを再認識した。

高齢者雇用施策としては、60歳を超えた人材を新たに雇用することと、60歳を超えても継続して雇用することがあるが、調査結果を事業所単位でみると、非常勤ヘルパーの3割以上が60歳以上の高齢者で占められている。60歳以上の高齢者を新規雇用している訪問介護事業所は76・7％もあり、その際に、未経験者でも雇用可能な事業所は58・9％にも及んでいる。このように、非常勤という立場ではあるが、訪問介護事業所は高齢者雇用が進んでいる事業である。

実際に仕事をしている60歳以上の非常勤ヘルパーは、就労理由として、第1位に「まだまだ働ける体力・気力・能力があると思ったから」（70・1％）、第2位に、「やりがいを感じる仕事だから」（40・6％）、第3位に「仕事を通じて学ぶことが多いから」（34・9％）との結果となっている。彼らの就労理由は、「まだまだ元気」という理由が最も多く、経済的な理由よりも、やりがいや学びを得るといったことの比率が高くなっており、高齢者に生きがいを提供するものとなっている。

雇用者側も、人事・総務担当者からみたメリットとして、第1位に、「人生経験や生活経験を業務に生かすことができる」（63・4％）、第2位に、「経験と能力のある人材を即戦力として活用できる」（61・0％）を挙げている。

また、サービス管理者からみたメリットとして、第1位に、「人生経験や生活経験を業務に生かすことができる」（68・2％）、第2位に、「時間的に融通がきく人が多い」（56・6％）、第3位に、「利用者と世代が近いため、コミュニケーションがうまくいき、サービス向上に役立てることができる」（55・5％）と捉えている。このように、ヘルパーは人生経験、生活経験、職業経験などが活かされる職種であることがうかがえる。

高齢社会にあって、高齢者層に雇用を生み出すことで、労働者の就労年齢を押し上げていくことが必要であるが、訪問介護事業所はその先導的な役割を果たしている。願わくば、非常勤ヘルパーの中心が女性になっているが、男性も多数参入してくれることで、同性介護といったことも実現できることになる。また、事業所が非常勤雇用から常勤雇用へのキャリアパスの道もつくっていくことで、高齢者の多様な雇用ニーズにも応えていくことができる。

以上のような実態にあり、訪問介護事業所は高齢者が働きやすい職場環境への整備が急務となっている。高齢者のもつ人生経験や知見を介護サービスに生かし、労働力として安定的な質と量の確保につなげていくためには、業務知識やスキル不足を補う施策、健康面・安全面への対策、業務の負荷やペースなどへの配慮、契約更新の基準や制度の明確化などの対応が、今後の課題であることもわかった。

訪問介護事業所でのこうした高齢者雇用が、当面の人材不足へのやむを得ない対応といった消極的な発想ではなく、高齢者雇用の場として積極的に確立していくことが、今後、20歳から66歳未満の稼働年齢層が減少していく時代の先駆的で、時代を読んだ対応として展開されることを強く求めるものである。

4　介護保険のサービスに生活援助は残すべきか

介護保険法改正の議論のベースになっている『地域包括ケア研究会報告書』でも、また社会保障審議会介護保険部会でも、ホームヘルパーの家事援助である「生活支援」について、いかにあるべきかが議論されている。要支援・要介護者への生活援助は必要不可欠であることについては、『地域包括ケア研究会報告書』も介護保険部会の審議で、コンセンサスが取れているように思える。ただ、これを介護保険制度の枠内で実施するのかどうかが論点となっている。

介護保険制度以前の時代には、ホームヘルパーは「介護」「家事」「相談・助言」を一体的に行っていたが、介護保険制度が成熟する過程で、家事を生活援助と呼び、介護報酬との関係では介護との分離を図ってきた。同時に、「相談・助言」については現実には行われているであろうが、報酬の項目からは除外されてしまった。

介護保険財源が逼迫してくると、軽度者を介護保険から切り離すことで対処する動きが出てくることは当然予想できることである。『地域包括ケア研究会報告書』も、生活援助は大事であるが、介護保険制度から切り離し、市町村業務としての位置づけや民間活動として行うことを提案している。このことは、現状の保険者の財政状況からして、また、そうした市民活動もほとんど存在しない以上、結果的には、要支援・要介護者は生活援助を受けられなくなるおそれがある。そのため、生活支援を介護保険制度から外すことになれば、要支援・要介護者の生活への影響は計り知れないほど大きい。

これはすべての市町村が２０１６（平成28）年度末までに実施することになっていた総合事業で始まっている。要支援高齢者や介護予防生活支援サービス事業対象者は、市町村が実施する訪問型サービスとして、多様な供給主体により生活援助を受ける仕組みになった。

介護保険から生活援助を切り離そうとする意見を論破する意味では、第一に訪問介護サービスの中で生活援助をいかに位置づけるかの理論的な整理が必要である。第二として、介護保険制度での生活援助のもつ法的位置づけについても整理しておく必要がある。

第一では、訪問介護についてイギリスでは、ホームヘルパーは家事と介護を一体的に支援している。ただし、アメリカでは、ヘルス・エイド（看護助手）が介護を、ホームメーカー(家事援助者）が家事をしており、業務が分化している。日本では、１９５０年代中頃に先駆的な自治体がイギリスのホームヘルパー制度を導入し、ホームヘルパーは徐々に家事と介護を一体的に行うことで、要援護者の在宅生活の支えとして発展してきた経緯がある。

この一体的な対応は、要介護者や要支援者の生活全体の支援となり、利用者の生活全体を捉えることで、利用者の潜在能力や意欲を引き出すことになり、自立支援が可能になる。そのために、このような支援ができるよう、直接利用者に関わる訪問介護員やサービス提供責任者、さらには介護支援専門員を養成してきた。ある意味では、生活援助は介護予防の中心になることを狙いにしており、そうした観点で訪問介護員を養成していく必要があることはもちろんである。
第二については、介護保険制度が保険の仕組みとして成立する以上は、生活支援を除外することは難しいと考える。保険制度は、基本的に被保険者が保険事故に会う可能性が高いことで成立する。

協会けんぽの資料によると、政府管掌健康保険加入者で２００８（平成20）年10月から２００９（平成21）年９月の１年間に医療機関を１回以上受療した者は、全年齢の82・７％、70歳以上に限ると92・８％になる。この数値は、誰もが医療保険に頼らなければならない不安をもっているからこそ、医療保険制度が成り立っており、国民に安全・安心感を提供しているといえる。

介護保険制度から生活援助なり、その中心的な利用者である要支援者を除外することになれば、65歳以上の被保険者のわずか11・１％しか利用しないことになる。現状では、生活支援も利用できるゆえに14・０％が利用している。さらに、介護事故は医療事故の後に起こる可能性が高く、介護保険制度は医療保険制度に比べて、国民の保険事故に対する緊急面でのニーズは弱い。そのため、介護保険の保険事故から生活援助や要支援者を切り離すことになれば、保険よりも、租税で実施すべきとの論調が強くなるものと予測される。

介護保険制度は、高齢者の安全・安心な生活を守ってくれる最後のセーフティ・ネットの役割を担っており、国民はそのように期待している。そこで、保険としての意義を見いだしてくれることは、「最後の神頼み」ではないが、「最後の介護保険頼み」である。介護保険が高齢者の在宅生活が維持できる安全・安心を提供してくれる制度であってほしいと願うのは、私だけであろうか。

5　介護保険制度改革の長期展望

介護保険制度が創設され19年目を迎えているが、現状に横たわる深刻な課題として、介護保険財源が上昇し続けており、保険料を含めて財源が限界点に達しつつあることである。同時に、介護人材の確保が困難を極めていることである。いわゆる、介護保険の土台をなす「人」と「金」で行き詰まっている。この深刻な2つの課題に焦点を当てて、いかに活路を見いだしていくべきかを長期的な展望に立って検討する必要がある。

①財源問題の解決に向けて

介護保険制度は2000（平成12）年4月から始まったが、開始時と2017（平成29）年4月末で比較すると、要介護・要支援認定者数は218万人から633万人と2・9倍になっている。また、介護サービス利用者数は149万人から496万人と3・3倍になっている。このことは、介護保険制度が多くの高齢者に活用され、定着してきたこととして、まずは評価されるべきである。

一方、介護保険の財源は租税と保険料が折半になっており、保険料は、65歳以上の第1号被保険者の場合には、介護保険制度が始まった第1期では全国平均月2911円であったものが、2018（平成30）年からの第7期の現在では5869円となっている。さらに、2020年度には6711円、2025年には8165円になると予測されている。このような保険料については、高齢者が支払う限界に近づきつつある。

厚生労働省の介護保険制度の予測は2025年まで留まっているが、団塊ジュニア世代が65歳以上となる2040年代初めには、65歳以上高齢者がピークに達し、さらに2050年には75歳以上がピークになる。

そのため、人口が減少しているにも関わらず、今後30年ほどは75歳以上の後期高齢者が増加していくことになる。さらに生産年齢人口を含めた人口減少が著しく、介護保険の利用層である75歳以上の後期高齢者が占める割合が増加していく以上、要介護・要支援認定者数、介護サービス利用者数、保険料はさらに増加率が高まることになる。

そのため財源の問題は大きく、介護保険制度の改正はそれなりになされてはいる。第1には、2015（平成27）年8月から一部の高齢者には自己負担率を2割に上げ、さらに2018（平成30）年8月からは現役並み所得の高齢者には3割に上げてきた。介護保険は医療保険に比べて、長期にわたりサービスを利用するという特徴があり、高額な支払いを続けることが難しい。そのため、現状の自己負担率が限界であるといえる。

第2には、2017（平成29）年4月には全市町村で始まった総合事業では、軽度者である要支援者に対しては、従来訪問介護や通所介護は介護予防給付として給付されていたが、市町村の総合事業として提供され、訪問介護や通所介護の基準を緩和したり、住民の「互助」で行う生活支援サービスを準備することで、財源の抑制を図ろうとしている。

こうした施策を強化していくことが、逆に介護サービスの質の低下をきたし、結果的には財源の上昇を招くことも懸念される。同時に、こうした施策の財源抑制への効果は、大きくは期待できず、「焼石に水」といった感がせざるを得ない。現状として、介護保険制度利用予備軍である75歳以上の後期高齢者が増加し、それを支える生産年齢層が減少していく以上、長期的な展望に立ったドラスティックな改革が求められている。介護保険制度は団塊の世代が75歳以上になる2025年をゴールにして検討されているきらいがあるが、さらに人口減少が進み、後期高齢者が4人に1人となる2055年を視野に入れたシナリオに移行していくことが求められる。

一方、新たに『「我が事・丸ごと」地域共生社会実現本部』が2016（平成28）年7月15日に立ち上がったが、我が事とは、地域づくりに対して地域の住民が他人事であることから、我が事への転換を図っていくことで、地域共生社会を確立していこうとするものである。丸ごととは、従来の縦割りによる相談や支援から世代横断的な相談と支援体制を確立することである。これへの対応として、世代横断型の相談体制の構築や、障がい児・者や高齢者が共に利用できる訪問介護、通所介護、短期入所といった共生型サービスができてきている。

後者の「丸ごと」の縦割りの究極の課題は、高齢障がい者の問題に顕在化している。障がい者は65歳になると、保険優先の原理により、障害者総合支援法の障害福祉サービスから介護保険サービスの利用に代わることになる。その際に、基本となる障害区分認定から要介護認定に変わり、再度認定を受け直し、ケアプランの作成は相談支援専門員から介護支援専門員に移行する。この結果、障がい者は65歳になる前後で心身状態が全く変化ないにも関わらず、ケアマネジャーもサービス内容も大きく変わることになっている。そのため、高齢障がい者の生活の連続性が図れるようにすることが「丸ごと」の最終的な課題であるといえる。

以上のような、障がい者と高齢者の生活の連続性を確保し、かつ財源問題を打開するうえで、介護保険制度を全世代が利用できる仕組みに転換することが必要である。ドイツの介護保険は、まさに0歳から対象にし、20歳以上が被保険者となる保険である。スウェーデンの介護サービスを提供するソーシャルサービス法も全世代を対象にしている。介護サービスに対するニーズは年齢に関係なく、すべての世代にあり、ニーズに合わせて施策はつくられるべきである。

当然、日本での被保険者は65歳以上の第1号被保険者、40歳以上65歳未満の第2号被保険者に加えて、20歳以上40歳未満の第3号被保険者を新たに創設することにある。当然、この第3号被保険者は自らやその親の介護事故リスクは少ないことから、保険料は第2号被保険者よりも低く抑えられるべきである。このことこそが、多世代が協力し合う「丸ごと」での地域共生社会づくりであるといえる。そのためには、被保険者となる20歳から39歳の人々、さらには保険料の半分を折半することになる事業主にも理解を得られるよう舵をきるべきである。

一方、障がい者の理解も重要である。現在の障害者総合支援法での福祉サービスの利用は、介護保険制度同様に原則1割の自己負担であり、両者間での整合性は十分につけることができる。ただし、障害者総合支援法では、広い幅のボーダーライン層について利用料が無料という仕組みにしており、こうしたことを継承することで、現状の高齢障がい者が不利にならないような対応が求められる。それは、介護保険制度は保険料と租税が折半で投入されており、保険と租税のミックス型であるため、両者のメリットを活かしながら、一体化を検討することが可能であるといえる。そうすることで、20歳から39歳の財源の確保が図られ、同時に障がい児・者と高齢者の丸ごと対応を可能にすることができる。

②介護人材の確保に向けて

第2の課題である介護人材の確保は、さらに深刻である。介護老人福祉施設を開設したが、介護人材の確保ができず、一部空床にしている施設が数多くある。また、介護職員の確保ができず、廃業する訪問介護事業所も出てきている。これらは、介護保険制度が始まる時に恐れていた、「保険あって、サービスなし」の状況が始まりつつあることを暗示している。

こうした介護人材不足は、都心部や農村部に限らず、起こっている。それは介護人材に限らず、労働力人口が少なくなってきていることが根本にあり、これがさらに減少していくことが大きい。労働力人口は2013

（平成25）年で6577万人であったが、現状維持で進めば、2030年には5683万人、2060年には3795万人に下がる。一方、2030年に合計特殊出産率が2・06まで戻り、スウェーデンのような30歳から49歳の女性の労働力人口が90％を占め、60歳以上の男女の労働力人口を5歳繰り上げることができても、2060年には5407万人の労働力人口に留まる。

この結果、介護人材だけではなく、日本全体で労働力人口をどのように確保するのかが大きな課題である。介護人材の2025年の需給推計を厚生労働省が行っているが、2025年度の介護人材の需要見込みが253万人で、供給見込みが215・2万人であり、37・7万人の需給ギャップが生じると予測している。2025年に向けて、この37・7万人をどのように確保していくのかが具体的に示される必要がある。

介護人材の確保は、日本国内では難しく、他の人材確保同様に、海外に目を向けざるを得ない。海外においても、介護人材を国外に頼っている国等も多い。アメリカではヒスパニック系の人々、EUでは中東からの移民、台湾・香港・シンガポールではフィリピン、インドネシア、ベトナム等からの就労ビザで更新が数回可能で、在宅や施設の介護を担っている。

日本では、経済連携協定（EPA）により、2008（平成20）年からインドネシア、2009（平成21）年にはフィリピン、2014（平成26）年にはベトナムから、介護福祉士候補者を受け入れ、介護老人福祉施設で雇用契約に基づき就労や研修を3年ないしは4年受け、3年次に1年に1回実施される介護福祉士国家資格試験を受け、不合格の場合には4年次に再度受験する機会が与えられる。合格すると、継続して就労することができることになっている。これは、労働力不足への対応ではなく、EPAに基づき、公的な枠組みで特例的に行っていることとされている。そのため、介護福祉士試験に合格できなければ、母国へ戻ることになっており、2016（平成28）年では104名が、2017（平成29）年には213名が合格している。この数字からもわかるように、ＥＰＡが日本の介護人材確保に影響を与えるような人数とはいえない。

そうしたこともあり、２０１６（平成28）年に２つの法律が制定された。その一つが「外国人の技能実習の適正な実施及び技能実習生の保護に関する法律」で、技能実習生に介護が加えられた。技能実習生制度についても、法的には介護人材不足を解消することを目的にしているのではなく、建前上は、国際貢献のため、開発途上国等の外国人を日本で一定期間に限り受け入れ、技能を自国に移転することを目的にしたものである。そして、介護の技能実習生には、入国に際して、他の技能実習生とは異なり、要介護高齢者や障がい者とのコミュニケーションが必要であるため、入国時の日本語能力がＮ４、さらに1年後にはＮ３の能力が求められることになっている。

このような技能移転目的の実習生という建前と、現実の人材不足への対応という現実との間のギャップは大きい。そのことは、世界からも批判の的になっている。

介護についての技能実習生は、他の技能実習生に比べて、給与がとりわけ高いわけでもなく、さらに介護の場合は夜勤が1年間できないことで、他の職種の技能実習生よりも給与が下がる可能性も大きい。また、後で述べる２０１９（平成31）年4月から就労目的の特定技能1号が始まることから、介護の技能実習制度が形骸化する可能性が高い。このような多くのハードルがあり、現状の制度では期待しているほど介護の技能実習生が集まらないではないかと予想される。

そのため、介護人材を確保するためには、外国人側は就労を目的で来日している以上、同一労働同一賃金を原則に、就労を保障する仕組みが求められる。ところが、現状では、外国人の人権を守るものには必ずしも十分ではない。

それで、２０１８（平成30）年12月に、就労を目的で、介護も含めた14業種で、特定技能1号として通算５

年を在留期間とし、海外からの人材の確保を図っていく「出入国管理法改正」が国会で通ったが、これは当然の流れであるといえる。ただ、就労が目的であり、職場を移動できるとすれば、都市部に特定技能1号の人材が集中する可能性が高い。特に、介護領域では、介護保険制度には地域区分があり、都市部では介護報酬額が高く、当然賃金も高くなることから、特定技能1号の介護人材の職場移動が生じる可能性があり、その対策も必要になる。

外国人が介護職に就きたいと大量に日本に来てもらううえで、2つの競争が生じていることを認識しておかなければならない。まずは、フィリピン、インドネシア、ベトナム等の東南アジアの国々では、EUや北米、台湾、シンガポール、香港等からの介護人材へのニーズがあり、そうした海外の国々との競争に日本が勝ち、日本に来てくれる人材を確保する仕組みを構築しなければならない。もう一つの競争は、日本にやってくる外国人は、介護以外の職種を希望する人が圧倒的大多数であり、こうした他の職業と競争して、介護をしたいという選択をしてくれる仕組みを構築しなければならない。そのため、介護職員の待遇を一層良くしていくことが必要である。一定の職場が条件を整えることで、介護職員は平均月額3万7000円相当アップするまでになり、消費税が10％になるにあたって、さらにアップすることが検討されているが、まだまだ他の職種に比べれば、給与面での改善が求められる。

こうした、外国人だけでなく、すべての介護職員の待遇の改善や社会的評価を高めることが不可欠である。その根底には、できる限り日本人が介護を担い、それを補うべく技能実習生や特定技能1号があるという基本がポイントになるからである。決して、こうした外国人介護職員が入ってくることで、日本人が介護職場に集まらなくなるような事態を回避できることが最大の課題である。

第2の課題は、日本の介護の質をいかに維持していくかである。2016（平成28）年にできたもう一つの

「出入国管理及び難民認定法の一部を改正する法律」が重要である。この法律で介護福祉士の資格を有する外国人が介護に従事する場合に、介護福祉士を高度専門職と見なし、在留資格が得られることになった。既にそのような在留資格取得者も出ている。

介護福祉士養成校への留学生が介護福祉士資格を取得して、在留資格を得て、介護現場で働くことができれば、日本が世界に誇る介護水準を担保できることになる。同時に、介護の現場にやってくる技能実習生の指導者としての役割も果たしてもらうことができる。介護福祉士養成校へは2つの入学方法がある。一つは、海外から留学してくる場合で、漢字が書ける程度のN2の日本語能力が求められる。もう一つの方法は、日本語学校に在籍しており、卒業後に介護福祉士養成校に入学してくる場合である。

日本で介護を学び、働きたい留学生は多いが、学費が払えないから入学できない者も多い。介護福祉士養成校に入学すると、都道府県ごとに、2年間で約168万円の修学資金の貸与（5年就労すれば無償還）制度が既にある。このような仕組みを一層推進することで、高度な水準の外国人介護福祉士を増やしていくことで、日本の介護の質を担保していくことが可能になる。このような外国人介護福祉士であれば、母国に戻っても、自国の介護のリーダーになり、本来の技能移転も可能である。

以上のように、外国人介護職の確保において根本的な転換が求められている。ただ、外国人介護職の確保だけでなく、日本人の介護経験者を介護職に引き込む視点も必要である。現実に、介護離職者が毎年10万人程度おり、家庭の介護を終えた介護者に、介護経験を活かして活動してもらえる仕組みを制度化することで、2025年までの37・7万人の不足分を超えて、さらに長期的な展望で介護人材の確保を図っていかなければならない。

以上、介護保険制度が直面している「金」と「人」について、長期的な展望に立っての提言をしてきた。これら両方の課題は国民のコンセンサスが必要であり、改革には時間がかかることを考えると、こうした議論を早急に実施すべき時期にあるといえる。

第2章

現状の介護保険施策のあるべき方向

1　自立支援・重度化予防施策の基本的視点を明らかに

①「自立支援施策」とその「適切な指標」とは何かを明らかに

2018（平成30）年5月26日に参議院で「地域包括ケアシステムの強化のための介護保険法等の一部を改正する法律」が可決した。この中では、今後の介護保険制度の行方を左右する内容が多く含まれている。

その第1は、「保険者機能の強化等による高齢者の自立支援と要介護状態の重度化防止」である。市町村に、「被保険者の地域における自立した日常生活の支援、要介護状態等となることの予防又は要介護状態等の軽減若しくは悪化の防止及び介護給付等に要する費用の適正化」を目的とした「自立支援等施策」を行うことを義務化した。そして、その実施について「適切な指標による実績評価」を行い、評価結果をもとに、市町村に交付金での「財政的インセンティブの付与」をするとしている。

この自立支援等施策は何であり、その施策評価を行う「適切な指標」は何かが大きな議論となっている。この施策の推進にあたって、厚生労働省は「法律案のポイント」というスライドで、先進的な取組みを行っている和光市や大分県では「認定率の低下」「保険料の上昇抑制」が生じたことを示しており、自立支援等施策による評価指標は「認定率の低下」や「保険料の上昇抑制」であるかのようにみえる。

ここでは、自立支援とは、利用者にどのような支援をすることかを明らかにし、そこからアウトプットとしてどのような指標が示されるかを明らかにすることになる。こうした議論がされないままに、「認定率の低下」や「保険料の上昇抑制」のみが先走りすると、保険者はケアマネジャーや地域包括支援センターに対して、

「認定をできる限り受けさせないように」といった指示をしたり、認定基準を厳しくするといったことが起こりかねない。

そのためには、自立支援とは何かについて明らかにされなければならない。現実には、数年前に厚生労働省内に「介護支援専門員（ケアマネジャー）の資質向上と今後のあり方に関する検討会」が２０１２（平成24）年に設置され、２０１３（平成25）年1月に『介護支援専門員（ケアマネジャー）の資質向上と今後のあり方に関する検討会における議論の中間的な整理』で、「自立支援」の考え方がケアマネジャー間で十分共有されていないことが示されていたにも関わらず、自立支援の考え方が明示されないままできた。

②自立支援の実績を指標化できるか

自立支援の適切な評価指標が、個々の事例なり、個々の介護支援専門員の成果としてならいざ知らず、保険者単位で求められている。これは、個々の介護支援専門員や介護サービス事業所の職員の実績評価の積み重ねであり、個々の事例の積み重ねにまで戻ることで、初めて評価できることになる。さらに、それを保険者機能として、介護支援専門員等に対して自立支援に対してインセンティブを与えるとなれば、極めて莫大な作業であるといえる。

そこで、まずは自立についての共通認識が必要であるが、自立についての考え方は多様であり、大まかには**図２-１**のような内容として捉えることができる。ここでの、「ＡＤＬやＩＡＤＬを高める」「有している潜在的な力を高める」「自己決定をする」のどの部分に力点が置かれるかは、個々の利用者により異なることになる。

そして、これら3つの要素を指標化することは、要介護度に集約されるＡＤＬやＩＡＤＬの自立については

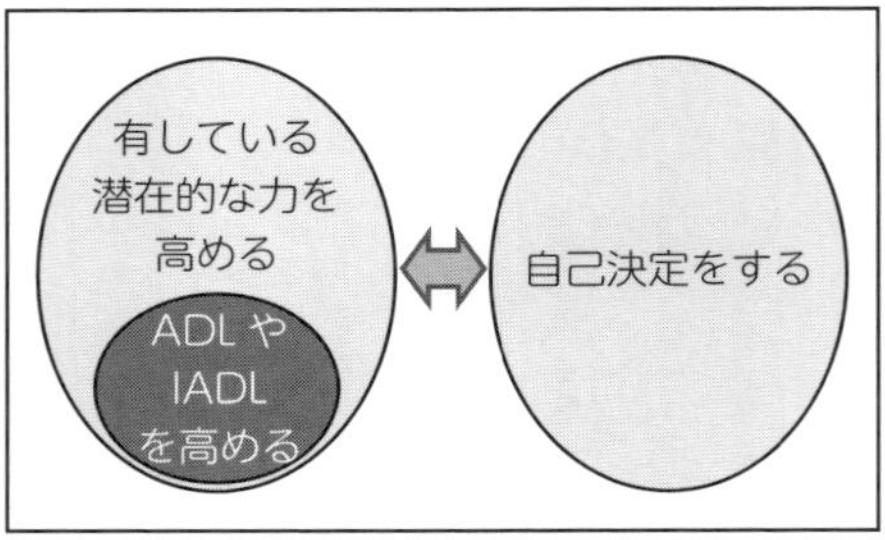

図 2-1　自立の考え方

可能である。しかしながら、「有している潜在的な力」の一部である利用者の意欲、他者との関係、思考、知識、自己決定力等が高まったことや、今後の生活に対して「自己決定」ができるようになったことを指標化することは、相当困難が伴うことになる。ただし、ケアマネジメントとそれに伴う介護サービスの提供の効果を可視化していくためにも、こうした指標化は今後の緊急な課題であることは事実である。

　ただ、要支援高齢者に限っての話ではあるが、サービス利用での自己決定・選択を可能にする条件整備をして、保険者が新総合事業の中で多様な社会資源である生活支援サービスを準備することができたかどうかの指標化であれば、可能な議論である。

　自立支援・重度化防止施策の主たる狙いが、介護保険財源の抑制であるとするならば、従来の介護保険サービス以外の新総合事業での新たな社会資源がどの程度開発されてきたかは、保険者機能を評価する指標になりうる。ただし、どの程度生活支援サービスを利用しているかは、利用者の自己決定・選択によるものであり、指標化することは難しいといえる。

　最終的に、厚生労働省から「自立支援・重度化防止施策」の推進についての保険者機能強化の基準となる指標として62項目が示されたが、自立の議論を超えた網羅的なものであり、「自立」とは何かの結論を回避してしまった。

　本来であれば、自立の意味することを中心に、他方で介護保険財源の抑制方法について、保険者、サービス利用者を含めた被保険者、介護支援専門員を核にした介護サービス事業者が、活発に議論していくことを期待していた。最終的には、介護保険制度の目的を明確にすることで、介護保険は利用者の質の高い生活の支援を目指すものであることを再認識してほしいと願っていた。

2 新総合事業はどうすれば機能するのか

①新総合事業の概要

市町村の総合事業が進展しない

2017（平成29）年4月からすべての市町村で新しい総合事業が始まった。この狙いは、多様な生活支援サービスが開発され、要支援高齢者を中心にした軽度の人々が、予防給付サービスだけでなく、開発された新しいサービスを利用し、さらには自らもサービス提供の担い手になることで、介護予防を推進していくことである。

具体的には、要支援高齢者向けの介護予防給付である訪問介護と通所介護がなくなり、それらは市町村が実施する新たな総合事業の中心である訪問型サービスと通所型サービスに移行することになった。

そのため、要支援者とチェックリストで介護予防・生活支援サービス利用対象者となった高齢者は、介護予防ケアマネジメントを介して訪問型サービスや通所型サービスを利用することになった。

訪問型サービスは、従来型の訪問介護に加えて、サービスAと呼ばれる基準を緩和したヘルパー資格がない人による生活援助、さらにはサービスBとされる有償の家事支援活動を新たに開発することであり、軽度者にこれら多様なサービスから選んでもらうことになっている。さらには、サービスCと呼ばれる短期集中的に訪問介護を提供することで、自立となり、介護保険制度利用から卒業してもらうことを進めることになっている。なお、サービスDは福祉タクシー利用の送迎部分を有償の家事支援活動で実施するものである。

通所型サービスも同様であり、従来型の通所介護に加えて、通所介護の利用時間を短縮した基準緩和型のサービスA、サロンやコミュニティ・カフェといったサービスB、3カ月から6カ月で自立となり介護保険サービスから卒業する短期集中型のサービスC、となっている。

さらに、この新たな総合事業には、訪問型サービスや通所型サービスに加えて、見守り、配食、移送といった生活支援サービスを開発し、軽度者に利用してもらうことも含まれている。

このように、多様な社会資源が創設され、要支援高齢者や介護予防・生活支援サービス事業対象者が選択できる選択肢が広がることは、大いに歓迎すべきことである。

市町村は訪問型と通所型のサービスAからサービスDに加えて、その他の見守り、配食、移送といった生活支援サービスを新たに開発することが急務となっている。

サービスAは従来型の基準を緩和するものであり、訪問型サービスでは、訪問介護事業者やシルバー人材センターが、また通所型サービスでは通所介護事業者に担ってもらうことが可能である。当然、従来型より報酬が低くなることもあり、収益的にはさほど期待できないが、要介護になっても継続して利用してもらうことを期待して、介護サービス事業者に参入してもらうことが可能であろう。そうした結果、多くの市町村で、ヘルパー2級資格取得者であることを緩和して訪問型サービスAを、デイサービスでの滞在時間を短く緩和して通所型サービスAを実施しようとしている。ただ、サービスへの参入は、コスト面や人材不足のため、参入に苦戦している。
これら以外の訪問型サービスのB、C、D、通所型サービスのBとC、その他の見守り、配食、移送といった生活支援サービスの創設については、市町村は一層苦戦している。

②生活支援サービス開発の困難性の背景

総合事業での通所型と訪問型のサービスBが各市町村とも開発に苦戦している理由は、訪問型サービスBとは住民参加型の有償家事支援活動で、通所型サービスBはサロン活動であり、こうした活動は本来サービスと呼ばないインフォーマルなものであることに起因している。こうした活動は専門家の支援でもって、地域住民が地域の課題として認識し、主体的に開発されていくものである。

その際に、地域の課題がこうした有償家事支援活動やサロン活動に結びつくとは限らない。時には、配食や見守りといった生活支援活動が開発されることもありうる。さらには、地域活動を進めるには熟しておらず、地域住民に対する研修活動に留まることもありうる。

他方、訪問型サービスBについては、地域に既に存在している場合もある。その場合には、インフォーマルゆえに、利用者が生協などといった会員に絞られていたり、対象地域が市町村を超えて利用できたり、逆に小地域に限定されていたり、高齢者だけに限定されていなかったりということがある。こうした活動を無理やり訪問型サービスBに取り込むことになれば、従来からの活動の低下や消滅の可能性さえある。それは、住民の自発性による参加活動の意識が弱まるからである。

また、通所型サービスBであるサロン活動等も同様であり、地域の課題から必ずしもサロン活動が導き出され、そうした活動を地域の人々が開発していくとは限らない。それ以外の見守り活動になる場合もあれば、公民館での住民向けの研修活動になる場合もある。

同時に、従来からの活動が認知症の人や家族に限定しており、すべての要支援高齢者や介護予防・生活支援サービス事業対象者が利用できない場合もあれば、地域を限定して実施している場合もある。こうした現状のサロン活動に要支援高齢者や介護予防・生活支援サービス事業対象者を含めるよう無理強いはできない。

以上のことから、総合事業のサービスBという制度の箱をつくり、そこに要支援高齢者等を入れ込むサービスづくりは極めて難しい。こうした生活支援サービスは、本来インフォーマルサポートに属するものである。しかしながら、これに対して介護保険財源で補助金や助成金を手当てする関係から、「サービス」との名称やそれに合った内容にせざるを得なかったのであろう。

イギリスの社会学者バルマー(Bulmer, M)は、フォーマルサービスとインフォーマルサポートの関係を5つのパターンに分けている。

①フォーマルサービスによるインフォーマルサポートの植民地化、②両者間での競争ないしは葛藤、③相互に関連のない共存、④両者間の共同、⑤両者間での混乱、である。

④に相当する共同を確立するために、フォーマルな側で「キーパーソン」ないしは「コーディネーター」を養成し、調整しなければならないとしている（注1）。この人材がケアマネジャーに相当する。サービスBは、介護保険サービスがインフォーマルサポートである総合事業のサービスBを植民地化した①に相当するともいえる。

生活支援活動を活発にしていくためにも、補助金や助成金が有効であるが、住民が主体になって実施していくインフォーマルな自発的活動として総合事業のサービスBを位置づけ、補助金や助成金を柔軟に活用できるよう転換が求められている。

そのことにより、地域ケア推進会議や生活支援コーディネーターを介して、要支援高齢者や介護予防・生活支援サービス事業対象者にこだわることなく、要介護者も利用できる有償の家事支援活動やコミュニティ・カフェやサロン活動も生まれてくるであろう。そのため、あえて、サービスBと呼ばず、住民主体の生活支援活動としておくだけで十分である。

サービスCについては、介護保険のサービスに頼らない自立への可逆性が可能な対象者についての検討が必要である。原因論的に捉えれば、転倒等で骨折した高齢者や廃用症候群の高齢者は対象者になる可能性がある。そのためには、どのような状態の廃用症候群の場合は自立が可能かのエビデンスが基本になければならない。そうした視点がなく、利用者の意向によったり、場合によっては地域包括支援センターや保険者の誘導によって、訪問型であろうと通所型であろうとサービスCを活用することにはリスクが付きまとう。

サービスCは、自立への可逆性が明らかになったエビデンスに基づき、対象者層を確定していくことが求められる。その意味では、介護保険制度の基準ではないが、フレイルやサルコペニアでの基準に従い、サービスCの議論を検討していくことも一つの方法のように考える。

フレイルは高齢者の身体機能や認知機能が低下して虚弱となった状態を指し、フレイルの一部とされるサルコペニアは加齢に伴う筋肉の量と質の低下とされるが、こうした状態の高齢者に対して運動、栄養、社会参加により、自立に可逆することが立証されつつある。そうした可逆化の一つの方法としてサービスCを検証し、それが可能であれば、フレイルやサルコペニアの基準に合致した場合、サービスCの利用を支援していくことが考えられる。

注釈

(注1) Bulmer, M『The Social Basis of Community Care』Allen & Unwin, London, 1987, 182-188

③生活支援活動開発の方法

それでは、生活支援活動を市町村はどのようにすればつくっていくことができるのか。生活支援活動を開発していくためには、実務者で構成される地域ケア会議で支援困難事例を検討し、支援困難事例の累積から抽出される地域の課題を地域の機関や団体の代表者からなる地域ケア推進会議で解決方法を検討し、対応していくことが第一である（地域ケア個別会議と地域ケア推進会議を合わせて地域ケア会議としている）。あるいは、地域の人々を対象とした調査から地域の課題を抽出し、市町村が作成する介護保険事業計画等に盛り込んで地域の課題を解決していく方法である。これは**図 2-2**に示す通りである。

後者の介護保険事業計画等に反映するのはフォーマルサービスを量的・質的に確保する視点が強く、前者の地域ケア推進会議でアウトプットされるものは、住民主体の生活支援活動を創造していくものが多い。

地域ケア個別会議で議論される支援困難事例での困難性には、①利用者の特性、②支援者の能力、③社会資源の欠如――の3点が相互に関連している（注1）。このうちの③社会資源の欠如について、地域ケア推進会議で検討され、地域の課題をもとに、必要な生活支援活動が検討され、開発されていくことになる。

例えば、地域ケア推進会議で、支援困難事例として多発している虐待事例について検討がなされ、そこで、虐待事例に共通するアセスメント項目として、例えば「介護サービスを十分利用していない」「家族が近隣との関わりが弱い」「認知症の高齢者が被虐待者である」ことがわかった。

そこで、こうした状況から「虐待の発生を予防する」を地域の目標として、「要介護者家族には必要なサービスを利用してもらう」「要介護者家族と地域との関係をつくっていく」ことを地域の課題として、具体的な地域支援計画を作成していく。これは**表 2-1**に示すような地域支援計画票であり、ここから、研修会や学習

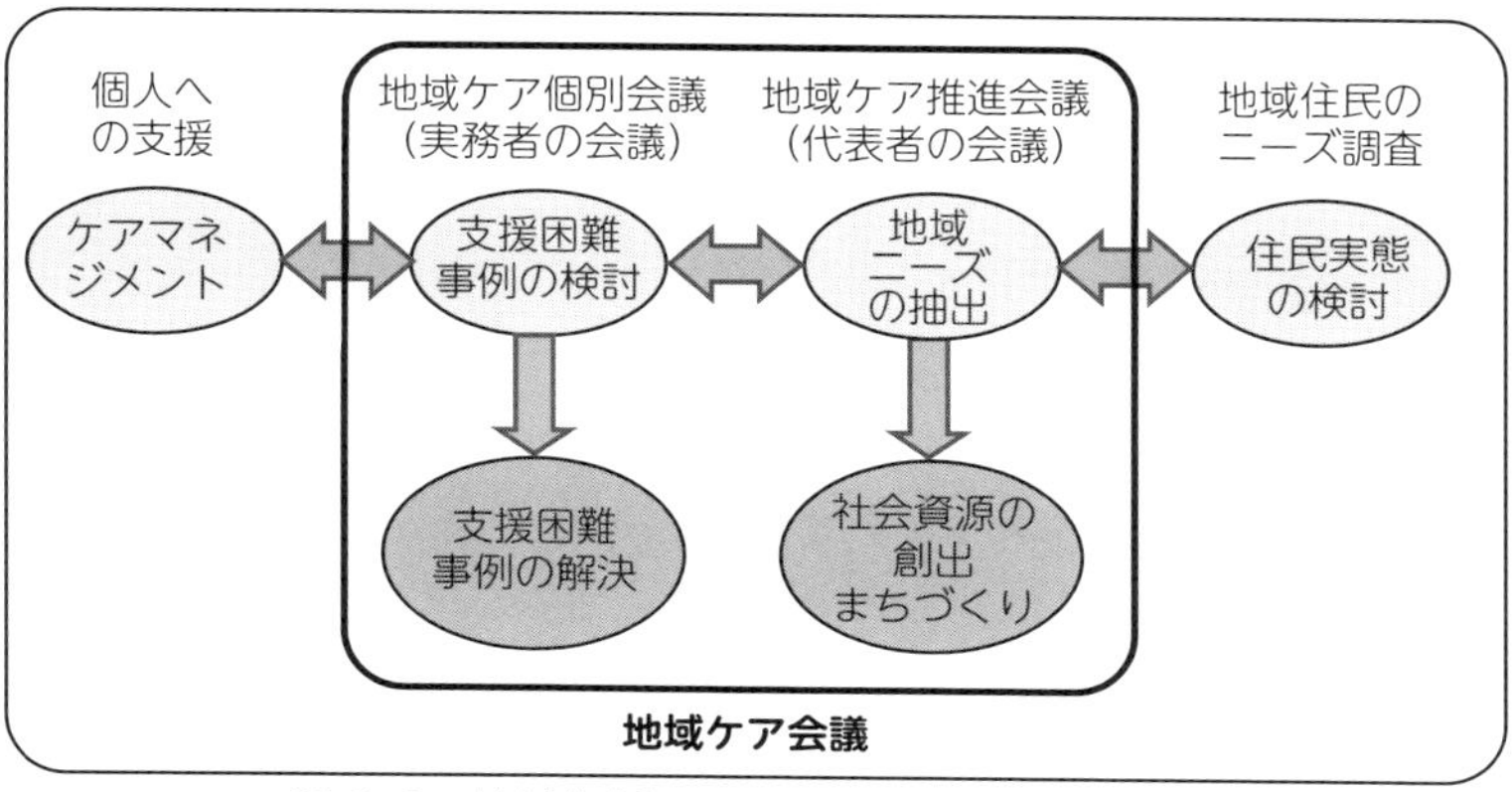

図 2-2　地域包括ケアシステムの推進方法

表 2-1　地域支援計画票の例

地域の目標：虐待発生を予防する

ニーズ	目標	実施内容	担当・役割	場所	実施時期
要介護者に対して、必要なサービスを利用してもらう	要介護者や家族のニーズに即した介護サービスの提供を行う	①介護保険制度の利用促進パンフレットの作成	地域包括支援センターと行政で作成し、自治会を介して配布 配布先：高齢者のいる世帯		2017（平成 29）年 8 月配布
		②介護支援専門員の家族介護者への支援方法のための勉強会の実施	講師：大学職員 対象者：介護支援専門員 事務局：地域包括支援センター	市民会館	2017（平成 29）年 5 月 2017（平成 29）年 10 月
		③介護サービス未利用要介護者についての、要介護者および家族の状況把握の実施	保険者から情報を得て、地域包括支援センター職員が家庭訪問する 訪問後、地域包括支援センターにて検討会を実施	介護サービス未利用要介護者の家庭	66 ケースについて、2017（平成 29）年 5 月～ 7 月に実施
要介護者を抱える家族と地域との関わりをつくる	要介護者家庭が地域との交流をもてるようにする	①虐待事例についての、地域の役員に対する研修会の開催	講師：地域包括支援センター社会福祉士 対象：民生児童委員、自治会役員 事務局：民生委員協議会	市民会館	2017（平成 29）年 8 月 2018（平成 30）年 2 月
		②認知症の人のいる家庭の見守り活動の実施	担当：民生委員 事務局：介護支援専門員協議会が連絡調整	要介護の認知症の人の家庭	月に 1 回

会の開催、認知症の人の見守り活動といった生活支援活動が生まれてくることになる。

これこそ、「我が事・丸ごと」地域共生社会でいうところの「我が事」を実現する方法でもある。地域づくりを住民の方々が他人事から我が事に転換するためには、地域の人々を集めた会議をもち、地域の人々に地域で起こっている課題に直面してもらい、その解決をPDCAサイクルで展開していく支援をすることである。そして実施した生活支援活動を評価することで、地域で役立っているという有用感を地域の人々に形成してもらうことである。

注釈

（注1）和気純子「高齢者の相談援助における『支援困難ケース』」伊藤冨士江編『わが国におけるソーシャルワーク実践の展開：小松源助先生の研究業績の継承を願って』川島書店、2008年、87頁

④生活支援活動開発の課題

総合事業での生活支援活動の開発が求められているが、ここには大きく2つの課題がある。

⑴地域ケア会議の位置づけ

第1の課題は、地域ケア会議の位置づけについて、2つの流れがあることである。一つは、前項で示した地域ケア会議の位置づけであり、これは厚生労働省が作成した**図2-3**において示されている通りである。地域ケア会議は支援困難事例を検討する地域ケア個別会議と地域の課題を検討する地域ケア推進会議から成っている。

地域包括支援センターは市町村と一体となった取組みのもと、個別ケース（困難事例等）の検討を始点とし

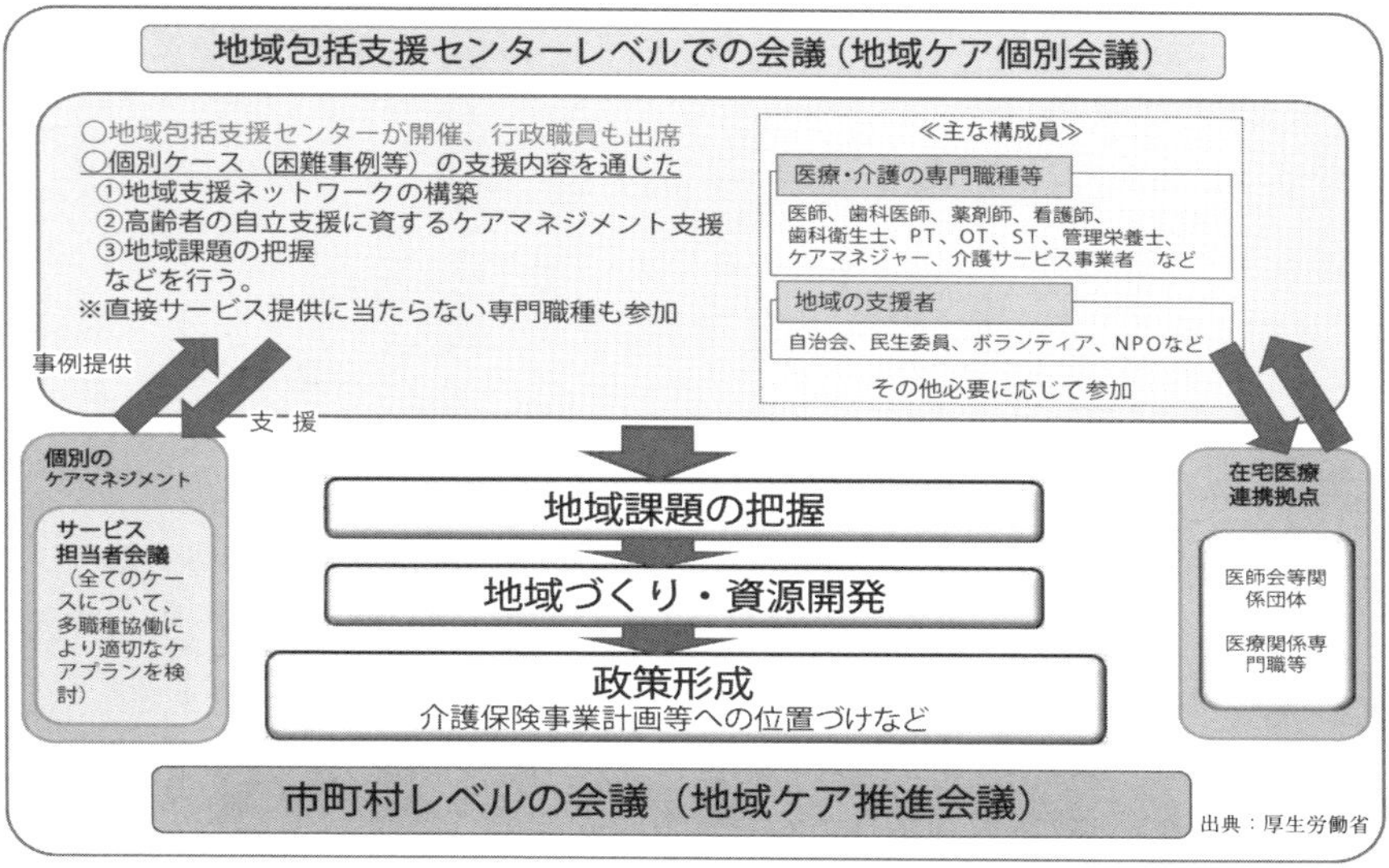

図 2-3　地域ケア個別会議と地域ケア推進会議の関係

て、地域課題の抽出、地域づくり、資源開発までの一連の流れを円滑に進めるコーディネート機能が求められている。

しかしながら、介護保険法の中で位置づけられている地域ケア会議について、第115条の48第1項で、その目的を「市町村は、第115条の45第2項第3号に掲げる事業の効果的な実施のために、（中略）会議を置くように努めなければならない」と、地域ケア会議は第115条の45第2項が指す総合事業に対応して実施されるものとして位置づけられている。

その結果、地域ケア会議は、要支援高齢者や介護予防・生活支援サービス事業対象者に関わる事業を効果的に実施するためのものとなっている。実際一部の市町村ではこのように要支援者等に限定して事例検討が行われているのは、そのためであろう。

同時に、同条の48第2項で「適切な支援を図るために必要な検討を行う」としており、適切な支援の内容として、支援困難という視点よりも、介護支援専門員が適切に支援しているかどうか検討するという視点が強い。実際に、一部市町村では介護予防が適切に実施されているかチェックすることを目的に、地域ケア個別会議が実施されている。

以上のように、地域ケア会議の位置づけが必ずしも明確でなく、二重の目的となっている。そのことが地域ケア会議を進めていくうえでの、保険者の戸惑いとなっており、保険者間で地域ケア個別会議の内容が要支援者のみを対象にする場合と、すべての利用者を対象にする場合に分れており、バラバラになっている。

一方で、支援困難事例から地域の課題が抽出される以上、支援困難事例の検討抜きには、高齢者が継続して地域で生活するための地域づくりに連動していくことが難しいといえる。さらには、地域の課題は要支援者の事例からのみ抽出されるものではなく、要介護・要支援者といった幅広い事例から捉えていくことが重要である。

(2)地域ケア会議と生活支援コーディネーターの関係

総合事業として生活支援活動が創設されていくうえでの第2の課題は、地域ケア会議の業務と生活支援コーディネーターの業務の関係についてである。地域ケア推進会議では地域の課題に対して新たな社会資源の開発を計画していく機能をもっているが、新たに創設された生活支援コーディネーターも、協議体をベースにして、生活支援活動を開発し、その担い手を育成し、地域の機関や団体間でのネットワークを構築していくことになっている。そのため、地域包括支援センターが担う地域ケア会議と生活支援コーディネーターの役割分担が不明瞭となっている。

その結果、市町村での生活支援コーディネーターの配置が遅れている。生活支援コーディネーターの配置や協議体の設置については、2018（平成30）年3月末までが猶予期間となっていたが、「新しい包括的支援事業における生活支援コーディネーター・協議体の先行事例の調査研究事業―生活支援体制整備事業に関するアンケート調査報告書」では、2017（平成29）年1月時点で市町村レベルでの生活支援コーディネーター未設置市町村はほぼ半数あった（注1）。既に猶予期間から1年近く過ぎたが、すべての市町村に設置されたというデータはない。

そのため、地域包括支援センターでの地域ケア会議と生活支援コーディネーターの役割分担を明確にし、さらには地域ケア推進会議の構成員と協議体の構成員の一体化も検討しつつ、生活支援活動の開発を図っていく必要がある。現実的には、住民主体を原則にして、地域ケア推進会議で、地域の課題をもとに生活支援活動の全体計画を作成し、その具体的な実施計画を具体化していくのが生活支援コーディネーターの役割とすることで機能分担を図っていくことが最も妥当な方法といえる（注2）。それは**図2-4**のように整理でき、両者が共同しながら、地域の課題に対応した生活支援活動を推進していく必要がある。

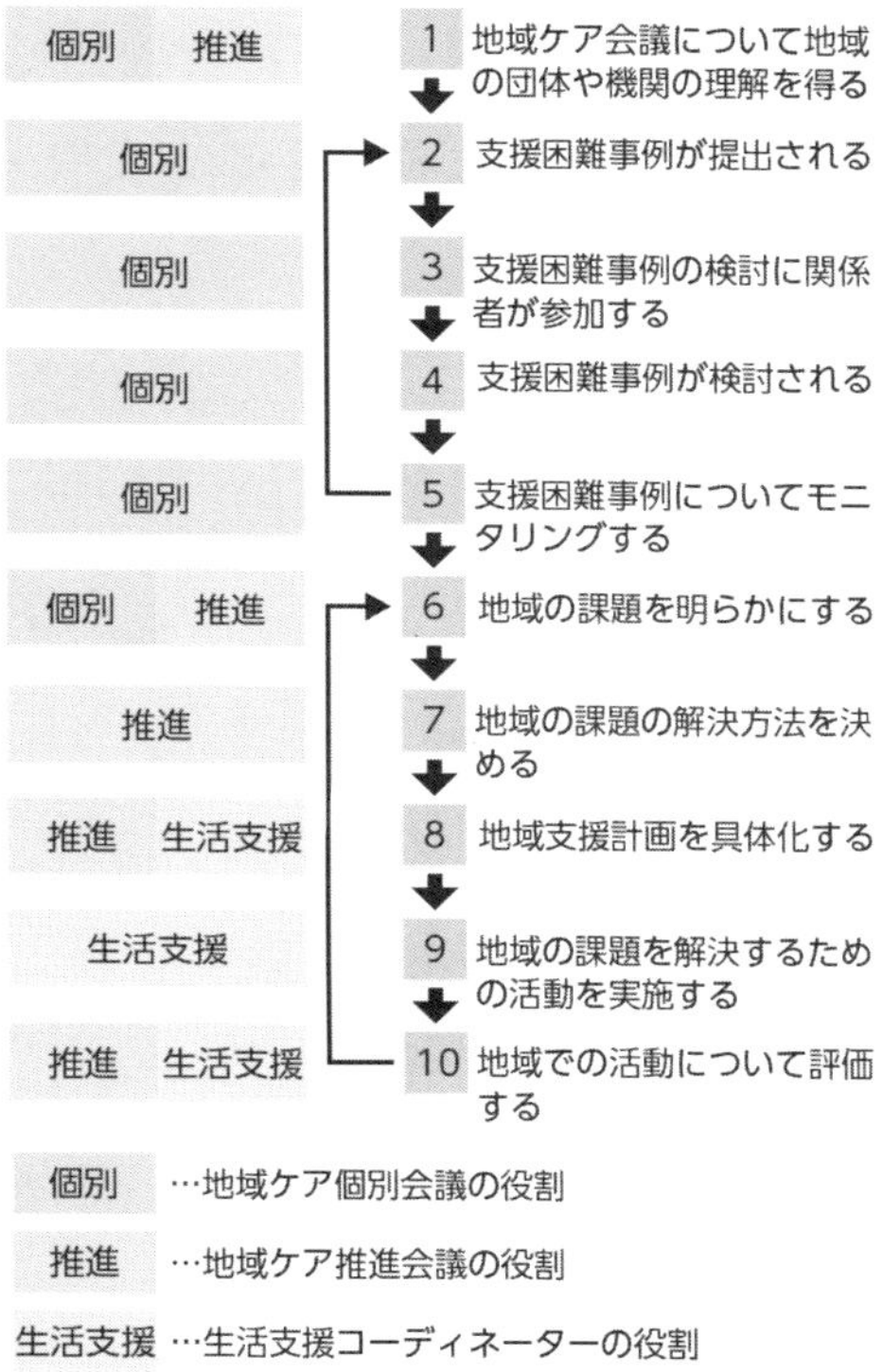

個別　推進
1 地域ケア会議について地域の団体や機関の理解を得る
個別
2 支援困難事例が提出される
個別
3 支援困難事例の検討に関係者が参加する
個別
4 支援困難事例が検討される
個別
5 支援困難事例についてモニタリングする
個別　推進
6 地域の課題を明らかにする
推進
7 地域の課題の解決方法を決める
推進　生活支援
8 地域支援計画を具体化する
生活支援
9 地域の課題を解決するための活動を実施する
推進　生活支援
10 地域での活動について評価する
個別 …地域ケア個別会議の役割
推進 …地域ケア推進会議の役割
生活支援 …生活支援コーディネーターの役割

図 2-4　地域ケア会議と生活支援コーディネーターの役割分担

新しい総合事業を進めていくうえで、サービスBを含めた住民主体の生活支援活動を開発していくことは、介護保険制度の持続・発展のためには不可欠である。そのために、訪問型と通所型のサービスBの位置づけの再検討、地域ケア会議の業務についての明確化、地域ケア会議と生活支援コーディネーターの役割分担の明確化に向けての方向づけを提案した。

注釈

（注1） 日本総合研究所『新しい包括的支援事業における生活支援コーディネーター・協議体の先行事例の調査研究事業―生活支援体制整備事業に関するアンケート調査報告書』２０１７年３月、44頁

（注2） 白澤政和「地域援助技術」白澤政和・他編『介護支援専門員現任研修テキスト第３巻　主任介護支援専門員研修』中央法規出版、２０１７年、２２２頁

第3章

地域共生社会の実現に向けて

1　地域共生社会の課題

2017（平成29）年7月15日に厚生労働大臣をトップにした「我が事・丸ごと」地域共生社会実現本部が立ち上がった。これは、地域包括ケアシステムを深化させることを目指すものである。

「我が事」とは、地域の課題について地域の人々が他人事ではなく、我が事として捉え、積極的に住民が関わっていく社会をつくっていくことである。「丸ごと」とは、今まで子ども、障がい者、高齢者と縦割りで相談にのったり、サービスを提供してきたが、提供するサービスさらには相談や地域づくりを、子どもから高齢者までのすべての住民を対象にして、対応する仕組みにしていこうとすることである。

こうした「我が事」と「丸ごと」でもって、誰もが住み慣れた地域で生活を続けられる「地域共生社会」をつくっていくことを目指している。

これを地域包括ケアシステムの深化として捉える根拠は、地域包括ケアシステムでは介護保険財源で実施されており、高齢者を対象にした対応であったが、地域住民にまで対象を拡大して実施していこうということが、第1である。第2の深化は、地域包括ケアシステムでも「互助」が強調されてきたが、地域住民の主体的な活動を導き出す明確な方法が確立されておらず、この方法を確立し、互助を具体的に推進していくことを意図した点にある。

「丸ごと」の議論は、2016（平成28）年9月に社会・援護局が提案した「新たな時代に対応した福祉の提供ビジョン」に遡ることができ、「丸ごと」については既に始動してきた。

2018（平成30）年4月施行の介護保険法と障害者総合支援法の改正で、両方の法律に共生型サービスが位置づけられた。具体的には、それが両者の今回の報酬改定で具体化した。

介護保険制度で訪問介護、通所介護、短期入所生活介護と呼んでいるものを、障害者総合支援法では、それぞれ居宅介護（重度訪問介護）、生活介護、短期入所としているが、これらの3つのサービスについて、共生型サービスであれば、障がい者と要介護高齢者のどちらもが使えることになった。

結果的に、障がい者が65歳になっても、同じサービスを継続して利用できることになった。これにより、障がい者が65歳になると、障害者総合支援法から介護保険法でのサービス提供に移行することで、生活の連続性が崩れることになっていたが、共生型サービスは、部分的ではあるが、介護を必要とする人々の生活の連続性を維持することに役立つことになった。

ただ、これは、「丸ごと」のごく一部の議論にすぎない。通所介護については、富山県では特区として、富山型デイサービスとして、介護保護制度が始まった時期から0歳から100歳を対象に行われており、共生型サービスはさほど斬新なものではない。

それよりも、「80・50問題」といった要介護高齢者と閉じこもりの子どもの家庭への「丸ごと」相談のあり方や、高齢者に限定することなくすべての住民を対象にした町づくりやサービス提供をどのようにするのかの課題が残されている。

一方、「我が事」については、どのように進めていくのかについて、特に先がみえにくい。同時に、行政施策にはなじみ難い。行政施策として真正面から実施するとなると、行政の責任放棄として批判が湧き出てくるだけである。

その意味では、「我が事」はどのようにすれば推進できるのか。「我が事」は、理念的には住民主体のことであり、ある意味では、社会福祉士等のソーシャルワーカーが住民を巻き込む、専門家から住民に役割の移し替え、といった言葉で実施してきたことである。そのためには、町づくりの専門家が行ってきた経験を理論化していくことが肝要である。

どうすれば、「丸ごと」の地域共生社会ができるのか、また「我が事」の地域共生社会ができるのかを、以下で検討していくこととする。

2 「丸ごと」の地域共生社会づくり

「我が事・丸ごと」地域共生社会の「丸ごと」とは、今まで児童、障がい者、高齢者と縦割りであった対応を、地域住民に対して一体的に対応していくことである。この対応は、サービスの提供であっても、相談であっても、地域づくりについてもである。これは、年齢で分断して施策を立案してきたことが様々な弊害を生み出しており、住民のニーズや地域のニーズに対応した仕組みをつくろうということである。

ここでは、「丸ごと」のサービス、相談、地域づくりに分けて、整理してみる。

「丸ごと」のサービスについては、例えば今回の介護報酬改定で共生型サービスができた。これは障がい者が65歳になった時に障害者総合支援法から介護保険法が優先になり、従来利用していた訪問介護（障害では「居宅介護」）、通所介護（障害では「生活介護」）、短期入所生活介護（障害では「短期入所」）は、障害者総合支援法の事業者から介護保険法の事業者に移行しなければならなかったが、共生型事業者であれば、継続して同じ事業者を利用することを可能にした。

「丸ごと」の相談については、80・50問題、高齢障がい者、介護者に課題がある相談等が該当するが、いまだ十分対応できているわけではない。具体的には、児童、障がい者、高齢者に別個対応していた相談を、時には一体的に受けられる仕組みをつくることである。

例えば、人口がさほど多くない自治体では、高齢者の地域包括支援センター、障がい者の基幹相談支援センター、児童の要保護児童対策地域協議会の担当者や子育て世代包括支援センター、さらには生活困窮者の自立支援相談事業所が机を並べて、「丸ごと相談所」となり、居宅介護支援事業所や相談支援事業所のケアマネジャー、生活困窮者自立支援センターの主任相談支援員等からの「丸ごと」相談に対して、必要な相談機関での調整をしていくことである。

人口が多い自治体では、地域包括支援センターが複数ある場合には、こうした「丸ごと相談所」をつくることは難しい。そのため、「丸ごと」支援が必要な事例があれば連絡を受け、関係する相談担当者を招集して、ケアプランの調整を行うセクションを新規に設置する方法がある。

多くはケアマネジャーや生活困窮者自立支援センターの主任相談支援員が「丸ごと」相談の家族を発見すると、そこから「丸ごと相談所」や新規の調整セクションに連絡することからスタートする。

その際に、世代別で相談を行ってきたケアマネジャーは、要介護高齢者等の対象者別の支援ではなく、その対象者を中心にした家族全体を支援する視点が必要である。ケアマネジメントにおいては、本人だけでなく、他の家族成員、さらには家族成員間での関係を捉えた支援をしていくことになる。

こうした世代別被相談者を一体化していくことは、相談者が個々の利用者だけでなく、家族や地域社会を包括的に捉え、同時に、個々の利用者の生活の変化を継続的に捉えて、ケアマネジメントを実施していくことである。

今まで実施してきた高齢者や障がい者に対象を特化したケアマネジャーは不要ではなく、こうしたケアマネジャーは自らが担当する利用者特性についての理解や支援を深めることに加えて、包括的で継続的な視点をもって支援をしていくことである。

「丸ごと」の地域づくりについては、地域づくりは児童、障がい者、高齢者の世代別で実施すべきものではなく、すべての住民を対象に実施すべきものである。これについては、地域づくりの会議を開催しても、高齢者領域であろうと、障がい者領域であろうと、地域からはほぼ同じメンバーが参加していることでも、世代別で地域づくりをすることの非効率性がわかる。

これについては、モデル的な実践はみられないが、一つは社会福祉協議会が個々の市町村の住民を対象に地域づくりをしてきたことから、そこからノウハウを得ることができる。さらには、「丸ごと相談所」でもって、それがない場合には、地域包括支援センターや基幹相談支援センターが一体となり、地域の課題を明らかにして、その解決をもとに地域づくりを進めていくことである。

相談や地域づくりで、地域包括支援センター、基幹相談支援センター、子育て世代包括支援センター、生活困窮者自立相談支援事業所が一体的になり、「丸ごと」で対応していくことを示してきた。

ところが、これらの相談拠点の数に大きな違いがあることを認識する必要がある。全国に市区町村は1718あるが、地域包括支援センターはすべての市区町村に配置されており、約4600カ所弱となっている。障害者基幹相談支援事業所は約300カ所しかない。子育て世代包括支援センターも1100カ所程度で、530程度の市区町しかカバーしきれていない。生活困窮者自立相談支援事業所は1200カ所弱であり、町村には原則設置されていない。

そもそも、すべての世代の相談拠点が一緒になる「丸ごと」が難しい市区町村が大多数である。そうすると、地域包括支援センターが高齢者向けから全住民向けに、発想を広げて、相談や地域づくりをしていくことが最も現実的な解決方法である。

これについては、地域包括支援センターの創設を担当された厚生労働省の元官僚から、「だから、地域包括支援センターには、高齢者という言葉が付いてないのです」という話を聞いたことがある。先見性をもって、地域包括支援センターが創設されたのだと感心したことがある。

ただ、今まで述べてきた「丸ごと」のサービス、相談、地域づくりでの地域共生社会づくりは、部分的で、テクニカルな対応であるという印象を拭えない。

「丸ごと」地域共生社会づくりの本丸は、0歳から100歳の介護保険制度を確立することであることを強調しておきたい。こうすれば、共生型サービスの議論も吹っ飛び、継続的な相談が実施でき、地域住民を対象とした地域づくりが可能になる。

ドイツの介護保険制度もスウェーデンのソーシャルサービス法も、介護サービスは、ニーズがあればどの世代の人にでも利用可能である。いずれの制度立案においても、年齢ではなく、住民のニーズをもとに組み立てていく発想が基本になければならない。

さて、全世代型介護保険制度になると、厚生労働省のどこの局が担うのであろうか。老健局が名称を変えて実施していくのであろうか。同時に、こうした介護保険制度にしていくためには、障がい者が65歳になった時に不利にならない仕組みをどうするのか、さらには20歳から40歳の人々に保険料を負担してもらうことの理解をどう求めるのか、その保険料の半分を出している企業の経営者の理解をどう得るのか。極めて大きなバリアがある。

ただ、これができなければ、「丸ごと」地域共生社会の完成版にはならないのではないだろうか。

3 「我が事」の地域共生社会づくり

地域の人々が地域づくりを「他人事」から「我が事」に転換することは極めて難しい。「丸ごと」については、政策で対応する部分と、それを受けた専門職等が対応することに分けられるが、「我が事」は地域住民が中心であり、それを支援する専門職等で対応することになる。

「我が事」を行政が直接進めていくと、行政の責任逃れとして非難されることになる。そのため、「我が事」での行政の立ち位置は微妙である。行政の役割は、専門職に対する支援をすることで住民が主体的に活動する側面的支援(Enabling Body)に留まるべきである。

「我が事」については、地域福祉の領域では、従来から「住民主体」「住民を巻き込む」「専門職から住民に活動主体の移行」といった言葉で、地域住民が主体的に地域づくりを進めることを意図してきた。ただ、それについては理念倒れの部分も多く、現状でもどのようにして「我が事」にしていこうかを模索している状況である。そのため、ここでは、私論である「住民による地域支援活動の計画・実施」と「地域活動の担い手づくり」の2点でもって、住民が地域の課題を「他人事」から「我が事」へ転換を図っていくことを強調したい。

①住民による地域支援活動の計画・実施

第1は、地域づくりを地域での会議において、地域の課題をPDCAサイクルを展開し解決していく過程に住民に参画してもらうことで、「我が事」を作り出していくことである。すなわち、地域づくりについて、住民が地域の実態を理解し、地域の課題を解決していく役割を自己認識することができるようにすることである。これは、地域の人々が地域の課題を身近なものとして受け止め、そこから何らかの役割や関わりをもつよう意識化してもらうよう支援していくことである。当然、この住民の「我が事」化には、それを支援する専門職が必要である。

住民が「我が事」になって地域活動に取り組んでいくためのベースに地域の課題を協議する「場」が存在する。これは、高齢者領域では、既に地域ケア推進会議、地域包括支援センター運営協議会、障がい者領域では地域自立支援協議会等、である。これらの名称からも、それぞれが人々が会議を介して協議する場であることがわかる。社会福祉協議会も、名称のごとく、社会福祉に関して協議する場である。

この協議の場を通して、地域での人々の生活の現状を理解し、そこから地域の課題を明らかにする必要がある。これは、例えば、住んでいる地域にはごみ屋敷が多く、そうした事例に共通している「彼らは一人暮らしで、地域の人々との関わりがなく、閉じこもりがちな生活をしている」ことを理解する。そこから、ごみ屋敷を予防するためには、「一人暮らし高齢者が閉じこもることを予防するとともに、地域住民との関係づくりが必要」といった地域の課題が明らかになる。

こうした会議をもつことで、住民の方々に地域の課題に直面してもらい、地域の課題を身近なものとして捉えてもらう。そうした意識を醸成することができれば、地域の課題を解決するために、どのような活動を行うかの話し合いに入っていくことができる。そこから、一人暮らし高齢者への、「見守り活動」「サロン活動」「配食サービス」等につながっていくことになる。

こうして地域の人々が「我が事」になっていく基本的な過程を示したが、これには地域の課題を基礎にしたＰＤＣＡサイクルが不可欠である。同時にこれを会議等の場でもって、専門職がファシリテートしていくことになる。こうした方法はソーシャルワークの一部であるコミュニティワークを実施していくことになる。

その意味において、会議では、地域のアセスメント、地域の課題の明確化、地域活動の計画作成・実施、評価という手順を、専門職の支援をもとに、会議への参加者やその団体や機関が踏んでいくことになる。

これは、個人への支援であるケアプランの作成・実施を、地域への支援に置き換えただけであり、その一例は既に31頁に示してある。会議では、そのようなケアプランと類似した計画を、専門職の支援のもとで、地域の住民代表が中心になり作成し、多くの組織の合意を得て実施することになる。

ただし、このような計画を実現させるために、専門職にとって必要な方法として、地域での会議を進めていき、参加者の意向をまとめていくファシリテーション、地域の団体等に地域の実態や課題、必要な活動について理解してもらい、そこでの役割を依頼するといった交渉（ネゴシエーション）、活動に必要な財源を確保するための申請や依頼といったファンド・レイジングが、追加的に必要になってくる。

②地域活動の担い手づくり

第2は、住民が地域で起こっている身近な問題に直面し、そうしたことが予防できたり解決していく地域活動が必要であると自覚していくよう、専門職が支援していくことで、「我が事」の地域共生社会をつくっていくことができる。

ただし、作成した地域支援計画をもとに、地域での活動が行われたとしても、一般には民生委員や自治会といった既存組織頼みが多く、既存の住民団体には、過重な負担になっているのが現状である。そこで第2の課題は、多くの住民を「我が事」に転換する、地域活動の担い手づくりについてである。

ある社会福祉協議会の職員から、以下のような話を伺ったことがある。「ある女性が就職先でうまくいかず、閉じこもりになったが、彼女は美術大学を卒業しているということで、皆で漫画づくりをしてもらう活動を依頼すると、OKが出て、活動に参加してくれたという。漫画づくりが終了後、彼女はシャッター通りの一角で、買物難民のための野菜販売のNPO活動でレジ担当を担ってくれている」

他の人は外へ出るよう支援することで失敗してきたが、この職員は女性がしたかった役割をお願いしたことが決め手となった。

この話から、サービスの受け手と担い手を分けるのではなく、誰もが「我が事」として関われることの重要性を学んだ。自治会や民生委員だけでなく、様々な人々に、彼女のような「新たな役割づくり」や「居場所づくり」を支援していくことで、多くの住民が地域活動を担ってくれる可能性があることに、光明を見いだした。

確かに、地域では共働き家庭が増え、高齢者が増え、地域活動をしてくれる人がいないという嘆きの声が多い。こうした人々についても、自らが本当に望む「したい役割」や「いたい居場所」があれば、地域活動に参加してくれることが可能である。

日本は社会的孤独（「友人、同僚、その他宗教・スポーツ・文化グループの人と、全く、あるいはめったに付き合わない」）の人の比率が15・3％で、世界の国々との比較研究で最も高いという結果になっている（注1）。同時に「閉じこもり」の人が、全国で100万人いるといわれている。

こうした社会との関係が途切れている人々も、自らが実行したい役割や心地よい居場所を求めている。こうした人々こそが地域づくりの核になってもらえる可能性がある。そのためには、地域の課題に対して、社会的に孤立している人が主体的に活躍できる地域活動を見いだしていく必要がある。

逆に、自治会や民生委員に対しては、自らが望む役割を担うことで地域活動を実施してもらっておらず、無理やり依頼しているのではと危惧する。そのため、「我が事」の地域共生社会をつくるのには、地域で31頁に示したような地域の支援計画を作成するにあたっては、「担当・役割」の欄は、サービスの受け手や担い手といった二分論を捨て、また働いている人と無職の人といった二分論も捨て、個々の住民が新たにしたい役割や、参加したい居場所を支援することで、多様な地域活動の人材を開発していくことが求められる。

これは、地域の人々の有しているストレングス（強さ）を活用することであり、それを具体化することである。地域の人々の「好きなこと」「したいこと」「できること」であるストレングスに着目して、地域の活動内容を具体化していくことである。

そのためには、「我が事」地域共生社会の実現に向けては、住民が地域の課題に目を向けるよう支援するだけではなく、個々の住民が求める地域活動へのニーズにも目を向けた支援が必要である。

この第2の業務もソーシャルワークであり、地域の社会資源開発として位置づけられてきたものである。そのため、ソーシャルワークを担っていく専門職養成が不可欠であり、専門職の水準を高めることや活動を容易にできるように支援することが行政の役割であるといえる。

注釈

（注1）『Society at a Glance』OECD Social Indicaters, 2005

4　地域共生社会実現に向けての条件

「我が事・丸ごと」地域共生社会の実現について、具体的な展開方法を示してきたが、「我が事」の実現に向けての主たる担い手は、住民と専門職であるが、「丸ごと」の実現は、行政やそれを受けての専門職に責任が

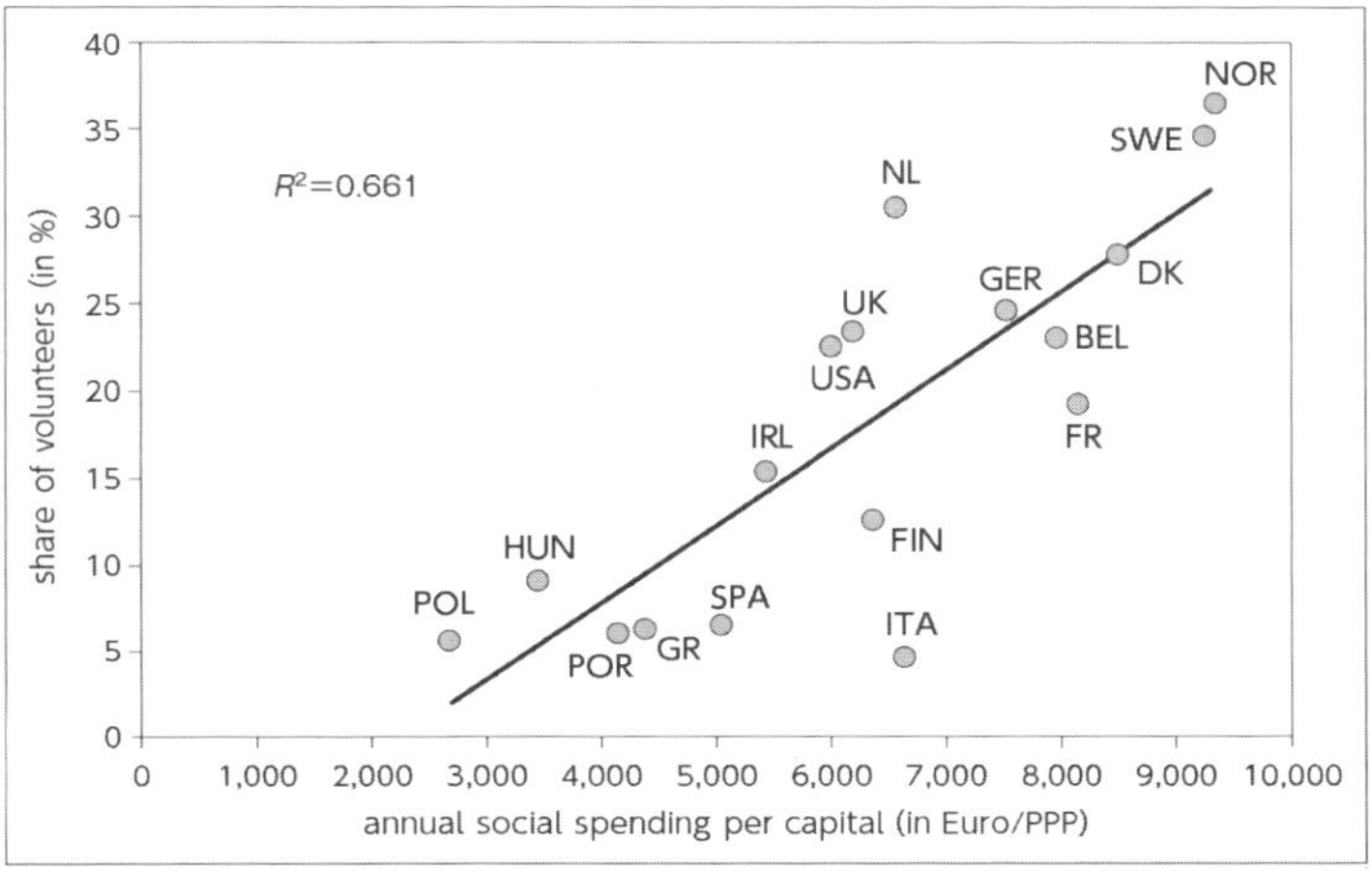

図 3-1　ヨーロッパ等における1人当たりの社会保障給付費とボランティア比率の関係

BEL：ベルギー、DK：デンマーク、FIN：フィンランド、FR：フランス、GB：イギリス、GER：ドイツ、GR：ギリシャ、HUN：ハンガリー、ITA：イタリア、IRL：アイルランド、NL：オランダ、NOR：ノルウェー、POL：ポーランド、POR：ポルトガル、SPA：スペイン、SWE：スウェーデン、UK：イギリス、USA：アメリカ

出典：European Social Survay (Volunteering) and EUROSTAT (social spending)

大きい。その意味では、「我が事」と「丸ごと」は真逆のように思えるが、両者の発想を合わすことで、住民、専門職、行政が一体になり地域共生社会を実現していくことになる。

このことは、自助、互助、公助が有している力を一層発揮することで、地域包括ケアシステムを深化させる地域共生社会を実現することである。

ただ、「我が事」の地域共生社会の実現は容易ではない。互助と公助には相関があり、公助が力を発揮できない社会では、互助は育ちにくく、逆に公助が推進されている社会でこそ、互助が活性化することを認識しておく必要がある。

図3-1は、ヨーロッパ等の国々での1人当たりの社会保障給付費とボランティア比率の関係について示したものであるが、1人当たりの社会保障費とボラ

ンティア比率には明らかに相関がある。社会保障が進んでいる国ほど、ボランティア人口の割合が高い。公助によって、安心した人生が送れることができれば、住民は自らの自己実現として社会に貢献することを実現できることになる。当然、こうした住民の思いをキャッチし、希望する活動につなげる組織や専門職が不可欠である。

これを日本に戻した時に、地域共生社会の実現には互助が大きな位置づけになっている。この互助を育てていくためには、人々の生活に密着した介護保険、医療保険、年金保険、さらには様々な公的なサービスを充足させることで、人々が安心した生活が送れることが前提となる。社会保障財源が厳しく、それに取って代わるものとして互助を考えた時に、互助はシュリンクし、地域共生社会の実現は幻に終わるであろう。

5　地域共生社会の原点

地域共生社会の原点はどこにあるのか

地域包括ケアシステムの深化としての地域共生社会の実現が求められている。文字通り、地域共生社会は、誰もが共に生活していくことができる地域社会を創造していくことである。2016（平成28）年6月2日に閣議決定した「ニッポン一億総活躍プラン」では、地域共生社会を子ども・高齢者・障がい者などすべての人々が地域、暮らし、生きがいを共につくり、高め合うことができるとしている。このため、地域のあらゆる住民が役割をもち、支え合いながら、自分らしく活躍できる地域コミュニティの育成等を推進するとしている。

地域共生社会の構築は、国民が国に対して求めたり、国が国民に対して求めることでなく、個々人がいかに自覚して生きていくかが問われている。

地域共生社会の対象である誰もとは、要介護や要支援の高齢者だけでなく、障がい児・者、国籍がどこかを問わず在日の外国人、LGBT（一部の性的少数者）の人などが区別されることなく、地域に住まうすべての住民が対象である。こうした人々が共に生きていくとは、単に生きていくというより、お互いが尊重し合い、一人ひとりが異なるという多様性を認め合い、助け合いながら生活していく地域社会を構築していくことである。

そのためには、人々はどのような関係で生活していくのかであるが、お互いが異なることを理解し合い、異なることを認め合うことができる地域社会を形成することである。身体機能の違いや文化・宗教の違いを超えて、人々がその違いをお互いに認め合い、助け合う社会である。

その結果として、支援を受ける人と支援をする人を区分するのではなく、両者を一体化していく社会を形成していくことである。具体的には、認知症の人が認知症カフェで他の人々から様々な支援を受けているが、その認知症の人ができるほかのメンバーにお茶を出すことにより、支援の担い手にもなっていく社会をつくっていくことである。

こうした地域共生社会を築いていくためには、国民に求められることも大きく、にわか作りは難しい。幼少時からの学校や家庭での教育が重要である。子どもの時代から、多様性を認め、お互いが助け合うことが当たり前である価値観を形成していくことが必要である。

そのためには、具体的には、以下のような福祉教育が求められている。子どもが自分と異なる人への対応として3つのステップを踏む教育をしていくことであるという。
①好意的な関心をもたせる福祉教育（「無関心」→「関心」へ）
②「共感・当事者性」を育む福祉教育（「同情」→「共感」へ）
③包摂を目指す福祉教育（反感・コンフリクト→共存へ）（注1）

これは、子どもに対する教育だけでなく、地域住民全体に対しての教育にも通用するものである。こうした価値観を育てることで、地域共生社会を構築していきたい。包摂を目指す教育とは、多様性を認め合い、助け合うといった意識を育んでいくことであり、そのための具体的な展開方法を開発していく必要がある。

注釈
（注1）全国社会福祉協議会全国ボランティア・市民活動振興センター『福祉教育　社会的包摂に向けた福祉教育～福祉教育プログラム7つの実践』2017年

第4章

ケアマネジメントの基本

1　利用者主体

ケアマネジャーは誰の味方か？　利用者か保険者か

介護保険制度が始まった頃は、利用者がケアマネジャーに対して、「あなたのおかげで、自宅で良い生活ができるようになりました」といった声をかけてもらえることも多かった。それゆえ、ケアマネジャーも自らの仕事に誇りをもち、仕事に生きがいを感じていた人も多かったと思っている。

ところが、２００６（平成18）年の介護保険制度改正の頃から、雲行きがおかしくなってきた。多くのケアマネジャーから仕事が面白くなくなってきたという声が多くなってきた。そこには、ケアマネジャーのあり方を考えるうえで、本質的な課題が潜んでいるのではないかと思っている。

それは、当時、介護予防を名目にして、要支援者に対する福祉用具だけでなく訪問介護や通所介護の利用制限が始まり、ケアマネジャーはこの利用制限を保険者なり厚生労働省のメッセンジャーとして、利用者に伝達する役割を果たさざるを得なかった。このことは、ある意味で、利用者からすれば、自らの味方だと思っていたケアマネジャーが保険者なり厚生労働省の「まわし者」であるかのように実感したのではないだろうか。

同時に、ケアマネジャーも、介護予防の本来の狙いである利用者が潜在的に有している様々な力を活用することで、結果的にサービス利用を縮小するのではなく、要支援者に対して、要介護度でもって訪問介護や通所介護の回数を形式的に減らすことで、利用者のニーズに合わせられないことに対して、自ら悩みや戸惑いを感じたであろう。さらには、利用者の思いに添えない制度の壁に悔しさを感じたであろう。ある意味、このことが、仕事への意義を失い、時には利用者との信頼関係を崩していく結果になったと思っている。

以上が、私が認識しているケアマネジャーの「仕事が面白くなくなった」意識の変化である。ケアマネジメントは元来、利用者の生活の質（ＱＯＬ）を高めることと、財源を抑制することとの２つの間で、時計の振り子のような動きをしている。ここ数年に、ケアマネジメントは利用者のＱＯＬを高めることから、財源を抑制することのほうに、振り子が移行しているように思える。ケアマネジャーは制度側の意向と利用者のニーズとの間の軋轢に悩んでいるということである。

現実に、ケアマネジメントの仕組みを多くの国々が急激に取り入れてきた根拠には、高齢化のもとで社会保障財源が高騰することを抑制する意図があり、一方、ケアマネジメント自体の基本は、利用者の地域生活を可能にし、さらに地域で生活していく力が高まるよう支援することを目的にするものである。そのため、財源抑制そのものは、利用者のＱＯＬを高めた二次的な結果として生じるものである。

もう一度、利用者のＱＯＬを高めるという最も重要な使命を果たすことに専心できるケアマネジメントのあり方を作り上げていくことが求められている。

それでは、どうすれば、介護保険が始まった頃のケアマネジメントに戻ることができるのであろうか。これには、ケアマネジャーは、再度ケアマネジメントの原点に立ち返ることである。ケアマネジメントの原点は、利用者の自立支援に向けて「生活ニーズ」に応えることであり、それこそが、利用者の質の高い在宅生活を可能にすることである。すなわち、ケアマネジャーは、利用者のニーズに着目し、ニーズの充足に向かって支援することこそを最も大切にしなければならない。そして、利用者のニーズを最も理解している者としての誇りと責任をもって、利用者のニーズが満たせない介護保険制度であれば、介護支援専門員の職能団体等を通して、制度を変えるよう保険者や厚生労働省に働きかけていくことも本来の使命にあることを認識してほしいと思っている。

そして、再度ケアマネジャーが仕事に意義を見いだしてくれることを願っている。

アメリカのケアマネジメント研究の第一人者であるモクスレー（Moxley, D）は、１９９７年に出版した著書で、ケアマネジメントは、社会の側が人々をコントロールする「システムから導き出されるケアマネジメント」と、サービスを利用する消費者を支える「消費者から導き出されるケアマネジメント」があるとする。著者は、前者を考慮するが、後者がケアマネジメントの第一義的なものであると認識している（注1）。

注釈

（注1） David Moxley『Case Management by Design: Reflections on Principal and Practices』Nelson-Hall Publishers, 1997, 5-6

2 自立の支援

「自立支援」再考

介護保険の世界では、誰でも知っている当たり前の用語として「自立支援」がある。これは、障がい者についても、現在の「障害者総合支援法」の前身である「障害者自立支援法」は、その名称のごとく、障がい者の「自立支援」を目的にしていた。さらに古くは、１９５０（昭和25）年に施行された「生活保護法」でも、第

1条に「自立の支援」が謳われている。

しかしながら、この言葉ほど深い意味がある用語はない。逆に言えば、曖昧模糊とした用語であるともいえる。「自立」の意味は多様であり、身体的な自立もあれば、経済的な自立も、精神的な自立もある。生活保護法においても、自立は生活保護から脱して経済的に自立することなのか、あるいは、生活保護から脱するか否かに関わらず、自己の責任でもって自己決定により人生を歩むことなのか。どちらが真の意味であろうか。また、介護保険法の第1条で謳っている「その有する能力に応じ自立した日常生活を営むことができるよう」支援する内容は、身体的な自立であるのか、精神的な自立であるのか、あるいは両者を統合したものであるのか。

そのため、自律（Autonomy）と自立（Independent）とを区別し、前者を精神的な自立とし、後者を身体的な自立として、区分する者もいる。

ただ、一般的には、法律的な解釈は別にして、自立と自律を区分することなく、利用者と関わる場合には、社会規範も意識し、自己責任でもって自己決定していくこととするのが通例である。結果として、身体的に自立できる場合も、自立できない場合も生じるということになる。

今後の高齢者ケアにおいて、要介護・要支援高齢者の自立支援が基本であることに間違いはない。確かに、今までは措置という名の父権主義（パターナリズム）のもとで、障がい者や高齢者は自己決定や選択の機会が奪われがちであったことを考えると、自己決定といった自立は大切にしていかなければならない基本的な考え方であり、重要な支援の原則である。こうしたことが確立することで、障がい者や高齢者が、個別支援においても、措置制度のもとでの政策立案においても、自己決定・選択が奪われがちであったことを考えると、大切であり、今後も堅持されていかなければならない。

ただ、本音を言うと、何もかも自己決定して生きていくのは、少しつらいという思いがある。あらゆることを自己決定していくとすれば、サービスを受ける側は息の詰まる部分も出てくるのではないかと心配する。私がサービスの利用者であれば、「自立の支援」は、私自身が自己決定・選択をできない状況が起これば大変困ることだが、こうした選択や決定を基本的に保障されている社会であれば、自らの人生でさほど重要でないことは自分で決めなくても良い部分もあったほうが、むしろ気が楽であると思っている。

その意味では、自立支援とはどのような支援であるかを再考してみる必要があるように思う。介護保険での自立支援は、介護保険制度創設の契機となった1994（平成6）年12月に出された「高齢者介護・自立支援システム研究会」の報告書『新たな高齢者介護システムの構築を目指して』に基づくものであった。その約10年後の介護保険制度が始まって数年が経過した2003（平成15）年6月に高齢者介護研究会から『2015年の高齢者介護――高齢者の介護を支えるケアの確立について――』の報告書が提出された。ここでは自立支援の前提とも言うべき「利用者に対する尊厳の保持」に力点が置かれている。この両報告書はそれぞれの時点で重要な指摘をしているが、個々の高齢者に対する尊厳の保持を実行していく内容として自立支援を捉えれば、自立の意味が深まるといえる。それは、より利用者の思いや気持ちに添った自立の支援の重要性が浮き彫りになる。

後者の報告書を受けた改正介護保険法の第1条でも、自立の支援と並んで「利用者に対する尊厳の保持」が謳われている。このことは、認知症の高齢者であろうが、寝たきりの高齢者であろうと、一人ひとりの高齢者が価値ある存在として尊く、厳かなことであることを意味している。このことは、ケアマネジャーにとっても当てはまり、利用者との対等な関係を作り上げ、一人ひとりの利用者の思いや希望に添って、自立の支援をしていくことである。

高齢者に対する尊厳の保持とは、何をすることなのか、そこでの自立の支援とは何なのか。介護保険制度に関わる人々は、それらを自問することが求められている。

3 在宅生活の支援

在宅生活を継続する条件―ケアマネジャーの役割

介護保険制度が始まり19年近くが経とうとしているが、この制度の大きな狙いは、寝たきりや認知症になっても、住み慣れた地域で生活が続けられる社会を築き上げることであった。現実には、介護保険制度が始まった直後では、介護保険の受給者に占める施設利用者は37％であったが、２０１７（平成29）年４月末では19％と低くなり、在宅志向が進んできたことは確かである。そのような志向性にインセンティブを与えるために、介護保険財源に占める施設サービス比率が創設当時は６割以上もあったが、２０１６（平成28）年度累計では33％まで低下してきている。その意味では、政策的にも、在宅生活にインセンティブが働くよう機能してきているといえる。

ただ、一方で施設入所待機者数が大都市を中心に存在していることも確かであり、その大きな理由はまだまだ在宅で生活できるサービスが充実していないことにある。これには、介護保険制度の在宅サービスだけでなく、医療保険での訪問診療をはじめとした在宅医療の充実が不可欠である。さらには、地域住民同士での支え合いの仕組みも大切であり、これについては、地域包括支援センターに期待する部分が大きい。

在宅志向を遂行させる極めつけは、介護保険制度に介護支援専門員というケアマネジャーの仕組みを組み込んだことにある。ケアマネジャーは、他の国も同様であるが、人々のコミュニティ・ケアを推進することを目的にして導入されてきた経緯がある。そのため、ケアマネジャーには、要介護者が在宅生活をしていくうえで必要なニーズを捉え、それらのニーズに合った最適なサービスを確保するよう支援することで、要介護者の地域生活を継続したり、さらには病院や施設から在宅生活への円滑な移行を促進するよう、役割を担っていくことが期待されている。

地域社会で要介護者が生活を継続することができるためには、在宅での多様な資源が量的・質的に整っているだけでなく、他方で、ケアマネジャーが利用者の在宅生活を継続していくうえでの生活上のニーズを的確に捉え、適切なサービスに結びつける能力を身につけ、実行できる環境を作り上げることである。このような条件を確立していくには、もう少し時間がかかるのであろうが、そうした介護保険制度として確立していくことに夢をかけたい。

韓国の高齢者長期療養保険制度の現状を理解するため訪韓したが、驚いたことがある。韓国の長期療養保険制度は日本の介護保険制度に近い制度である。２００８年7月に施行され、２００８年12月時点で、老人ホームの数が１７００カ所であったが、２０１５年12月には５０８５カ所と約3倍に増加した。他方、同期間での在宅の事業所数は2倍弱の伸びに留まっている。まさに、老人ホーム建設のラッシュが目に浮かぶが、これで韓国の介護保険は財源的に維持できるのか心配である。

確かに、韓国の場合は重度者を対象にした制度であることも老人ホーム数増加の原因であろうが、ケアマネジャーがいないことも大きく起因しているものと考えられる。ケアマネジャーが制度化されていれば、利用者が望んでいる在宅生活を継続できる者も数多く出てくるであろうことを思うと、至極残念である。

韓国でもケアマネジメント・システム導入の是非が議論されてきたが、２０２２年に導入されることが決まった。これでもって、高齢者のコミュニティ・ケアを実現してほしいものである。

4 生活の継続性の支援

「生活の継続性」を大切にした支援システムの構築

最近、「包括的・継続的ケア」という言葉がよく使われ、その議論が活発であるが、この言葉は何を意味しているのであろうか。

「包括的ケア」とは、利用者に必要な様々な支援を総合的に実施していくことである。「継続的ケア」とは、利用者の時間的な状況の変化に合わせながら、継続して支援をしていくことである。この両者のケアを合わせることは、ある時点での利用者の保健・医療、介護、住宅、経済等のニーズに応え、時間的な変化に合わせて、死を迎えるまで連続して支援していくことである。

「継続的ケア」こそが、古く１９７９年にできた有名なデンマークの高齢者福祉3原則の一つである「生活の継続性」の支援である。デンマークでは、高齢者福祉の3原則として、「潜在的能力の活用」「自立支援の尊重」と合わせて、「生活の継続性の支援」を挙げて実践してきた。

この3原則は、日本の介護保険においても通じるものであり、「生活の継続性の支援」は、利用者の状況の変化に合わせて、必要なサービスを提供し続けていくことである。高齢者は保健・医療や介護はもちろん、ほかにも様々なニーズを有しており、多様なニーズに応えていくこと、また高齢者は加齢とともにニーズも変化していくので、その変化に応えていくことである。

この「生活の継続性」の原則が現在制度的に崩れている。具体的には、2005（平成17）年の介護保険法改正で、新たに地域包括支援センターがつくられ、要支援者と要介護者の窓口を別個にし、要支援者は地域包括支援センターに原則移行し、要介護者が従来通り居宅介護支援事業所で対応することになったことから、高齢者の生活の連続性を崩してしまったことである。

両者ではケアマネジャーも異なり、サービスの内容やコストも介護予防サービスと介護サービスとに全く分離され、同時にアセスメントやケアプラン用紙も異なっている。そのため、要支援2と要介護1の間では、さほど心身の状態に違いがないにも関わらず、サービス内容は「月とすっぽん」のような段差が生じている。その典型的な事象として、介護保険は申請をした時点から介護サービスを利用できる制度になっているにもかかわらず、要支援と要介護のバウンダリー（境界線）におられている方には、認定結果が出るまでサービスを利用できない事態が生じる。

このようにいびつな仕組みになっているケアマネジメント・システムをいかに再生し、再度ワンストップサービスの介護保険制度に戻すことが求められている。それまでワンストップサービスだった介護保険制度がツーストップサービスに劣化したことは深刻であると思っている。

再度、利用者の生活の継続性という原則を取り戻すために、今後の介護保険法改正において、是非是正してほしいものである。ひいては、利用者が支援を必要になった時から、在宅で死を迎えるまで、ずっとケアマネジャーが寄り添い続けることができるケアマネジメント・システムを再構築しなければならない。

このシステム構築の具体的な方法は、まずは介護保険創設時点に戻すことである。すなわち、ケアマネジャーが要支援も含めてすべての利用者のケアマネジメントを実施することである。結果として、地域包括支援センターは、本来の仕事である虐待等への権利擁護事業、総合相談事業を内包した地域の団体・機関との連携、包括的・継続的ケアマネジメント支援事業に集中して仕事ができることになると考えるが、いかがであろうか。

さらには、生活の継続性の議論は、障害者ケアマネジメントが障害者自立支援法で始まり、障害者総合支援法で本格的に実施される中、65歳になった障がい者が介護保険制度を利用する際に、生活の継続性が失われることが深刻な問題になっている。それは再度別の認定を受け、ケアマネジャーが交代し、サービス内容が異なることになることである。そのため、介護保険制度の枠内だけでなく、枠外との関係においても、利用者の生活の継続性の確保が求められている。これは、「丸ごと」地域共生社会を実現していくうえでも、大きなテーマである。

5　利用者のストレングス支援

①利用者の「強さ」に着目—ケアマネジャーは何を目指すのか

介護保険サービス利用の要介護者は身体に障害があったり、認知症を患っていたりといった人がほとんどである。こうした人々に対してケアマネジャーは利用者の何を変化させていくことが仕事であろうか。

脳梗塞で障害を有した場合には、病院等での身体的なリハビリテーションにより、プラトー状態になれば、身体状態を回復させるよりも維持することのほうに主眼が置かれていく。またアルツハイマー型認知症等の人は、現状では症状の進行を抑えることができても、治すことは難しい。

こうした状況にある要介護高齢者に対して、ケアマネジャーの目指すべき仕事は、確かに、身体的に障害のある方の身体面での回復や維持のために医療サービスにつなぐことも重要な仕事である。また認知症の人を専門医と結びつけることも大切な仕事である。さらに、要介護高齢者に対する日常生活を支援し、家族介護者の介護負担を和らげることで、継続して在宅生活を支えてくれるよう、介護サービス事業者と結びつけることも仕事である。そのため、要介護高齢者だけでなく、介護者を含めた家族にも焦点を当てて支援していく仕事である。

ただ、ケアマネジャーの仕事は、このように医療や介護のサービスに結びつけ、要介護高齢者の症状や障害の回復、維持、日常生活の支援、さらには介護者の介護負担の軽減に関わることで、事足りるであろうか。もちろん、これらはケアマネジャーにとって重要な仕事であることに間違いはないが、もう一歩踏み込んだ仕事があるのではないだろうか。むしろ、その一歩踏み込んだ仕事のほうが、ケアマネジャーにとって意義のある仕事のようにも思える。

それは、利用者がもっている能力を最大限に発揮できるように支援したり、あるいは利用者の有している意欲、嗜好、抱負といったものが実行できるよう支援していくことである。こうした支援を行うことで、利用者のもっている潜在的な能力が活用されたり、意欲や好きなことが実現されれば、利用者は単に自宅で生活ができているということを超えて、いきいきとした質の高い在宅生活が可能となる。

そのためには、利用者に対する見方を変えていく必要がある。従来は、様々な問題をもっており、それを解決していかなければならない人として捉えがちであったが、ケアマネジャーの関わる人々は能力や意欲、嗜好、抱負といったものを有しているという利用者観をもつことである。

前者のような従来型の利用者観では、利用者との上下関係が出来上がる可能性も高く、後者が付け加わることで、ケアマネジャーは利用者と対等な関係を築くことにもなる。ある意味、問題をもった人とするネガティブな利用者観からは、利用者のもっている力を最大限活かした支援に結びつけることは難しい。

介護保険制度が始まり、最低限の利用者理解を可能にするため、あるいは新人ケアマネジャーでもアセスメントが可能となるよう、多くのアセスメント用紙が開発されてきた。こうした用紙でも本来は利用者の問題点と同時に能力や意欲、嗜好といったことを把握できる。しかし、利用者や家族のもっている問題の解決が優先されることから、得てしてこうしたアセスメント用紙は問題点を探し出すためだけに使われているきらいがある。

ケアマネジャーの仕事は、要介護者の心身の回復といった治療的側面や、要介護者の日常生活を支援し、ひいては介護者の介護負担軽減といった社会的側面に視点を当てて、様々なサービスやインフォーマルサポートと結びつけていく一方、さらには、利用者自らがもっている能力や意欲を活用していけるよう支援していくことも大切な仕事であるといえる。

ケアマネジャーには、利用者や家族がもっている「弱さ」だけでなく、「強さ」にも注目して支援してもらいたいと願っている。これは、ケアマネジャーだけでなく、介護保険サービスに従事しているすべての人々に求められる視点であるともいえる。

自らが捉えている利用者観を再確認し、誰もが問題もあれば、強さももっているという立場から仕事を進めていってもらいたい。

②利用者の潜在的能力や意欲を引き出すケアマネジメント

ケアマネジャーの仕事は、利用者の生活ニーズに合わせて、介護保険のサービスに加えて、他のサービスやインフォーマルサポートを提供することとされている。これ自体は適切なことである。ただし、こうした視点での支援だけでは、ミニマムの在宅生活を支えているにすぎない。

例えば、一人暮らしで要介護5の高齢者が、生活ニーズに合わせて提供されるサービスを受動的に利用しているだけでは、最低限の生活は支えられるとしても、何か事が起これば、既施設入所等になることが予想される。従来のケアマネジメントは、このように生活ニーズを解決することに主眼が置かれてきた。この高齢者が自ら有している潜在的能力や意欲を活かしながら、そうしたサービスを利用しているならば、事が起こっても、何とか自らの力で対応できるように思える。

ケアマネジャーには、利用者のこうした能力や意欲を引き出し、支援していくことが求められている。これはストレングスモデルといわれ、単に生活ニーズに合わせてサービスへとつないでいくブローカー(結びつけること)モデルからの転換であるとされる。国は介護予防の定義として、利用者の能力や意欲を引き出すこととしているが、これもストレングスモデルと一致する考え方である。

利用者の能力や意欲を引き出すためには、まずは利用者の潜在的な能力、意欲、嗜好、自信、抱負等のストレングスをアセスメント・データとして捉えることが必要となる。さらに、そうしたストレングスをケアプランの作成において具体的に活用することである。

アセスメントされたストレングスは、生活ニーズを解決するために活用される場合と、即ケアプランに活用される場合がある。前者については、生活ニーズを解決する際に、ストレングスを活用することである。例えば、入浴が困難な人について、「着脱ができる」といった能力、「一人で入浴したい」といった意欲、「入浴が楽しみ」といった嗜好をアセスメント・データとし、それをケアプランに反映することができれば、利用者の能力、意欲、嗜好を活かした支援ができる。

後者については、例えば、アセスメント過程で明らかになった「料理をしたい」「花を活けることができる」といった意欲や能力を生活ニーズとして、ケアプランを作成・実行していくこともできる。

このように能力や意欲をケアプランに反映させていくことが重要であるが、利用者は自らの能力、意欲、嗜好を積極的に表現するものではない。そのため、ケアマネジャーは、以下のように利用者に対する価値観を確立し、同時に必要な手法を有することが必要である。

利用者に対する見方として、弱さだけでなくストレングスを有している人であるという価値観をもち、常に弱さと同時にストレングスを理解する姿勢が大切である。具体的には、ケアマネジャーは、利用者が「好きなこと」「したいこと」「できること」を発言できる雰囲気を作り出し、同時に「好きなこと、したいこと、できることを、一緒にできる限り実現しましょう」といった思いをストレートに伝えていく。こうして、利用者が自己決定や自己選択していける状況を作り出していくことこそが、尊厳ある支援であるといえる。

さらに、利用者は病気や障害ゆえに否定的な自己を形成しがちであり、ストレングスを表現しにくい状況にある。ここでは否定的な自己から肯定的な自己を導き出していくナラティブ・アプローチや、リフレーミング（リラベリング）といった手法を活用することになる。前者は、利用者の問題となっている固定的なドミナント・ストーリーから、自らの「例外」的な経験でもって、オルタナティブ・ストーリーを創造していくことである。リフレーミング（リラベリング）は、利用者の否定的な感情表出に対して、ケアマネジャーが肯定的な解釈をすることで、肯定的な自己を形成するよう支援する手法である。ケアマネジャーは、こうした方法で、利用者のストレングスを発言として導き出したり、気づいていくことである。

ケアマネジャーには、単に生活ニーズに合わせてサービスを提供するだけでなく、利用者のストレングスを活用することで、潜在的な能力や意欲を引き出す支援を期待したい。

6 介護者の負担軽減

介護保険法では、利用者の自立支援を目的にしているが、介護者の介護負担の軽減は目的になっていない。しかしながら、ケアマネジメントの視点から捉えると、要介護者だけでなく、介護者も対象として支援することが重要である。そうした視点でケアマネジメントが行われてきたのかを考えてみたい。

現実の介護者の負担感は、介護保険制度ができたことで軽減されなかったという調査結果が多くみられる。また、介護保険制度が創設されて19年近く経つが、確かに、1人当たりの利用するサービス量は増加しているが、その間で介護負担感は低くなったというよりも、むしろ高くなったという報告もある（注1）。

杉原らは介護保険制度創設前後で、毎日かかりきりで介護している人の割合や介護者の身体的負担や社会的負担についてては有意な差がみられず、精神的負担については有意に増加傾向を示したと報告している。さらに、介護保険制度創設後の２００２（平成14）年、２００４（平成16）年、２０１０（平成22）年にも家族負担感について継続的に調査をしているが、身体的負担については有意な変化はないが、精神的負担や社会的負担は増加傾向にあることを示している。とりわけ社会的負担が２０１０（平成22）年には高い有意差が認められたが、この年には社会的負担の個別項目である、介護による仕事への支障、家事や育児への支障、経済的負担が顕著な悪化を示していたという（注2）。

このような状況にあり、ケアマネジメントは要介護者の自立支援に主眼が置かれてきたが、介護者支援の視点も重要である。これには、現状の介護サービスの利用状況では、介護者の負担感を低下させるまでに至っていないことも考えられる。一方、介護老人福祉施設の入所が難しく、待機ケースが多くみられることからも、介護者支援の重要性を指摘することができる。

イギリスでは、「２０１４年ケア法（The Care Act 2014）」が制定され、介護者を要介護者から独立させ、介護者に対して別個アセスメントをし、ケアプランを作成することが義務づけられている。このような視点が日本のケアマネジメントでは弱い。ごくまれな保険者であろうが、介護者のニーズに合わせたケアプラン内容に対して、保険者から介護者支援は介護保険制度の目的でないため、削除するように指導されたということを聞いたことがある。現状の介護者の介護負担感が低くなっていない以上、介護者についてのアセスメント項目の検討や、介護者を切り離しての面接や、介護者向けのケアプラン作成の追加についての検討が必要である。当然、ケアマネジャーは要介護者と介護者の関係づくりにも関わることになる。

一方、介護者の離職について、大変ショッキングなデータがある。それは、介護により仕事を辞める人数が、介護保険制度創設前の時期と現在ではほとんど変わらないことである。5年ごとに実施される総務庁「就業構造基本調査」によると、家族を介護・看護するために離職した人の数は、介護保険制度創設前の１９９７（平成9）年調査では年間10万１０００人であったが、２０１２（平成24）年調査でも10万１０００人と同数であった。２０１７（平成29）年調査でも9万９０００人とほぼ変わらない介護離職者数であった。

このことは、現状の介護サービスを受けることでは、介護と仕事の両立が困難な介護者が多数存在しており、介護者離職の回避には、ケアマネジャーが介護者のニーズに合わせた介護等のサービスをつなぐだけでなく、介護者の悩みを聴いたりといった心理社会的支援も必要である。さらにケアマネジャーからの支援だけでなく、レスパイトサービスの充実や柔軟な活用といった介護保険制度全体の見直しも必要である。毎年10万人もの介護離職は、社会的損失も大きく、これに対応できる仕組みが必要である。

注釈

（注1） 桑原裕一・鷲尾昌一・荒井由美子・和泉比佐子・森満「要介護高齢者を介護する家族の負担感とその関連要因：福岡県京築地区における介護保険制度発足前後の比較」『日本公衆衛生学雑誌』51（3）、2003年、162頁

（注2） 杉原陽子・杉澤秀博・中谷陽明「介護保険制度の導入・改定前後における居宅サービス利用と介護負担感の変化―反復横断調査に基づく経年変化の把握」『厚生の指標』59（15）、2012年、6頁

第5章
ケアマネジメントの有効性と評価

1 ケアマネジメントの有効性を考える

2012(平成24)年に始まった「介護支援専門員(ケアマネジャー)の資質向上と今後のあり方に関する検討会」での議論をみると、ケアマネジャーに対する評価が厳しかった。ケアマネジャーの仕事はそれほど効果が薄いのであろうか。あるいは、過度に期待されているのであろうか。

一方、われわれは利用者から3年間で3回、ケアマネジャーに対する評価を調査しており、その結果を103頁(**表5-4**)に示してあるが、常に極めて高い評価を得ている(注1)。

このような状況の背景には、ケアマネジャー自体の質が両極にあることを示しているのかもしれない。一方、ケアマネジャーの質を上げるための制度面での課題もある。以下、ケアマネジメントが有効であることを理論的・多面的に説明し、そのことをなぜケアマネジャーは実施でき得てないのかを整理していくこととする。

①ワンストップでの対応

まずは、ケアマネジメントとワンストップ・サービスの関係を取り上げたい。ケアマネジメントでは、利用者の生活ニーズに合わせて、介護保険のサービスだけでなく、医療や住宅、権利擁護等のサービス、さらにはインフォーマルな近隣やボランティアとも調整することになる。これは、生活ニーズに対応するためには、多様な社会資源の対応が必要になるからである。そのために、1カ所で相談を受け、対応できることになる。これをワンストップ・サービスやシングル・ゲートと呼んでいる。このワンストップ・サービスをケアマネジメントの方法を介して実現したのが介護保険制度であり、ある意味世界に誇れる制度であると思っている。

これには、利用者にとって多くの利点がある。利用者はあちこち何カ所にも行くことなく、1カ所ですべてのニーズを満たすことができる。利用者が知らなかったサービスを活用できることにもなる。利用者は理解できていなかったニーズについても明らかになり、社会資源とつないでくれる。

ケアマネジャーは介護保険制度に位置づけられているため、介護のニーズに合わせて介護保険のサービスと結びつけることに終始している場合がある。ケアマネジャーは医療のニーズや、権利擁護に関するニーズ、経済的な問題に関するニーズ、家族内の人間関係に関するニーズについても、当然明らかにし、社会資源とつないでいく仕事である。さらには、介護者が有しているニーズについても明らかにし、必要なサービスにつないでいく必要がある。

ところが、こうした支援がすべてのケアマネジャーにできていないとすれば、ケアマネジャーは利用者の生活全体のニーズに応える業務であるという基本を再認識する必要がある。利用者の身体機能面、精神心理面、社会環境面の全体をアセスメントし、介護ニーズのみならず、多様なニーズを把握し、支援していく業務であるという理念と方法を再度学んでもらう必要である。

一方、制度面での不備もある。介護保険制度では、利用者が介護保険のサービスを利用しない限りは、ケアマネジャーには介護報酬が発生しないことが原則になっている。このことが、ケアマネジャーには、利用者と介護保険サービスと結びつけることがケアマネジャーの役割と映ってしまっている側面があるかもしれない。現実には、利用者の中には、配食サービスや移送サービスで、あるいは医療サービスや権利擁護に関するサービスで事足りる利用者も存在する。

2015（平成27）年からの介護報酬の改正で、介護保険サービスを利用しないことで、給付管理が発生しない事例のケアマネジメントの評価について介護給付費分科会で議論されたが、そうした事例に対して介護報酬が出ることはかなわなかった。今後、ケアマネジメントの本質に立ち返り、ケアマネジャーの報酬について検討されることを期待したい。

その後、2016（平成28）年度にすべての市町村で総合事業が実施されることになったが、その際に介護予防ケアマネジメントについては、アセスメントの結果、利用者本人が自身の状況、目標の達成等を確認し、住民主体のサービスを利用する場合に、初回のみ介護報酬がつくことになった。今後、介護サービスの利用の有無に関わらず、ケアマネジャーが実施するケアマネジメント業務自体に対して介護報酬を出していく仕組みが求められている。

注釈

（注1）白澤政和・他（2013）『厚生労働省 平成24年度老人保健事業推進費等補助金 老人保健健康増進等事業 介護支援専門員の資質向上と今後のあり方に関する調査研究』2013年、109～111頁

②利用者の権利擁護

介護保険サービス利用者の権利を擁護する範囲は広い。認知症の人には財産管理や身上監護のための成年後見人制度の申し立てや、日々の生活費の管理のための日常生活自立支援事業の活用も必要である。また、利用者の虐待の予防や早期発見・早期対応といった業務もある。さらには、認知症の人は地域住民とのトラブルも発生しやすく、その際にも意思表示ができない人の立場から、その人の人権を守っていく必要がある。

利用者のこうした権利を擁護するのもケアマネジャーの重要な役割であるが、現実の成果をみてみたい。日常生活自立支援事業については、2013（平成25）年7月分の新規利用者の申請件数は全国で958件であるが、そのうちで初回の相談者はケアマネジャーが25・4％で最も多い。なお、この事業は認知症高齢者に

限らず、知的障がい者や精神障がい者も活用しており、両者の604件を除外した場合には、40・0％がケアマネジャーからの初回相談に相当する（注1）。

また、2017（平成29）年の成年後見の総申立件数3万5737件のうちで市町村長申立件数は7037件で、19・7％を占めている。この申し立てにもケアマネジャーが大きく関与している可能性が高く、この比率が最近急激に増加している（注2）。

高齢者の虐待事例については、これは必ずしも要介護・要支援者には限らないが、2016（平成28）年度の在宅の虐待事例は1万6384件であったが、そのうちで介護サービス事業者も含めたケアマネジャーからの通報ケースは8995件で、29・5％で最も高かった（注3）。

統計的な数字でもって、ケアマネジャーが高齢者の権利擁護に大きく貢献していることを示してみたが、ケアマネジャーは認知症の人を中心に高齢者の人権を守る砦であるといえる。

さらに、権利擁護の範囲は広く、ケアマネジャーは個々の事例の中で、個々の高齢者を擁護（アドボケーション）していく様々な業務を行っている。それは、利用者のサービス提供者への不平・不満を代弁し、サービス内容の修正を求めたり、サービス提供者の変更を行っている。さらには、特に一人暮らしの認知症の人の場合には、地域で生活していくうえで近隣との間で軋轢が生じることがある。例えば、火事が起これば困るといった心配や、徘徊があるので心配だといった地域住民の声を受けて、ケアマネジャーは利用者を擁護しながら、近隣から理解を得るだけでなく、一層の支援を得られるよう支えている。さらには、こうした利用者の権利擁護を進めていくうえで、ケアマネジャーの役割として、個別支援だけでなく、地域包括支援センターと一緒になり、認知症の人が住みやすい地域社会をつくっていく役割も担っている。

以上のような利用者の権利を広く擁護する前提に、認知症の人等に対する意思決定支援がある。さらには、意思表示ができない場合には、利用者の最善の利益を基本として、後見人や生活支援員を含めた関係者と一緒に意思の推定をしていくことになる。

このように権利擁護の役割は広いため、すべてのケアマネジャーがそこまでできているかといえば、まだまだというのが実感である。ケアマネジャーが利用者の人権を守る砦であると認められるためには、公平中立である立場を踏まえて、自らの使命を再認識し、日々の業務を見直してほしい。

一方、ケアマネジャーが権利擁護を容易に実施できるよう、現在置かれているケアマネジャーの制度面での位置づけを見直す検討が必要である。それは、介護サービス事業者にだけでなく、他のサービスや近隣やボランティアといったインフォーマルセクターにも容易に弁護できる制度的な位置づけにすることが求められる。

注釈
（注1） 全国社会福祉協議会地域福祉部『平成25年7月分利用状況調査における新規利用契約者の集計結果』2013年
（注2） 最高裁判所事務総局家庭局『成年後見関係事件の概況―平成29年1月～12月』2018年
（注3） 厚生労働省『平成28年度高齢者虐待の防止、高齢者の養護者に対する支援等に関する法律に基づく対応状況等に関する調査結果』2017年

③包括払いサービスでの利用者の権利擁護

現在、介護保険制度では包括払いのサービスが増えてきており、そうしたサービスでは事業者はできる限りサービス量を減らしたい意向が強くなるが、その際にケアマネジャーは利用者のニーズを中心に据えて、利用者に必要なサービスの量と質を確保していく使命を担っている。

介護保険制度の在宅サービスでの「包括払い」の仕組みは、2006（平成18）年度改正で、要支援者に対する介護予防通所介護と介護予防訪問介護、さらに新規に始まった小規模多機能型居宅介護にも採用された。

次に、２０１２（平成24）年度改正では、新規に始まった定期巡回・随時対応型訪問介護看護サービス、さらにその後複合型サービス（看護小規模多機能型居宅介護）にも採用された。

包括払いは、利用する時間や回数に関係なく、要介護度により利用者が定額を支払うことである。これは、回数や時間によって利用料を支払う「出来高払い」とは異にする。この仕組みは、既に医療領域で実施されてきた。アメリカで導入されたＤＲＧ（診断群分類）ごとの包括払い方式を、日本で継承・発展させ、ＤＰＣ／ＰＤＰＳ（診断群（病名と診療行為の組み合わせ）ごとの1日当たりの定額医療費（包括評価部分）と、定額医療費に含まれない手術や一部検査、処置等、従来通りの出来高払い方式（出来高評価部分）を組み合わせた制度）が導入されてきた。現実にこの仕組みを取り入れる病院が増加しつつある。これのメリットは不必要な医療が除外されることと財源が抑制されることである。デメリットは、できる限りコストをかけないで早く退院させることにつながり、医療の質の低下が生じかねないか、ということがある。

これを介護保険に移して考えると、サービスのニーズを満たさないような利用については本来ケアマネジャーにより防ぐことができ、事業者側がサービス提供をコントロールする必要がないはずである。医療領域ではＤＰＣ導入に日本医師会等の反対意見がみられるが、介護保険制度では介護給付費分科会でもほとんど反対もなく導入されてきている。

小規模多機能型居宅介護や定期巡回・随時対応型訪問介護看護のサービスは今後さらに増大していく方針である。そこで、包括払いであることによる問題が露呈し始めていることについて言及し、問題が拡大しない対応が必要である。包括払いのデメリットである、サービス事業者側がサービス量を限定したり、自らの都合でスケジュールを作成したりすることが起こるからである。

定期巡回・随時対応型訪問介護看護であれば、ケアマネジャーと事業者側のサービス提供責任者が一緒にアセスメントからケアプラン原案を作成することになる。これを共同ケアマネジメントと呼んでいるが、原案作成段階で、訪問介護や訪問看護の回数・時間について、サービス提供責任者側は少なく見積もる可能性がある。その際に、利用者のニーズに基づき、必要な回数や時間を主張するのがケアマネジャーの役割である。

ここで、ケアマネジャーは訪問介護の必要な回数や時間を推定しやすく、ニーズに基づき十分擁護できるであろうが、訪問看護については難しい側面がある。それは、バイタルチェックや投薬管理の回数や時間は、病気や症状の程度により異なり、予測することが難しいからである。そのため、ケアマネジャーは利用者の病状についての理解を深め、利用者の代理人として、必要な頻度や時間について擁護していく責任がある。これは、情報の非対称性といわれ、専門家は多くの知識をもち、利用者はほとんど知識をもち合わせていない状況であり、ケアマネジャーは自らも知識を得て、情報を利用者と共有化し、必要な頻度や時間につないでいく必要がある。

小規模多機能型居宅介護サービスや複合型サービスであれば、「泊まり」「通い」「訪問」の日時や時間を決める際に、ケアマネジャーは当該の事業所の中で配置されており、事業所側の意向が反映したものになりやすい。現実にはまれなケースかわからないが、公式には365日営業としているが、実態は土曜・日曜は泊まりのサービスを行っていない事業者も以前はあった。これでは、ケアマネジャーは利用者のニーズを反映したケアプランを作成しているのか疑わしい。

確かに、ケアマネジャーが事業所内に位置づけられていることで、より柔軟に必要な「泊まり」「通い」「訪問」に対応できるメリットをもっているが、他方サービス利用を抑制する可能性が高いことを認識しておく必要がある。

こうしたことから、利用者がニーズに合った包括払いのサービスを利用する際には、必要なサービスを利用できるように利用者の権利を守っていくことにケアマネジャーの重要な役割がある。そうした認識をケアマネジャーは有しているであろうか。そうした仕事ができてこそ、ケアマネジャーの有効性が認識されることになる。そのため、ケアマネジャーは利用者のニーズに基づき必要なサービスを適正に提供することこそが、自らの使命であるという認識をもつことが根本である。

同時に、ケアマネジャーが利用者の権利を守るためには、「包括払い」を実施する事業所との関係で、ケアマネジャーの独立性が担保される仕組みが不可欠である。小規模多機能型居宅介護や複合型サービスでは事業所内にケアマネジャーが配置されていること、また、定期巡回・随時対応型訪問介護看護では同一法人にケアマネジャーが位置づけられている場合に、利用者主体でケアマネジャー業務を遂行できる仕組みづくりが求められる。「本当は利用者サイドに立った仕事がしたいが、現状ではそれができない」という切実なケアマネジャーの声に、どう応えていくのかが制度面で問われている。

④社会保障財源の抑制

ケアマネジメントが1970年代後半にアメリカで起こり、急速に世界の先進諸国に普及していったが、それは利用者を地域でできる限り長く、かつ質の高い生活を支えることができる方法であることが大きかった。結果として、長期の在宅生活を可能にすることになり、社会保障財源を抑制できるということも大きな理由であった。ケアマネジメントでもって、病院や施設から退院・退所することで、あるいは在宅生活が長期に継続できることで、社会保障財源全体を抑制できるということである。

ただし、断っておくが、ここでいうケアマネジメントの効果は、単にケアマネジャーの力だけではなく、ケアプランに示された介護・医療等のサービスに関わる専門職や家族・近隣・ボランティアといったインフォーマルケアが一体になり可能になることである。さらには、そうしたケアマネジメントの仕組みを取り込んだ制度の成果であるともいえる。

ケアマネジメントと財源抑制の関係では2つの側面がある。第1は、ケアマネジメントを実施することで在宅生活を長期化させ、施設や病院への入所・入院を抑制し、退所・退院を推進することである。第2は、ケアマネジャーが効果的・効率的なケアプランを作成することで、在宅の介護保険を含めて社会保障財源の抑制を図ることである。

第1のケアマネジメントを実施することで、どの程度在宅生活を延ばすことができるか、さらにはコストにどの程度影響を与えたかといった研究も海外では多くなされている。同時に、精神障がい者領域では、退院後の再入院比率が低くなるといった研究も実施されてきた。ただ、日本ではこうした評価研究が弱く、実践者と研究者が一体になりケアマネジメントの評価研究を進めていかなければならない。

介護保険制度のケアマネジメントについて考えると、介護保険制度が始まった2000(平成12)年4月の居宅サービス利用者は97万人から、2017(平成29)年には381万人になり、3・9倍にも増加したが、介護保険施設入所者は52万人から93万人と、増加率は1・8倍に留まっている。このように在宅志向を支えてきたのは、確かに市町村が介護保険事業計画を作成し、介護保険施設の建設を抑制したことが基本であるが、ケアマネジャーが個々の利用者のニーズに即してケアプランを作成・実施し、利用者と介護者を心理社会的に支援してきたことで裏支えしてきたことも無視できない。

さらに言えば、ケアマネジャーは施設入所待機ケースをもっているが、在宅を維持できているのは、利用者のニーズをできる限り満たし、心理社会的に本人や家族を支えているケアマネジャーの力も大きいのではないのか。現実には、自宅で特別養護老人ホーム入所待機をしている高齢者が19万人いるとされたが(2009

（平成21）年12月集計）、これらの高齢者が在宅生活を維持できていたのには、ケアマネジャーの力が決して弱くはない。

また、介護保険制度ができ、ケアマネジャーの支援により病院の社会的入院は減少し、そうした患者をケアマネジャーが地域に戻していく役割を果たしており、病院での在院日数の短縮に貢献している。こうした中で、医療費が下がらないのは事実であるが、これはそれと連動して入院ニーズに合った病床数に変容できていないことが起因している。

そのため、ケアマネジャーは確かに利用者の在宅生活を支え、生活の質（ＱＯＬ）を高めることを第一義的な目的にしているが、社会保障財源抑制の役割を二次的には担っていることの認識も必要である。

第２の財源抑制である、現状のケアマネジャーのケアプランが効果的・効率的に提供されているかについては、適正化事業として対応されている。この適正化事業は、要介護・要支援者の要介護度なりＡＤＬをよくするよう、個々の利用者のサービスの種類や量をコントロールしたり、介護サービスからリハビリテーションサービスへの変換を求める傾向が強い。その前提には、どのようにすれば利用者の意欲が高まるかが重要であり、結果的にできる限りサービスに頼ることなく生活していけるかの視点での適正化事業が求められている。そのことが、結果的に在宅生活の長期化をもたらし、同時に、在宅で利用するサービス量も少なくて済むからである。他方、ケアマネジャーは利用者の意欲を高めることの方法や技術を習得することが必須である。

現実にケアマネジャーは在宅の要介護・要支援者1人当たり平均介護給付費は1カ月19・42万円（注1）で、年間約２３３万円を使っている。30人担当していれば年間７０００万円の財源を握っていることになる。そのため、財源抑制の観点からすれば、個々のケアプランのコストを抑えることに目を向けたくなる。ただ、短絡的な個々のケアプランでのサービス利用を抑えていく財源抑制政策は、かえって在宅生活を難しくしたり、また再入院を促進することになりかねないとの認識が必要である。同時に、ケアマネジャーには膨大で貴重な公費や保険料を扱っていることの自覚も大切である。

こうした中で、ケアマネジャーは時には利用者の生活の質を高めることと、財源抑制との間でのジレンマにも遭遇する。つまり、質の高い生活をするために必要なサービスの利用が、財源を高めることになるといった場面に遭遇する。そうした場合には、第1に利用者の質の高い生活を目指すことになるが、長期的には、在宅生活の長期化が期待できたり、利用するサービスの減少が将来期待できたりと、財源の抑制につながる長期的な視点をもつことも必要である。当然のことであるが、ケアマネジャーは専門的な立場から、個々の利用者や家族のニーズに焦点を当て、必要不可欠なサービスに結びつけていくことを忘れてはならない。

注釈

（注1）　厚生労働省大臣官房統計情報部「介護給付費実態調査」2018年4月審査分

⑤利用者の意欲を引き出す支援

私自身ケアマネジメントを日本に導入するに当たって、その特性として利用者のニーズと社会資源を結びつけることを強調してきた。確かに、それ自体は間違いではなく、ケアマネジメントの中核機能である。同時に、この機能が達成できることで、最低限の在宅生活を可能にする。それゆえに、この方法が定着してきたと確信している。

しかしながら、逆に言えば、様々なサービスやサポートを利用するのみでは、在宅生活が維持できるにすぎない。さらに、そうした支援に加えて、利用者自身が主体的に生活をしていくことができ、意欲を高めることができれば、生活の質も高くなる。同時にサービスに頼ることも少なくなっていくため、介護保険財源等の社会保障費の抑制にもつながっていくことになる。

そのためには、利用者にサービスやサポートを結びつけながら、利用者や家族への心理社会的支援が必要である。具体的には、利用者や家族の意欲を高めるよう支援することである。それは、利用者の有している好きなことやしたいことを引き出し、それが実現できるように支援することで意欲を高めることができる。また、利用者ができることに着目して、それを支援することで、自信を高めることができる。同時に、それぞれの地域社会や家族・親族が有している力を活用していくことで、利用者のいきいきした生活を可能にする。

そのため、ケアマネジャーは時には潜在化している利用者の嗜好や能力を引き出していく力が必要である。現実に多くの高齢者や障がい者はＡＤＬ等の低下により、意欲が低くなっており、自らを否定的に捉えがちである。そうした場合に、ケアマネジャーは利用者が好きなことやしたいことを自由に発言できる雰囲気をつくり、そうした発言を促していくことが大切である。同時に、リフレーミングやリラベリングと呼ばれる利用者の否定的な感情表出に対して、ケアマネジャーは肯定的に解釈し、肯定的な自己づくりを支援することも必要である。

これは認知症の高齢者にも当てはめることができる。今まで覚えていたことやできていたことができなくなっていくことでの記憶障害や実行機能障害で、認知症の人は不安が高まり、自信を失っていく。そうした人に対して、不安を解消したり、もう一度自信を取り戻してもらうためには、話を丁寧に聴き、同じことを質問されてもその質問に丁寧に答えるといった態度が大事である。一方、本人の有している能力や意欲・嗜好を理解し、活用することも有効である。

以上のような支援をするためには、ケアマネジャーは、単に利用者が生活していくうえでの生活の課題を明らかにし、ケアプランを作成・実施するだけでは十分ではない。それ自体はその通りであるが、それに加えて、大切なことはケアマネジャーと利用者や家族との関わりのもとで生み出されるアウトプットである。

具体的には、私自身としては、ケアマネジメントを最初に日本に紹介した時に、利用者の意欲を高めたり、自分で問題を解決していく力を身につけていくような支援をしていくことを十分に強調してこなかったことを反省している。このような関わりが、利用者や家族に対する心理社会的な支援である。当然のことであるが、ケアマネジャーがこのような視点で支援を実施していけば、ケアプランにも変化が現れてくる。これが、結果的に、利用者のＱＯＬを高め、同時に介護保険財源の削減につながることにもなる。

１９７０年代後半に始まったアメリカのケアマネジメントであるが、以上のような反省が、１９９０年代の後半から起こってきた。その反省から生まれた方法の一つが、利用者や家族・地域社会の強さを活用するストレングスモデルである。ただ、日本で活用する場合は、利用者の自己主張が弱いことを考慮し、どうすれば利用者の能力や意欲が引き出せるかの実証研究を深めることで、日本的な支援方法を構築していく必要がある。結果として、ケアマネジメントの有効性を示していくことが大事である。

⑥チームアプローチの推進

利用者を地域で支えていく場合には、医療や介護の様々な専門職が関わることになる。さらには、家族や親せき、地域の民生委員や近隣も時には支える担い手になる。このように人々がチームを組んで利用者を支援することが必要である。

このようなチームアプローチを進めるために、ケアマネジメントが導入されることになった。そのため、ケアマネジャーはオーケストラの指揮者にたとえられることがあるが、サービスや支援を提供するすべての人が演奏者である。

このチームアプローチは、特に新規ケースやケアプランが変化した際に実施されるサービス担当者会議が土台となる。ケアマネジャーが実施してきたアセスメントや作成してきたケアプランの原案をもとに、すべてのサービス提供者が利用者について理解をし、共通した目標をもって支援していくこと、そして自らの役割を理解するだけでなく、他の提供者がどのような役割を果たしていくのかを理解し合うことになる。ここにチームアプローチの土台ができる。当然、サービス担当者会議以外でも、ケアマネジャーを介して、サービス提供者間での連絡・調整を日々実施していくことになっている。

介護保険制度ができ、チームアプローチは理念的には進展したはずである。ただ、現状でも医療と介護の連携が声高に叫ばれ、チームアプローチが強調されるのは、サービス担当者会議が十分に機能していないのではないかと懸念されているところである。すなわち、ケアマネジャーも含めたすべてのメンバーがアセスメントに基づきケアプラン原案について議論をしていないのではないのか。また、サービス担当者会議の終了時点で、共通の支援目標やそれぞれの役割分担を理解し合うまでには至っていないのではないか。繰り返しになるが、ケアマネジャーもチームアプローチの基盤はサービス担当者会議にあるという認識のもとで、多様なサービス提供者間でのチームワークを高めていく必要がある。

具体的には、アセスメントから導き出されるニーズを明らかにし、次にニーズに合わせたケアプラン原案を説明し、同時に、利用者への在宅支援の目標原案を示し、サービス提供者や家族・利用者との意見交換を行い、必要であれば、支援目標やケアプランの内容を変更する。

２００９（平成21）年と少し古いデータではあるが、７割近くのケアマネジャーがサービス担当者会議で困難なこととして挙げていることは、「サービス提供事業者との日程調整が難しい」（68・５％）ことに加えて、

「医師に参加してもらいにくい」(67・8%)ことを挙げていた(注1)。それから10年が過ぎ、在宅医療も進展し、24時間連絡を受ける医師を配置している在宅療養支援診療所が約1万2000カ所(2015(平成27)年7月1日現在)でき、医療と介護の連携が現実化していくことで、医師に参加してもらいやすい社会環境ができつつあるように思える。

しかしながら、大阪市が2010(平成22)年と2013(平成25)年に実施した介護支援専門員調査結果を比較すると、2013(平成25)年のサービス担当者会議での困りごとの第1位は「主治医との日程調整」で77・4%を示しており、2010(平成22)年の調査の79・9%とさほど変化がなく、まだまだ医師との連携の基盤が出来上がっていないことがうかがえる(注2)。この基盤づくりこそが重要であり、医師側も、サービス担当者会議に参加することで診療報酬によるインセンティブを高めることの検討が必要である。

チームアプローチを強化していくためには、ケアマネジャーがサービス提供者間でのチームアプローチを進めていくだけでは十分ではない。地域の中でサービスを提供する機関や団体が連携し、共に活動していける機関・団体を組織化していくことも必要である。これが基盤になり、ケアマネジャーを中核にしたチームアプローチが生きたものになる。こうした地域の機関や団体が協働し、お互いにそれぞれの役割や良さを理解し合い、地域の課題(ニーズ)について共に解決していくことが求められている。これは地域の機関や団体の「ネットワークづくり」と呼ばれるものであり、地域包括支援センターが地域ケア会議を進めることで実現を目指していこうとしている。

この「地域ケア会議」は、実務者による支援困難事例の検討会を実施し、支援困難事例の解決を図っていくことになる。さらに、この支援困難事例からみえてくる地域の課題について、機関や団体の代表者が集まってその解決方法を検討していく。厚生労働省は前者の会議を「地域ケア個別会議」、後者の会議を「地域ケア推進会議」と呼んでいる。こうした活動を地域包括支援センターがケアマネジャーからの協力を得て推進できれば、ケアマネジャーは個々の事例について、よりチームアプローチを進めていく基盤ができることになる。

その意味では、現在進められている地域包括ケアシステムでの地域ケア会議の推進が、医療と介護の連携を促進することとなる。そのため、チームアプローチの基盤づくりには地域包括支援センターの役割が重要である。

注釈

（注1） 三菱総合研究所『居宅介護支援事業所及び介護支援専門員の実態に関する調査研究報告書』２００９年度老人保健健康増進事業、２０１０年

（注2） 大阪市福祉局『大阪市高齢者実態調査報告（介護支援専門員調査）』２０１１年3月および２０１４年3月

⑦介護離職の解消

私が２０１５（平成27）年に関西のＮＨＫ番組「かんさい熱視線」に出演した際のテーマは「介護離職」であった。介護離職とは、介護のために介護者が離職することであり、介護保険制度があるにもかかわらず、1年間に約10万人の介護離職があるという（注1）。この数字は生産年齢人口が激減する中で、介護保険制度が介護者の離職を止められない極めてショックな数字である。介護保険制度は、「家族の介護」から「社会の介護」への転換を謳って創設された。そして、介護保険制度ができたことで、多くの介護者が救われ、当時いわれていた「介護地獄」や「介護離婚」を回避してきた側面は確かにあるが、まだまだ十分な制度になっていないことを再認識した。完璧な制度はありえないとしても、まだまだ改善すべき余地があるのではないかと思う。

社会的には、生産年齢人口（15～64歳）が減少しており、2010（平成22）年に8173・5万人であったが、2030年には6773万人になり、2060年には4418・3万人と2分の1近くに激減すると予想されている（注2）。さらに、介護で職を失っていく者が多くなれば、一層就労者数は減少することになり、社会としての損失は計り知れない。番組で出てきた事例では、介護離職の結果、最終的には生活保護受給に陥っていた。介護離職により、税を払う側から使う側に回ることは、社会的にも大きな痛手であり、これを回避できれば、介護保険制度の意義は一層高まることになる。

介護離職は個人的にも損失が大きい。介護により自ら積み上げてきたキャリアを失うことは、その人にとって無念至極であると想像できる。介護者が複数であろうと一人であろうと、介護者が仕事と介護を両立できる介護保険制度でなければならない。

こうした介護離職の隣で仕事をしているケアマネジャーの役割が重要であると痛感した。具体的には、ケアマネジャーの役割は、利用者本人だけでなく、介護者の心身面での支援も必要である。テレビでは2つの介護離職をした事例が紹介されたが、ケアマネジャーが、より適切なサービスにつなげることを支援したり、介護者の介護の悩みを傾聴できていれば、離職を回避できたのではないかと感じた。介護保険制度創設以降、ケアマネジャーには利用者の自立支援が強調されてきたが、介護者の自立支援もケアマネジャーの重要な役割であり、そのことの強調が弱いことも確かである。

ただ、ケアマネジャーの努力のみでは介護離職を回避することはできない。介護保険制度そのものを見直すことも必要であろう。

第一には、介護保険法では、介護者の負担軽減が目的に含まれていない。そのため、介護保険の目的を要介護・要支援者の自立の支援に加えて、介護者の負担軽減を含めることの検討が必要である。第二には、介護者の多様な就労形態に応えられるサービスを創設することも必要である。確かに、長時間介護の通所介護が実現したり、夜間の対応が可能で、かつ柔軟に利用できる「小規模多機能型居宅介護」「看護小規模多機能型居宅介護」や「定期巡回・随時対応訪問介護看護」といったサービスで、介護者の様々な就労形態に応えることができるようになってきたが、これらのサービスの普及を図る必要がある。また、介護保険創設以前に一部実施されていた「ナイトケア」を再度創設することも一考に値する。

第三には支給限度額を超えてサービスを利用できずに離職していることを考えると、要介護認定に家族形態や介護者の就労の有無についても考慮することを検討すべきではないかと考える。保険制度である以上、認定項目に含めることの問題点はあるとすれば、ケアマネジャーやサービス担当者会議の裁量に委ねることも可能である。なお、台湾の要介護認定では、介護者の就労の有無が認定項目に含まれている。

以上のような、ケアマネジャーが適切な支援を実施し、同時に介護保険制度を見直すことで、毎年10万人の介護離職を相当減少させることが可能であろう。介護保険制度で介護離職にストップをかけることができれば、間違いなく介護保険制度は社会から高い評価を得られることになる。

注釈
（注1） 総務省統計局『平成29年就業構造基本調査』では、年間9万9０００人が「介護・看護のために」離職していた。
（注2） 内閣府『平成24年度版高齢社会白書』２０１２年

⑧不要なサービス提供の排除

韓国では日本と同じように介護保険制度があり、長期療養保険制度と呼ばれている。韓国ではケアマネジャーは配置されていない。基本的には、利用者が認定を受けた後で、利用者や家族の意向でサービスを利用することになる。ただ、認定が出た際に、国民健康保険公団からモデルプランが送付されてくる。ここには、どのようなサービスをどの頻度で利用することが望ましいとするプランが示されている。この作業は国民健康保険公団の社会福祉士や看護師等の仕事になっており、認定時に要介護認定のための52項目に加えて、社会環境面の42項目を尋ねており、それら総計94項目を用いて、利用者との面接もなしにモデルプランを作成し、利用者に送付するものである。

利用者はこのモデルプラン通りにサービスを利用していないという調査結果があるが、ここである実態が明らかになった。それは、私がソウルに出張し、利用者宅を家庭訪問した際に、利用者は寝たきり状態であるにもかかわらず、レンタルの車いすが置かれていた。

この時ほど、日本の介護保険制度にケアマネジャーを配置したことの良さを実感できたことはなかった。ケアマネジャーは利用者のニーズに合わせて必要なサービスと結びつける支援をするが、利用者や家族のみでそれを決定することになれば、必要でないサービスまで利用してしまう可能性がある。ましてや、多くの介護サービス事業所が利用者にサービスを使ってもらうためにアプローチする中で、不要なサービス利用につながる可能性は高くなる。

その意味では、ケアマネジャーには利用者のニーズを的確に把握し、適切なサービスを適切な頻度で利用してもらう能力が必要である。そのため、ニーズを把握し、それらに合わせた適切なサービスを適切な頻度と時間で、かつ適切な時間帯に提供できるよう、能力を是非つけてもらいたいと願っている。

ただ、日本のケアマネジャーは他の介護サービスを提供している事業所と同じ法人に属している場合がほとんどで、同時に居宅支援事業所は赤字の事業所である場合が多く、公正中立が保てるのか不安がある。独立性のある事業組織にしていくためには、これは試論であるが、居宅介護支援事業所を地域包括支援センターと同じ位置づけに変更すべきではないかと考えている。これにより、保険者機能が強化されることから生じる問題も危惧されるが、それはケアマネジャーの力量を高めることで対応し、幾分でも法人から独立し、公平中立が維持しやすい状況にすることが求められている。

2018（平成30）年4月より、1年間の経過措置でもって、居宅介護支援事業所の指定管理は都道府県から市町村に移ったが、これだけでは法人から独立したケアマネジメント機関にはならない。もう一歩踏み込んだ改革が必要である。それには世界の国々のケアマネジメントが都道府県や市町村といった組織で担われていることを考慮した改革が必要である。

⑨災害時のケアマネジメント

東日本大震災から8年が経った。一日も早い復興をと思うが、復興の遅さには唖然とせざるを得ない。被災地では、要介護者が増加しており、ケアマネジャーの業務も繁忙を極めているものと思われる。

このような災害に対して、ケアマネジャーは多大な役割を果たせること、同時にその役割を担ってきた事実を確認したい。

われわれは、介護保険が始まり、ケアマネジャーが制度化されていた2004（平成16）年10月23日（土）の新潟中越大震災で、ケアマネジャーはどのような役割を果たしたかを明らかにするため、現地に入り、ケアマネジャーのお世話になり、聞き取りと郵送の調査を実施した。その後の東日本大震災は、地震に加えて津波や原発による複合的で甚大な規模の被害があったが、ここでのケアマネジャーの実態調査を宮城県と岩手県の介護支援専門員協会のご協力を得て、実施した。両者の調査結果から、ケアマネジャーは災害でどのような役割が果たせるのかを示したい。

東日本大震災の調査結果からは、地震が２０１１（平成23）年3月11日（金）の14時46分に起こり、1時間後に津波が襲ってきたが、その日のうちに利用者の安否確認を始めたケアマネジャーが沿岸部では39・6％もおり、内陸部では76・3％になっている。土曜日と13日の日曜日までに安否確認を始めた割合を合わせると、沿岸部では65・7％、翌14日の月曜日から73・7％が始めており、内陸部ではそれが92・5％、96・1％となっている。ケアマネジャーは自らも被害を受けながら、利用者宅の多くが崩壊している状況で、避難所や福祉避難所回りをしながら、確認を行ったことが予想できる。

調査結果では、沿岸地域では87・8％のケアマネジャーが安否確認に困難を感じており、その内訳では、「電話等の通信手段が不通であったため」（90・7％）、「ガソリン不足で車の移動に制限があったため」（83・7％）、「利用者の住宅が崩壊・流出のため」（66・7％）、「道路事情が悪かったため」（53・5％）、「利用者の住宅地域全体が被災し、立ち入り禁止のため」（41・9％）、の順に困難であったとしており、大変な状況の中で安否確認を実施していることがわかる。

ケアマネジャー自身やその家族も被災しているにも関わらず、こうした安否確認が行われたことは、両県全体でのケアマネジャーの意識として「使命感」が76・4％、「モニタリング機能」が8・8％で、専門職の役割として活動されている（注1）。

このように、ケアマネジャーの業務は介護保険に関わるというよりも、利用者の日々の生活を支える専門職として評価されるべきであり、ケアマネジャーの有効性が、図らずも不幸な震災のもとで明らかになっている。新潟中越大震災の時は、大学院生とともに現地に入り、聞き取り調査や郵送調査を行ったが、東日本大震災の内陸部とよく似た結果であり、地震の翌日の日曜日にはほぼすべてのケアマネジャーは安否確認を始めていた。

ここでは、ケアマネジャーからの聞き取り調査で感動した事例を紹介したい。

この事例は、人工呼吸器をつけて退院してきた高齢者についてである。地震は10月23日土曜日の午後6時過ぎに起こったが、ケアマネジャーはこの高齢者のことが最も気になる事例であった。ライフラインが途絶え、当日は家庭訪問も電話連絡もできなかった。翌朝早くに自宅を訪れたが、高齢者の命が救われており、安堵したということである。

この家庭は老夫婦であり、ケアマネジャーは退院時のサービス担当者会議に、万が一停電の時のことを想定して、消防署の署員と民生委員に参加してもらっていた。万が一の場合には、消防署員にはA病院に搬送してくれることを依頼し、民生委員には搬出を手伝ってくれることを依頼していた。このことが功を奏し、みごと消防署や民生委員の協力で病院に搬送することができた。ただ、A病院も半壊していたため、長野県のB病院にヘリコプターで搬送され、命が救われたということである。

この事例から、ケアマネジャーのケアプラン作成には、将来のリスクを予測する視点が大切であることを教えてくれる。そして、そうしたリスクマネジメントが高齢者の生活を支援するだけでなく、生命を守ることもできるということである。

これに類するような支援を多くのケアマネジャーは、災害時に行っており、ケアマネジャーは介護保険制度の枠内で仕事をするということではなく、日常の生活の中で活動しているものとして捉える必要がある。このことは、ケアマネジャーの評価を単に介護保険制度の中だけでなく、日常生活全体を支援する観点からすべきであり、同時にそうした観点でケアマネジャーを制度的に位置づけていく必要がある。また、ケアマネジャー自身もこうした災害時でのケアマネジャーの活動を介して、自らの専門職としての使命や役割について再認識していただきたい。

注釈

（注1） 白澤政和・岡田直人『東日本大震災における介護支援専門員の活動および地域包括支援センター・在宅介護支援センターの活動に関する調査報告書（平成23年度厚生労働省補助事業「老人保健健康増進等事業」報告書）』、2012年、1～218頁

⑩介護リスクの予見と回避

ケアマネジメントは、利用者の介護リスクを予防することに貢献する。介護リスクには、在宅や施設の場合を合わせて、転倒、転落、誤嚥、無断外出、感染、医療ケアなどでの介護事故のおそれである。これらの介護リスクの予防には、介護等についてのマニュアルの作成・周知徹底、ヒヤリ・ハットによるマニュアルや個々のケアプランの確認・修正といったことに加えて、ケアマネジメントそのものが重要である。

ケアマネジャーはアセスメントを実施し、そこからニーズに基づくケアプランを作成する際に、リスクを予見し、回避することができることが多い。

ケアマネジメントでは、利用者の身体状態、心理状態、社会状態を把握することで、どのようなリスクがあるのか、さらにはそのリスクの深刻度を把握することになる。同時に、モニタリングを介して、それらのリスクについて評価し、時にはニーズやサービス内容を変更することになる。

そのため、リスクは必然的にニーズとして表されたり、ニーズを解決する中で対応することになる。例えば、「○○○で心配である」や「○○○の可能性がある」といった言葉で表現されることで、リスクに直接対応することになる。また、「○○○が困っている」や「○○○をしたい」といったニーズに対して、リスクに配慮した具体的な支援内容に落とし込むことになる。

これを法律用語で言えば、アセスメントを介してリスクの予見が可能となり（予見可能性）、ケアプランの作成を介してリスクを回避することが可能となる（回避可能性）。そのため、介護事故が訴訟となった場合、事故を予見することができたのかの予見可能性と、結果として事故を回避することができたのかの回避可能性が争点となる。

例えば、転倒のリスクであれば、ケアマネジャーはアセスメントでの身体面での病気の特徴、移動や歩行のＡＤＬ、環境面での段差や家族の介護状況等を把握し、リスクやその程度を予見する。さらに、この予見したリスクについて、ケアプランで転倒のリスクを回避するケアプランを作成することになる。

在宅の場合には、利用者への具体的なケアの提供は介護サービス事業所が作成する個別サービス計画に基づき実施される以上、ケアマネジャーのアセスメントとケアプランはサービス事業所の個別サービス計画に連動させながら、リスクの予見と回避ができているかを点検する必要がある。具体的な支援過程では、ケアマネジャーのアセスメントとケアプランでリスクの予見と回避がなされ、それが個別サービス計画に反映されることになる。最終的にはリスクに対して訪問介護、訪問看護、通所介護、福祉用具貸与等は個別サービス計画に基づいてサービスを提供する際に、リスクへの対応が具体的になされることになる。そのため、個別サービス計画が適切に実行されているかを、介護サービス事業所の管理者だけでなく、ケアマネジャーも確認することで、リスク管理ができることになる。

一方、利用者の介護リスクは変化していく以上、ケアマネジャー以上に頻繁に利用者と関わることが多い介護サービス事業者からケアマネジャーへの情報提供も重要である。また、ケアマネジャーのアセスメント票・ケアプラン票と、介護サービス事業所のアセスメント票・個別サービス計画票が相互に手渡され、情報の交換をすることが必要である。その意味では、サービス担当者会議はリスク管理において重要な意味をもっている。

以上のような対応ができれば、介護事故が予防でき、万が一介護事故が生じても、ケアマネジャーが過失を問われることは少なくなる。同時に、現実の介護事故は直接介護サービスを提供している際に生じることがほとんどであるが、そこでの事故が結果として予見できたのか、結果として回避できたのかを確認する際には、ケアマネジャーのアセスメント票やケアプラン票も確認材料になる。

以上のような介護リスクを予見し、リスクを回避するうえで、ケアマネジャーの役割が大きいことを示してきた。逆に言えば、ケアマネジャーがそうした予見可能性や回避可能性ができていないなら、その責任を問われることにもなり、的確なアセスメントとケアプランの作成・実施が重要であることが理解できる。ここに介護リスクに対するケアマネジメントの有効性を確認することができる。

介護事故が生じないようケアプランを作成・実施することが必要であるが、平田厚は、特に福祉施設のケアプランについてであるが、介護事故に関する法的責任回避への意向が行き過ぎると、利用者の尊厳を保持するプランから遊離していくと指摘している。例えば、誤嚥を恐れて、安易に経口栄養から経管栄養に移行するケアプランになってしまうおそれがある。そのため、「ケアマネジメントにおいては、利用者の尊厳を重視することを大前提にしながら、事業者の法的責任回避をも意識した取り組みを行っていくことが大事である」としている（注1）。

このように、介護保険法の第1条で謳われている利用者の尊厳の保持をもとに、リスクを予防するケアプランを作成し、それを介護サービス事業者の個別サービス計画に連動させることが求められている。ここに、介護リスクを予防するケアマネジメントの有効性がある。

注釈

（注1） 平田厚・㈶日本障害者リハビリテーション協会「福祉施設におけるリスクマネジメント」『ノーマライゼーショ

ン障害者の福祉』1、2003年

⑪まちづくりへの貢献

ケアマネジメントの考え方は多様である。H・ロズ（Ross, H）はケアマネジメントが有している機能をもとに、3種類に分類している（注1）。それを表5-1に示してあるが、包括モデルのケアマネジメントでは、「インフォーマルサポートの開発」「資源開発に向けての弁護的活動」といった地域に焦点を当てた、まちづくりを機能に含んでいる。コーディネーション・モデルでも、「インフォーマルサポートの開発」が機能に含まれている。

このことは、ケアマネジメントは個人への支援をもとに、そこから地域の課題を明らかにし、そうした課題を充足することで、まちづくりに関わっていくことを示している。

現在日本では介護保険制度で地域包括ケアシステムが進められており、地域包括ケアシステムでは、支援困難事例の検討を行う地域ケア個別会議を介して、地域の課題が抽出され、地域の機関や団体の代表者による地域ケア推進会議で社会資源が開発され、まちづくりまで進めていくことになっている。

ここでは、地域包括支援センターが基幹となり、まちづくりを実施していくことになる。具体的には、地域ケア個別会議と地域ケア推進会議を合わせた地域ケア会議を地域包括支援センターが主催して実施していくことになっている。

その意味では、ケアマネジメントの「包括モデル」では、介護支援専門員の業務だけでなく、地域包括支援センターの一部の業務までを、ケアマネジメント機能とすることができる。具体的には、①介護支援専門員の個別支援、②地域ケア個別会議での支援困難事例の検討・解決、③地域ケア推進会議での地域の課題の抽出と

表 5-1　ケアマネジメント・プログラムの 3 つのモデル

最小限モデル	コーディネーション・モデル	包括モデル
・アウトリーチ ・クライエント・アセスメント ・ケアプランの作成 ・サービス提供者への送致	・アウトリーチ ・クライエント・アセスメント ・ケアプランの作成 ・サービス提供者への送致 ・クライエントのための権利擁護 ・直接ケースワーク ・インフォーマルサポートの開発 ・再アセスメント	・アウトリーチ ・クライエント・アセスメント ・ケアプランの作成 ・サービス提供者への送致 ・クライエントのための権利擁護 ・直接ケースワーク ・インフォーマルサポートの開発 ・再アセスメント ・資源開発に向けての弁護的活動 ・サービスの品質監視 ・市民教育 ・危機介入

出典：Ross, H. Proceedings of the conference on the evaluation of case management programs (March 5-6, 1979). Volunteers for Services to Older Persons, 1980.

ニーズ充足方法としての社会資源の開発までが、ケアマネジメントの機能となる。ただし、ケアマネジメントの機能を介護支援専門員と地域包括支援センターが分担し合うことを意味している。「最小限モデル」ではまちづくりをケアマネジメント機能には含めていないが、「コーディネーション・モデル」のケアマネジメントでは地域の団体等の活動を開発する部分は機能として含まれている。

さらに、介護保険制度では、生活支援コーディネーター（地域支え合い推進員）を配置することになったが、これは前述の地域ケア推進会議で社会資源の開発を決定し、その新たに創設される社会資源を具体的に現実化していく人材である。

例えば、ごみ屋敷についての支援困難事例を地域ケア個別会議で解決していくために話し合いを繰り返し、具体的に解決を図っていく。さらに、地域ケア個別会議でごみ屋敷の事例が累積されてくる中で、地域の課題として「一人暮らしの高齢者が地域で孤立している」ことが明らかになり、地域の機関や団体の代表者からなる地域ケア推進会議でその充足方法が検討され、地域の自治会、民生委員協議会、ボランティア団体が協力して、一人暮らし高齢者向けのサロン活動を実施していくことになる。この決定したサロン活動を開設していくために、サロン活動の場探し、活動してくれる人材の確保、スケジュールを立て、参加してくれる一人暮らし高齢者の募集、サロンでの活動内容の企画と財務といったことを具体的に地域の人々と一緒に進めていくことが必要になる。これを推進していくのが生活支援コーディネーターである。

包括モデルのケアマネジメントでは、地域包括支援センターに加えて生活支援コーディネーターの機能もケアマネジメントに含まれることになる。そのため、「包括モデル」のケアマネジメントでは、まちづくりに直接貢献することになるといえる。

注釈

（注1） Ross, H. Proceedings of the conference on the evaluation of case management programs (March 5-6, 1979). Volunteers for Services to Older Persons, 1980.

2 ケアマネジメントの効果

①利用者がケアマネジャーに期待すること

ケアマネジャーに対する利用者の期待は、単に介護保険のサービスにつないでくれることだけを期待しているのではない。

利用者や家族はどのような期待をもっているのであろうか。

2010（平成22）年に実施した5年以上の経験をもつ介護支援専門員から6カ月程度支援を受けている利用者を対象に調査を行ったが、そこでのデータとして、「最初に会った時の介護支援専門員に対する期待度」と「期待していたことに対する現在の満足度」の結果を紹介してみたい（注1）。

利用者や家族が介護支援専門員に最初に期待したことを、**表5-2**のような4つの側面で尋ねた。当然「介護サービスの調整をしてもらう」ことに利用者の88・0％が期待していたが、「不安や心配なことの話を聞いてもらう」ことにも78・2％が期待していた。「何かあった時のために見守ってもらう」でも64・6％、「病院や診療所への連絡をしてもらう」はやや少なく48・5％が期待していた。

この結果からわかることは、利用者は介護支援専門員に最初に会った時の期待は、介護保険制度のサービスと調整をしてもらうことだけでなく、相談相手や見守りを求めている。ただし、医療との調整についての期待はやや弱く、半数程度しか求めていなかった。

表5-3は、介護支援専門員から6カ月程度支援を受けている調査時点の介護支援専門員に対する満足度であるが、驚くことに、ほとんどの側面で利用者の9割以上が満足しており、期待以上に満足感が高いことには、正直驚いた。「介護サービスの調整をしてもらう」には94・3％が満足しているのに続き、「不安や心配なことの話を聞いてもらう」には93・8％と、高い満足感となっている。また「何かあった時のために見守ってもらう」は77・0％であり、「病院や診療所への連絡をしてもらう」は64・8％と少し低い満足感となっている。「病院や診療所への連絡をしてもらう」ことへの利用者の期待感と満足感の低さから、介護支援専門員は医療サービスと結びつけていくことに課題があることがわかった。

他方、この調査結果からわかったことは、利用者や家族は介護支援専門員に対して介護保険サービスの活用以外のことも期待していることである。これらの項目を合わせると、利用者は介護支援専門員に在宅生活の全

表 5-2　ケアマネジャーへのサービス利用開始の期待度（構成比（%））

	とても期待していた	期待していた	どちらでもない	期待していなかった	全く期待していなかった
不安や心配なことを話しを聞いてもらう	28.9	49.3	16.7	4.2	1.0
介護サービスの調整をしてもらう	33.4	54.6	10.0	1.5	0.5
病院や診療所への連絡をしてもらう	18.7	29.8	36.1	11.4	4.0
何かあった時のために見守ってもらう	23.2	41.4	23.7	9.2	2.5

（注）「とても期待していた」と「期待していた」を合わせて「期待していた」、「期待していなかった」と「全く期待していなかった」を合わせて「期待していなかった」とする

表 5-3　ケアマネジャーに対する現在の満足度　（構成比（%））

	とても満足	満足	どちらでもない	不満	とても不満
不安や心配なことを話しを聞いてもらう	44.7	49.1	5.7	0.5	—
介護サービスの調整をしてもらう	48.8	45.5	4.7	0.7	0.2
病院や診療所への連絡をしてもらう	30.5	34.3	34.5	0.8	—
何かあった時のために見守ってもらう	34.0	43.0	22.0	1.0	—

（注）「とても満足」と「満足」を合わせて「満足」、「不満」と「とても不満」を合わせて「不満」とする

体を支援してほしいことを期待しており、それに対して、介護支援専門員はその期待に応えているといえる。

このような結果について、利用者や家族は介護支援専門員との関係が良好であることから、郵送調査に返送していただいた可能性があることを差し引いても、介護支援専門員は評価されるべきである。

私は介護保険制度の中に居宅介護支援を内包することで、介護保険のサービスにはつないでいるが、ケアマネジメント本来の目的である利用者や家族の生活全体での支援には至らないのではないかと危惧していたが、今回の調査はそうした懸念を相

当払拭してくれた。これは、介護支援専門員と利用者や家族の間での役割期待と役割遂行の関係のもとで実行できてきたことである。

経験年数の少ない介護支援専門員にも同様の結果が出るかどうかわからないが、経験がなくとも、介護支援専門員には、医療サービスとの調整も含めて、生活全体を支援していく機能を担ってほしいと切に願っている。

注釈

（注1）　白澤政和・他『介護保険における適切なケアマネジメントの推進に関する調査研究事業―新たなケアマネジメントの評価のあり方を探る』平成22年度厚生労働省老人保健健康増進等事業、２０１１年3月

②利用者のケアマネジャーに対する満足度

介護支援専門員が行うケアマネジメントを評価することは難しいことである。多様な評価方法があることも確かである。利用者がどのように変化したかというアウトカム（結果）評価が最も有効であろうが、介護支援専門員の仕事を実施している構造（ストラクチャ）でもっても、介護支援専門員がケアマネジメントの過程（プロセス）を踏んでいるかどうかでもっても、評価する方法がある。これら3つの評価方法は、古く１９６６（昭和41）年にアベディス・ドナベディアン（Donabedian, A）が『医療の質』の中で示した評価方法である。

また、利用者に尋ねる評価方法の一つとして、消費者満足度（CS：Consumer Satisfaction）がある。これは、利用者の介護支援専門員に対する満足度でもって、評価するものである。この満足度調査を、前項でも述べた同じ厚生労働省老健事業の補助金を得て実施した（注1）。

これは、5年以上の経験がある介護支援専門員から支援を受けている要介護・要支援高齢者ないしは家族か

表 5-4　ケアマネジャーに対する満足度の変化（構成比（%））

	とても満足	満足	どちらでもない	不満	とても不満
不安や心配なことの話を聞いてもらう	44.7 43.0 44.9	49.1 47.0 43.4	5.7 8.5 8.1	0.5 1.5 1.5	0.0 0.0 2.2
介護サービスの調整をしてもらう	48.8 46.2 48.9	45.5 45.7 44.4	4.7 5.5 3.0	0.7 2.0 1.5	0.2 0.5 2.2
病院や診療所への連絡をしてもらう	30.5 29.1 35.3	34.3 34.7 20.3	34.5 34.2 32.3	0.8 1.5 0.0	0.0 0.5 2.3
何かあった時のために見守ってもらう	34.0 32.2 32.3	43.0 47.7 43.9	22.0 19.1 20.7	1.0 1.0 0.7	0.0 0.0 2.2

注：上欄は 2010 年 11 月調査、中段は 2011 年 11 月調査、下段は 2012 年 11 月調査

ら、ケアマネジメントに対する満足度を調査したものである。この調査は、2010（平成22）年11月、2011（平成23）年11月、2012（平成24）年11月の3度の調査で、同じ利用者に対して実施したが、いずれも介護支援専門員による支援開始約6カ月後、約1年6カ月後、約2年6カ月後の結果である。満足度は、ケアマネジメントの機能である「悩みの傾聴」「介護サービスとの調整」「医療サービスとの調整」「見守り」という4機能について尋ねたものである。

この結果は**表 5-4**に示す通りである。これら4機能についての要介護・要支援高齢者の満足感は3回とも高く、それも3年間満足度が維持できていることがわかった。具体的には、「とても満足」と「満足」を合計した者の割合を「満足している」とすると、要介護・要支援高齢者やその家族は、「介護サービスとの調整」と「悩みの傾聴」については3回とも9割以上が、「見守り」に対しては8割程度が満足している。一方、「医療サービスとの調整」についての満足感は、6割程度とさほど高くない結果となった。

以上から、一般に要介護・要支援高齢者やその家族の介護支援専門員の業務に対する満足感は高い。ただし、医療サー

ビスとの調整についての満足感はさほど高くないこともわかった。

同じ調査での結果であるが、要介護・要支援高齢者は3年間でADLや一部の心理的な側面が低下したと認識していた。しかしながら、介護支援専門員に対する満足度は低下することなく、維持しているということである。この両者の結果の違いにこそ、ケアマネジメントの効果の本質が潜んでいると考える。このことは、高齢者の身体機能状態が低下したことが、必ずしも利用者のケアマネジメント満足度の低下にはつながっていないことを示している。

第2に、医療サービスとの調整に対する満足度がさほど高くないことについても言及しておきたい。101頁に示したように、2010（平成22）年の最初の調査での介護支援専門員に最初に会った時の期待度を尋ねているが、医療サービスとの調整については、他の機能に比較して、期待度は極端に低かった。ここからわかることは、介護支援専門員は介護保険制度の枠内で位置づけられている以上、要介護・要支援高齢者や家族は介護支援専門員に介護保険サービスとの調整には期待しているが、医療サービスまで調整してくれるという認識は低いと推測される。

同時に、介護支援専門員の側も、介護保険サービスと結びつけることへの意識は強いが、要介護・要支援高齢者の医療に関わるニーズを明らかにし、医療サービスにつなげていく意識は弱いといえる。これは、制度的に、介護保険制度にケアマネジメントが位置づけられていることに起因している。

そのため、介護支援専門員は、高齢者の生活ニーズの一部である医療ニーズについても常に目くばりをし、利用者に対して医療サービスとも結びつけることも仕事であることを説明し、実行していくことが重要である（注1）。

注釈
（注１）白澤政和・他（２０１３）『厚生労働省　平成24年度老人保健事業推進費等補助金　老人保健健康増進等事業　介護支援専門員の資質向上と今後のあり方に関する調査研究』２０１３年、１０９～１１１頁

③利用者とケアマネジャーのケース目標の違い

健康転換という言葉をご存じだろうか。これは、疾病構造の変化を人口構造等の社会全体の構造の転換と一体的に捉える考え方である。広井良典は、健康転換が感染症→慢性疾患→老人退行性疾患という第３層の段階に入っているとした。そして、老人退行性疾患の特徴として「老人の場合、身体の生理的機能は、生物本来のメカニズムとして「不可逆的に」低下していく要素をもっており、したがって若い人（ないしは通常の慢性疾患）に想定されるのと同じような「治療」は困難な面が強く、やみくもにすべてを「治療」というかたちで対応しようとすることは、かえってその生活の質（ＱＯＬ）を低めることになる場合もある」と述べている（注１）。

ケアマネジメントが出現してきた背景には、完全に治らない病気をもった人々が増えてきたことや身体状態の回復がこれ以上難しいというような人が増加してきた状況がある。病気は完全に治らなくとも、また身体状態が完全には回復しなくとも、最期までＱＯＬを高めることは可能である。そうした方法として、ケアマネジメントは誕生してきた。

そのため、ケアマネジメントは、利用者の「身体面」で改善・維持が可能な人には当然そうした側面での支援につなげていくが、それ以外に、「精神心理面」、「対人関係面」、「環境面」での改善・維持のためにも支援を行っている。ここに、ケアマネジメントは利用者の「身体面」「心理面」「対人関係面」「環境面」すべての面での改善や維持を可能な限り目指すことがＱＯＬを高めることであると説明できる。できれば、これら４つ

の側面すべてが改善や向上されることがベストであるが、人によってはすべての側面の改善や向上が難しく、「身体面」よりも他の面に優先順位が置かれることもある。このことが、ケアマネジメントを「医学モデル」ではなく、「生活モデル」と呼ぶ所以の一つである。

そこで、前項で示した同じ調査で、介護支援専門員と6カ月程度関わっている利用者（利用者が回答できない場合は家族）に対して調査を実施したが、そこからみえてきたことを紹介したい。

介護支援専門員と最初に関わってから6カ月後の時点で、利用者が最も改善や維持を求めていたのは「身体面」で198人（60・9％）であったが、1年後には159人（48・9％）と、39人減少している。第2位は「心理面」で、開始時は72人（22・1％）であったのが、1年後には118人（36・2％）と46人も増えている。

このことは、利用者の中で、最も重要だと思うことが、「身体面」から「心理面」に移行していることを示している。介護支援専門員との1年間の関係の中で、利用者や家族が向上や維持に関する優先順位は、繰り返しになるが「身体面」での改善・維持を求めるものが依然として多いが、身体面での改善よりも心理面での改善に移行していく傾向があることがうかがえる。

次に、こうした利用者・家族の意向を介護支援専門員は理解しながら支援ができているかをみてみたい。

確かに、介護支援専門員の全体としての変化の傾向も、利用者の意向の変化に合わせて変化している。介護支援専門員の場合も、「身体面」を最優先に改善・維持することとしており、利用開始時には230人（59・0％）であったが、1年後には178人（45・6％）と52人も減少している。「心理面」を最優先で改善・維持するについては、開始時が97人（24・9％）であったが、1年後には137人（35・1％）となっており、利用者・家族と同じ傾向がうかがえる。

ただ、介護支援専門員とその利用者をマッチングさせ、詳細に結果をみると、利用者と介護支援専門員の間では、支援の優先順位が必ずしも一致しているわけではない。最初の調査から1年経過後の一致状況をみると、「身体面」を最優先とする利用者は158人（49・2％）に対して、介護支援専門員は145人（45・2％）であるが、そのうちで108人のみが一致していた。

結果として、両者の3分の2程度は「身体面」を優先順位にすることで一致しているが、残りは一致していないことになる。このことは、ある意味で、約3分の1の介護支援専門員は「居宅サービス計画書(1)」に相当する、利用者のケース目標という大きた目標が、利用者と一致していない可能性が高いことを示している。

この結果、介護支援専門員は利用者・家族の意向を必ずしも十分に理解できていない可能性があることがわかった。もちろん、利用者と家族の間でもどのような側面が変化・維持したいかの意向が異なる場合が多いことは確かであるが、介護支援専門員はそうした視点をもちながらも、利用者や家族の意向の変化を敏感にくみとっていくことが課題である。

ケアマネジメントの方法を効果的・効率的に実施していくために必要な改革を、介護保険の制度面とケアマネジャーの実践面で提案をしてきた。個々の提案には、重点に違いはあるが、制度面と実践面の両面での改革を求めるものであり、ひいてはケアマネジャーが専門職として確立していくうえでの条件を示したともいえる。

専門職としてのケアマネジャーには、利用者主体の立場に基づき、自由裁量を得て、自律的に業務を遂行していくことが求められる。そのためには、ケアマネジャーは利用者主体の立場に立ち、自らの実践能力を高めていくことが求められ、同時にそうした実践を可能にする制度づくりが求められる。行政とケアマネジャー両者の今後の改革を強く期待したい。

注釈

（注1）　広井良典『ケアの学』医学書院、２０００年

第6章

ケアマネジメントに関わる介護報酬改定

1　自己負担のリスクを問う

介護保険部会で何度も議論があったことで、消滅したはずのケアマネジメントでの利用者に自己負担を課そうという議論が、報酬改定の検討が始まるといつも浮上してくる。

このように何度もケアマネジメントの利用者自己負担議論が出てくること自体が問題である。改めてなぜ自己負担を取るべきでないかを説明しておきたい。

私が自己負担に反対するのは、単に、セルフ・ケアマネジメントが増え、保険者が多忙を極めるとか、結果的に保険料がわずかしか下がらないからという周辺的な問題からではない。ケアマネジメントには本質的に自立の支援という目標があるが、自己負担の導入は自立の支援に相いれないことを主張しているのである。

ケアマネジャーは利用者の生活ニーズと介護保険のサービスを中心に様々な社会資源をつなぐことで、在宅生活を可能にする仕事である。そこでは、利用者が実施可能なことは自ら実施し、できないことは他の社会資源に頼りながら生活することである。また、利用者の実施可能なことを拡大していくことも、ケアマネジャーにとっては自立支援の重要な仕事である。

このような自立支援においては、ケアマネジャーはサービス利用を躊躇する高齢者やその家族に対して、サービス利用を促進していくことで、在宅生活を可能にするだけでなく、自立の支援を行うことになる。一方、自ら実施可能なことにまでサービスの利用を要求する高齢者やその家族に対しては、利用者の能力を活用するよう利用者の意欲を高める支援や、時には教育的な機能を果たすことで、自立の支援を行うことになる。

後者の利用者がケアマネジメントに自己負担している場合、自立の支援は容易でない。「自己負担分のお金をもらって、サービスを利用してもらわない」ことになる。そのため、どこの国のケアマネジメントにおいても自己負担を取っていない。自立支援型ケアマネジメントを目指しているというが、これを遂行するためにこそ、利用者に自己負担をさせるべきではない。

こうした自己負担論の議論が起こる背景には、ケアマネジメントが介護保険制度の居宅サービスの一つとして位置づけられていることにある。他のサービスは利用者が原則1割を負担しているのだから、居宅介護支援も同様に利用者に負担を求めるべきだということであろう。

ここで、介護支援専門員のみに公正中立が求められているので、他のサービス事業所と介護支援専門員は根本的に位置づけが異なることを心すべきである。この公正中立を果たすために、他の国では公務員や準公務員がケアマネジメントを担っている。そこでは、当然、無料でケアマネジメントが行われている。

日本においては、在宅介護支援センターが創設された際に、こうした相談業務は公務員より民間のほうが円滑に実施可能であるということから、民間に委ねられてきた。それは、公務員では、月曜日から金曜日の9時から5時の仕事であり、また数年間で異動があり、利用者にとっては敷居が高いため、相談業務にはなじみにくいとして、民間で行われるようになった。当然のことであるが、公務員のほうがはるかにコストがかかることは言うに及ばずである。

あえて自立支援に向けてケアマネジメントを改革するのであれば、より公正中立となるために、ケアマネジメントについて保険者機能を強化することであろう。具体的には、居宅介護支援事業所が自立支援をしているかどうかについて、保険者が指導や評価を含めて、居宅介護支援事業所に委託する方法も考えられる。そのためには、保険者のケアマネジャーを指導・評価する能力が試されることになる。

2　居宅介護支援の基本報酬の課題

①要介護度で介護支援専門員が使う時間は異なるのか

居宅介護支援事業の介護報酬の基本報酬は、この間、振り子のような側面がある。最初の基本報酬は要介護度で異なる単位であったが、次の2003（平成15）年度からの介護報酬では、要介護度に関わらず、同じ単位となった。ところが、2006（平成18）年度からは再度要介護度別の単位に戻り、要支援については極端に低い単位になった。同時に、従来介護支援専門員のみにケアマネジメント業務を担わせてきたが、地域包括支援センターの職員が要支援者のケアマネジメントを原則担うことになった。この仕組みはその後も引き継がれることになった。

この変遷をみると、報酬単位は要介護度の変化に合わせて変わっていくとした時期と、要介護度と関係なく同じ報酬単位にした時期とがある。ここでは、本当は、どちらがより適切な仕組みであるかを検討したい。

これまでの厚生労働省の説明では、介護支援専門員の基本報酬の単位は個々の利用者に要する時間数を基準に設定しているとされてきた。現状の要介護度で異なる基本報酬単位の根拠は、要介護度が高い利用者ほど、介護支援専門員は時間がかかるとしていることにある。これは事実なのだろうか。

そこで、私の研究室で、主任介護支援専門員の研修を受けている5年以上の実務経験がある介護支援専門員を対象にして、時間が最もかかるケースについての調査を2010（平成22）年の9月から11月にかけて行った（注1）。この結果では、個々の介護支援専門員が自分の担当するケースのうちで最も時間がかかる利用者を要介護度別にみると、要支援1が2・5％、要支援2が10・5％、要介護1が13・7％、要介護2が19・5％、要介護3が19・0％、要介護4が17・6％、要介護5が17・4％と、幅があることがわかった。

現実の介護保険サービス利用者の比率を示すと、2010（平成22年）11月現在分の介護保険事業状況報告では、要支援1が13・3％、要支援2が13・1％、要介護1が17・9％、要介護2が17・5％、要介護3が13・8％、要介護4が12・6％、要介護5が11・7％となっており、この比率と時間のかかる事例の比率は、さほど大きく変わらない。つまり要介護度に関わらず時間がかかる利用者はまんべんなくいるということである。

この2つのデータの比較から、要介護度が介護支援専門員の使う時間の決定要因になるとは言い難いことが明らかである。したがって、介護支援専門員の介護報酬改定について、どのような報酬体系にし、同時にどの程度の報酬をつけるかの根拠づけを明らかにしてもらいたいところである。調査結果からは、要介護度に関係なく、すべての利用者に対して同じ基本報酬にする仕組みのほうが妥当なように思える。

2017（平成29）年実施の「平成29年度介護事業経営概要調査結果」では、マイナス1・4％の収支差率となっている。このような調査結果から、まずは全体として報酬の基本報酬のアップが求められるが、さらに重要なポイントは、要介護度別の基本報酬を崩すことができるかどうかがである。特に、要支援者の基本報酬の単位は、地域包括支援センター業務に移行した段階で、極端に低く抑えられることになった。この基本報酬をアップさせ、介護予防が適切に行えるようなケアプランを作成・実施する時間が確保できる基本報酬の単位になることを期待したい。

ただ、私たちの調査で明らかになったことは、この介護等に最も時間がかかるとする利用者が、「最も困難な事例」であると答えた介護支援専門員は61・6％であり、残りの37・4％はそうは思っていない。そのため、時間がかかる事例と困難事例は全くイコールではない側面もある。したがって、ケアマネジャーにとって時間がかかるのは、どのような状況の利用者像であるかを明らかにすることが必要である。

②どのような利用者に時間がかかるか

それでは、介護支援専門員はどのような利用者に時間がかかるかを明らかにしたい。結果として、どのような利用者に対する介護報酬を高くすべきかについて考えたい。

2003（平成15）年度から2005（平成17）年度の間、要介護度に関係なくすべての利用者について一律の基本報酬になっていたのが、2006（平成18）年度から要介護度別による基本報酬に戻った時の厚生労働省の言い分は、要介護度が高い者ほど時間がかかるという調査結果が出たとのことであった。この調査結果についてはみたことがないが、これについて疑問に思っていたので、一度正確な調査をしたかった。今回、利用者や家族の特性と介護支援専門員が使う時間との関係について調査を実施したので、その結果をもとに、どのような利用者に対して報酬を高くすべきかを示したい。

第一は、個々の介護支援専門員が最も時間がかかるとする利用者の特徴を示し、時間がかかる要因を明らかにした。第二に、介護支援専門員がある利用者について1カ月間で使っている時間数を算出してもらい、どのような要因が時間数に影響しているか明らかにした（注1）。

第一の最も時間がかかる利用者について共通する特徴として、介護支援専門員の半数以上が指摘した項目は、11項目にも及んだ。それらの特性は、利用者の特性と家族の特性に分れている。利用者の特性としては、以下の8点である。

①利用者の病状が不安定である

②利用者の言動にズレがある
③利用者の理解力が低い
④利用者が既存の介護サービスでは対応できないニーズをもっている
⑤利用者の自己主張が強い
⑥利用者の気持ちが変わりやすい
⑦利用者に医療的ケアの必要性が高い
⑧利用者が感情的である

家族の特性としては、以下の3点である。

①家族の介護力が不足している
②家族の介護負担が大きい
③家族が介護に疲れている

この結果、時間のかかる利用者の特性としては、要介護度というよりは、利用者の健康面、心理面、社会面によることがわかる。

第二の調査として、個々の介護支援専門員が選択した1人の利用者について、実際に1カ月で使っている時間数を示してもらい、そこから、介護支援専門員が使う時間数に影響している要因を抽出することにした。

まずは、介護支援専門員が1人の利用者に使っている時間数は1カ月で平均2時間50分程度であることがわかった。この時間数を従属変数にして、これに影響を与えている要因を説明変数とする重回帰分析を行った。その結果、利用者では、「利用者の認知機能」「利用者の心理的な特徴」が、家族では、「家族のサービスに対する要求」が、介護支援専門員が使う時間数に有意に影響していた。

これらの調査結果から、介護支援専門員が要する時間数は要介護度には関係なく、時間数で基本報酬を決めるのなら、利用者と家族に関する全く別の尺度が必要になる。現状ではこれについて尺度化することは難しい。そのため、すべての利用者について同じ単位数の基本報酬にすべきであるというのが、私の意見である。とりわけ、要支援者の基本報酬の単位数は極端に低く、至急改善すべきである。要支援者は要介護者に比べて、当然身体的・精神的自立への可逆性が高いからである。要支援が要介護にならないように予防することを、基本報酬でもってインセンティブを与えることがベストであると考える。

注釈
（注1） 白澤政和・他『ソーシャルワークの評価方法と評価マニュアル作成に関する研究（第一報）』大阪市立大学大学院生活科学研究科、2010年3月

3 特定事業所加算の問題

2017（平成29）年度の「介護事業経営実態調査」の中間速報では、居宅介護支援事業所の収支差率がマイナス1・4％であるが、その中身が深刻である。居宅介護支援事業所は経営面で二極化している。それは、特定事業所加算を取得しているかどうかで、経営が大きく左右されるからである。

特定事業所加算(I)を取得すると、要介護1～2では1053単位が1553単位に、要介護3～5では1368単位が1868単位となり、収入は4割以上アップする。特定事業所加算(II)を取得すると、前者が1

453単位に、後者が1468単位となり、収入が3割程度アップする。特定事業者加算(Ⅲ)では、すべて300単位アップする。そのため、特定事業所加算を取得した事業者は黒字を確保している。一方、加算を取得していない事業者は、赤字幅は1・4％程度ではなく、相当な赤字になっているものと推測できる。

そのため、多くの事業者は加算を取得することにインセンティブが働いているようにみえる。特定事業所加算(Ⅱ)が始まった2009（平成21）年4月には、(Ⅱ)の取得事業所割合は10・0％にすぎなかった。ところが2017（平成29）年では、25・9％となり、加算制度ができてからの3年間で、(Ⅱ)を取得する事業所割合は2・5倍に増加した。ただし、特定事業所加算(Ⅰ)を取得している事業所は1・0％で、ほんのわずかにすぎない。(Ⅲ)が14・4％、(Ⅱ)が10・5％となっている〔2017（平成29）年5月審査〕。

特定事業所加算の取得者が増加してきた背景には、加算を取得できるかどうかで、居宅介護支援事業所の経営が大きく左右されるからである。特定事業所加算は体制加算であり、取得している事業者と取得していない事業者での収入の格差は大きい。結果として、取得できていない事業所は大きな赤字を抱えていることが予測できる。

それでは、本当に特定事業所加算を取得している事業者のケアマネジメントの質は高いと証明されるのであろうか。2011（平成23）年3月に株式会社日本総合研究所が実施した調査結果をもとに、検討してみたい(注1)。

確かに、特定事業所加算を取得している事業者は、職場内でのカンファレンスを頻回に開催している。これは、特定事業所加算を取得した事業者では定期的な職場内会議の実施が義務になっており、当然の結果である。さらに、特定事業所加算を取得している事業者ほど、職場外研修の機会を提供している。これについては、研修参加が保障されており、特定事業所加算を取得している事業者として評価できる点である。

表 6-1　困難事例の平均担当数

	①認知症によるBPSD（行動・心理症状）	②利用拒否（利用者が介護サービスの利用を拒んでいるケース等）	③虐待（疑いのあるケースを含む）	④権利擁護、成年後見	⑤生活保護	【参考】常勤・専従の居宅介護支援専門員数	介護支援専門員１人当たりの困難事例担当ケース
特定事業所加算（Ⅰ）（n = 49）	18.45 件	2.06 件	1.66 件	1.20 件	6.92 件	5.1 人	5.94 件
特定事業所加算（Ⅱ）（n = 482）	13.22 件	2.24 件	1.75 件	1.23 件	6.58 件	3.9 人	6.42 件
加算なし（n = 1271）	7.66 件	1.28 件	0.81 件	0.69 件	3.66 件	1.8 人	7.83 件

注　①②③④⑤を困難ケースとする
出典：株式会社日本総合研究所『「介護支援専門員の資質向上と今後のあり方に関する基礎調査」調査結果中間報告（概要版）』2011 年３月をもとに追加作成

ただし、**表 6-1**に示した困難事例担当数は、特定事業所加算を取得している事業者ほど多くなっているが、介護支援専門員１人当たりで困難事例担当数を算定すると、「特定事業所加算(Ⅰ)」では５・94ケース、「特定事業所加算(Ⅱ)」では６・42ケース、「加算なし」では７・83ケースであり、加算を取得していない事業所ほど、個々の介護支援専門員は困難事例を多く抱えているという矛盾した結果になっている。特定事業所加算(Ⅰ)では、地域包括支援センターから困難事例が紹介された場合に引き受けることになっているが、現実には、加算(Ⅰ)の事業者で最も少ないという奇妙な結果になっている。これは少し古いデータであるが、現状では、特定事業所加算(Ⅰ)から(Ⅲ)のすべてにおいて、「地域包括支援センターと連携を図り、自ら積極的に支援困難事例にも対応可能な体制を整備」することになっているが、実態は明らかでない。

厚生労働省は、特定事業所加算を取得している事業者の質が高いとしているが、その真意は疑わしい。この調査から、特定事業所加算を取得している事業所の質の高さは十二分に証明できなかった。利用者の自己負担を取る仕組みであれば、加算の額が大きいだけに、質に自信がなければ取得することを躊躇するであろうが、居宅介護支援事業者はそれもしなくてよい。

そのため、特定事業所加算が適切であるかどうかわからないが、存在する以上は、質のアップを求めたい。同時に、３人以下の弱小居宅介護支援事業所は、赤字解消のために、また法人内で自立性を高めるために、他の弱小事業所と共同してでも、特定事業所加算㈽の取得を勧めたい。また、取得することで、ケアマネジメントの質を高めていっていただきたい。

注釈

（注1）株式会社日本総合研究所『「介護支援専門員の資質向上と今後のあり方に関する基礎調査」調査結果中間報告（概要版）』２０１１年３月

4　2018（平成30）年度からの居宅介護支援の報酬等の改正・改定

①管理者に主任ケアマネジャー

３年に1回の介護報酬改定等が大詰めを迎え、２０１８（平成30）年1月17日の介護給付費分科会で、厚生労働大臣から社会保障審議会に諮問のあった「指定居宅サービスの人員、設備及び運営に関する基準の改正等について」が承認された。それが２０１８（平成30）年4月から実施されている。

居宅介護支援事業についても、人員や運営基準について、多くのことが追加されることになった。

これらは、医療と介護の連携強化で、①利用者等に対して、入院時に担当ケアマネジャーの氏名等を入院先医療機関に提供することの依頼の義務化、②利用者が医療系サービスの利用を希望している場合等は、利用者の同意のもと、主治の医師等に対するケアプラン交付の義務化、③訪問介護事業所等から伝達された利用者の口腔に関する問題や服薬状況、またケアマネジャー自身がモニタリング等の際に把握した利用者の状態等について、ケアマネジャーから主治の医師等に必要な情報伝達の義務化、であった。

また、末期の悪性腫瘍の利用者に対するケアマネジメントでは、主治の医師等の助言を得ることを前提として、サービス担当者会議の招集を不要とすることが可能となった。

公正中立なケアマネジメントの確保として、利用者との契約にあたり、ケアマネジャーは複数の居宅サービス事業所の紹介を求めることが可能である等の説明を義務化した。

また、生活援助中心型訪問介護の訪問回数の多いケアプランについては、市町村にケアプランの届け出が義務化された。

高齢障がい者が介護保険サービスを利用する場合における、ケアマネジャーと相談支援専門員との密接な連携を促進するため、居宅介護事業所と相談支援事業所の連携への努力義務が明示された。

さらに、質の高いケアマネジメントの推進のために、居宅介護支援事業所の管理者の要件が、3年の経過措置期間を設けて、主任ケアマネジャーにすることとなった。これが最も大きな改正であるが、これについては慎重な検討が必要である。

われわれが2017(平成29)年に実施した調査研究で、作成するケアプランについて管理者と意見を異にすることが「ある」ケアマネジャーが約4分の1おり、その場合には管理者の意見でケアプランが決まることが約3分の2もあることがわかった(注1)。

この結果から、管理者はケアプラン作成のキーパーソンであり、利用者主体の視点に立ち、ケアプランに対してスーパーバイザーとしての役割を担えることが重要であることを明らかにした。

確かに、主任ケアマネジャーの法定研修がスーパーバイザーとしての役割を担うカリキュラムとなっているため、基本的には管理者を主任ケアマネジャーにすることは評価できる。同時に、主任ケアマネジャーである管理者がケアマネジャーをマネジメントしていくことは、介護支援専門員のキャリアパスの仕組みとしても評価したい。

ただ、主任ケアマネジャーには、今回の管理者要件以外に、5年の実務経験を必要としない地域包括支援センターの職員が要件であったり、居宅介護支援事業者の特定事業所加算の算定要件であるといった、多様な役割を求めている。さらには、地域での他の事業所のケアマネジャーの支援や地域づくりの担い手としての役割も求められている。

これらについては、主任ケアマネジャー間でも、異なった役割や求められるレベルの差があり、法定研修の内容について再検討が必要である。特に、管理者要件として主任ケアマネジャーを位置づける場合には、スーパービジョンが有している教育的機能、支持的機能、管理的機能のうちでも管理的機能を強化した研修が必要である。

同時に、管理者要件を主任ケアマネジャーとすることで、管理者を兼務して運営する、通称「1人ケアマネ」の場合には、主任ケアマネジャーの資格がなければ運営できないことになる。これについての評価であるが、5年の経験がなければ開業できないことになり、居宅介護支援事業に一定の質を担保することにはなる。

しかしながら、そのことが、他の介護サービスから独立した居宅介護支援事業所の創設へのインセンティブを弱めはしないか、との危惧がある。そのため、今後何人かのケアマネジャーで共同事務所をつくり、独立型の事業所を輩出していくことが求められる。そうしたことへの支援を、個々の保険者や都道府県、さらには市町村の介護支援専門員協会で進めていく必要がある。

注釈
（注1）　白澤政和・他『介護支援専門員を対象としたケアマネジメント実践に関する調査』https://maegashiramelody.wixsite.com/opensite/blank-3

②特定事業所集中減算の抜本的見直し

今回の居宅介護支援サービスの介護報酬改定は、医療との連携について高く評価していることが特徴である。これは、「ターミナルケアマネジメント加算」や「特定事業所加算(Ⅳ)」の新設、退院での医療との連携についての報酬がアップしていることにある。

こうした中で、公正中立を目的にした特定事業所集中減算の対象が、17の介護サービスから訪問介護、通所介護、福祉用具貸与の3つのサービスに戻った。２０１４（平成26）年の改定では、17のいずれかのサービスについて集中割合が80％以上であれば、事業所のすべてのケースについて２００点が減算された。その結果、２０１６（平成28）年時点で、集中減算の適用を受けている居宅介護支援事業所が２９８７カ所あり、全体の７・６％を占めている（２０１６（平成28）年5月審査分）。

２０１４（平成26）年改定の集中減算に対して、２０１６（平成28）年3月、会計検査院は、「集中割合に一定の基準を設け、これを正当な理由なく上回る場合には介護報酬を減額するという特定事業所集中減算は、ケアマネジメントの公正中立を確保するという初期の目的からみて、必ずしも合理的で有効な施策であるとは考えられず、むしろ一部の支援事業所においては、集中割合の調整を行うなどの弊害を生じさせる要因となっていると考えられる状況となっていた」とし、２０１８（平成30）年度からの改定では、集中減算に対する根本的な改定を求めていた。

２０１６（平成28）年５月23日の参議院決算委員会でも、「特定事業所集中減算については、ケアマネジメントの公正中立の確保に向け、現行施策の抜本的な見直しも含め、そのあり方を十分に検討すべきである」としていた。

こうした状況で、抜本的な見直しを期待していたが、繕い程度の見直しに終わった。今まで実施してきた８割の集中減算をなくせば、再度公正中立が失われるのではないかを案じて、前々回の２０１１（平成23）年改定の対象であった３サービスに戻したと考えられる。

対象サービスの除外理由の説明で、「請求事業者数が少ないサービス」を外すことは、ケアプラン作成の視点から少しは納得がいく（１自治体当たりの事業者数は「通所介護」が25・０カ所、「訪問介護」が19・１カ所）。しかし、第２の除外理由の「主治の医師等の指示により利用するサービス提供事業所が決まる医療系サービス」には疑義がある。主治の医師等の指示は、利用者が必要な医療系サービスの利用やその内容について医療系サービス事業者に対するものである。

介護保険制度では、最終の選択権は利用者にある。介護保険制度の、すべての介護サービスは利用者との契約のもとで、利用者が自己選択することが基本であり、医療系サービスを除外理由にする根拠は弱いのではないだろうか。

また、「福祉用具については、請求事業所数に関わらず、サービスを集中させることも可能である」ことを除外理由にしているが、福祉用具が集中しやすい根拠が明確でない。

推測するに、福祉用具は物的資源であるため、定員という限度がなく、いつでも融通しやすいことで特定の事業者に集中しやすいとしているのであろうか。ただ、福祉用具についても福祉用具専門員が福祉用具サービス計画を作成し、モニタリングを行っており、物的サービスから対人的サービスに移行しており、多様な福祉用具の中から適切な用具を簡単に融通してもらえるような仕組みにはなっていない。

以上から、うがった見方をすれば、福祉用具は、通所介護と訪問介護を合わせて、2012（平成24）年度からの集中減算の対象であったことから、9割と8割の集中の割合は違うが、以前の減算方法に戻したに過ぎないといえる。

公正中立なケアプランに向けて抜本的な改革が求められている。まずは、現在特定事業所集中減算の対象になっている居宅介護支援事業所の実態把握から始めるべきであった。先に示した現状の集中減算を受けている7・6％の居宅介護支援事業所がどのようなサービスが集中し、その集中割合はどの程度で、集中減算を受けているのかの実態を明らかにすることが必要である。

現実には、初めから減算覚悟で、利用者のニーズを抜きに、支給限度額の100％に近いサービス提供をしており、かつ自法人のサービスですべてをカバーしている事業所がごく一部浮上してくるはずである。そうした公正中立を欠いている事業者を抽出し、それらには多大な減算と徹底した指導を課すことが基本ではないのか。

公正中立の基本的な考え方は、利用者がサービス事業者を自己選択することを阻んでいる居宅介護支援事業所に対して減算する仕組みを考えるのが根本的な改革である。さらに長期的には、ケアマネジャーの公正中立を議論する必要がないよう、居宅介護支援事業所の制度的な位置づけの抜本的な改革を検討すべきである。

③通所介護の「ＡＤＬ維持等加算」

２０１８（平成30）年度の介護報酬改定で、通所介護については利用者のＡＤＬが維持または改善されれば加算が付くことになった。「バーセルインデックス」（注１）を用いて、ＡＤＬの維持・改善につながった利用者が多い事業所を評価することになった。

具体的には、毎年1月から12月までの1年間で、６カ月以上続けて利用した高齢者全員を対象に、最初の月から半年間でのバーセルインデックスの変化で評価する。この６カ月間が複数ある場合は、最初の月が最も早い６カ月間が対象となる。

６カ月間の変化について、上位85％の者についての６カ月間のバーセルインデックスの変化が０以上であれば、翌年の４月から３月までの1年間、全利用者について３単位加えた報酬が得られる。さらに、評価期間が終わった後もバーセルインデックスを測定・報告し続ければ、その利用者に限ってさらに３単位上乗せすることが認められ、計６単位を取得できる。

ここには、一定の条件があり、実際にバーセルインデックスを測定・報告する高齢者割合が、評価対象者の90％を超えていることが必須である。また、その事業所に評価対象者が20人以上いることが前提となる。評価対象者に要介護３以上の者の割合が15％を超えていることも条件となっている。対象者の半数以上は５時間以上サービス利用者であることや、初回の認定から1年経っていない高齢者は15％以下であることも要件となる。

通所介護と通所リハビリテーション（デイケア）の目的は、前者が家族介護者の負担軽減に、後者は利用者のＡＤＬやＩＡＤＬの改善に重きが置かれることで、両者は峻別されていると思っていた。ケアマネジャーは、利用者のニーズがどちらに重きを置いているかで、通所介護かデイケアかを利用者本人や家族に決めてもらうよう支援してきた。そのため、デイケアにこのような評価をし、加算するのなら道理もあるが、通所介護で実施するのであれば、両者の目的が共通したＡＤＬやＩＡＤＬの改善に誘導しているように思える。

通所介護が利用者のＡＤＬの改善に貢献できることを否定するものではないが、この加算は通所介護の利用者や家族の利用目的とはギャップがあるように思えてならない。ＡＤＬの改善が主たるニーズであれば、デイケアを選ぶであろうし、通所介護は家族介護者の心身の負担軽減に重きが置かれている。さらには、通所介護では、利用者が他の人々と関わったり、レクリエーションを楽しむことで、意欲が高まることが主眼であると認識している。そのため、家族の介護負担軽減に寄与したことで、加算がつくのであれば納得できることである。

利用者や家族介護者の思いや、ニーズを最も知る立場にあるのが、ケアプランを作成するケアマネジャーである。その意味では、ケアマネジャーは利用者や家族介護者が通所介護を利用する際のニーズがどのようなことにあるのかを広く発信する立場にある。「ＡＤＬ維持等加算」創設の意図と、利用者や家族介護者の通所介護利用の思いの間には、大きなギャップがあると思われるが、ケアマネジャーはどのように感じているのであろうか。

こうした介護報酬改定の動向は、他の介護サービスにもみられ、全体として、介護保険から療養保険に変貌していっているような気がしてならない。確かに、要介護や要支援状態に陥る背景には病気が起因していることがほぼすべてであり、そこから療養的な側面を介護保険なり医療保険が担っていくことが必要である。ただ、介護保険は、まさに、その字が示すように「介護」についての保険である。

これは、個人的には、現実に母親が通所介護を利用させてもらっている私自身の介護者としての生の声でもある。こうした声が介護報酬改定につながってほしいと願っている。こうした思いを介護報酬に反映されることができるのは、ケアマネジャーや通所介護事業所である。ケアマネジャーには、療養的な要素を含めながらも、介護を支援することが求められており、その機能が果たせるように組織として声を上げていかれることを期待したい。

注釈
（注1）バーセルインデックス＝①食事、②車いすからベッドへの移動、③整容、④トイレ動作、⑤入浴、⑥歩行、⑦階段昇降、⑧着替え、⑨排便コントロール、⑩排尿コントロールの10項目を5点刻みで点数化し、その合計を100点満点で評価する。

④生活援助中心型訪問介護の意義

2018（平成30）年の改正でケアマネジャーが最も不安に思っているのが、訪問介護サービスで生活援助中心型の訪問回数が多い利用者について、保険者にケアプランを届け出ることになったことである。これは2018（平成30）年の10月から始まった。

具体的には、ケアマネジャーが作成する要介護者のケアプランで、訪問介護の生活援助型の1カ月の利用回数が、全国の平均利用回数＋2標準偏差を超えた場合には、保険者に届け出ることが義務づけられた。届けられたケアプランは、地域ケア会議等の場で検証され、不適切な場合はサービス内容を是正されることになるという。

この利用回数は、1カ月につき、要介護1では27回、要介護2では34回、要介護3では43回、要介護4では38回、要介護5では31回以上の場合には、保険者に届けることになった。

こうしたことが始まると、ケアマネジャーは利用者のニーズよりも、保険者に届けることに意識が向き、回数を抑制する方向に向いていくことを危惧する。このような仕組みができた以上、ケアマネジャーは、保険者に生活援助が必要な利用者側のニーズをしっかりと伝えていくことで、利用者の生活を守っていくことが自らの役割であるという認識をもつ必要がある。

また今回、生活援助と身体介護の整理がされた。訪問介護員が代行するのではなく、安全を確保しつつ常時介助できる状態で見守りながら行う行為は、利用者の自立支援に資するとして、生活援助ではなく、身体介護に該当することが示された。日常生活動作向上の観点から、利用者と一緒に手助けしながら行う掃除（安全確認の声かけ、疲労の確認を含む）も身体介護に該当することになる。そのため、ケアマネジャーは訪問介護の利用にあたっては、生活支援中心から介護中心に移行できるものの点検作業も必要である。ただし、結果的に、利用者側の自己負担が高くなることも事実である。

一方、今回厚生労働省が示した平均利用回数＋2標準偏差の回数が意外と少ないことに驚いた。これらの該当者は要介護1～5で、ほとんどが一人暮らしや同居家族が障がい・疾病であると想定されるが、そうした生活援助中心型サービス利用者の97・72％（利用回数が正規分布している場合で、平均回数＋2標準偏差の範囲）までが、一日に1回程度以内の利用頻度に収まっていることである。その裏には、生活援助の利用のしづらさがあるのでは、と思えてならない。

生活援助中心型は、要介護者に提供する訪問介護が身体介護よりも生活援助を多く利用する場合の算定方式であり、厚生労働省の告示で、生活援助は、利用者が一人暮らしであるかまたは同居の家族等が「障害・疾病その他やむを得ない理由」により家事を行うことが困難な場合に、利用者に対する調理、洗濯、掃除等の日常生活の援助を行うものとしている。

この「その他やむを得ない理由」について、厚生労働省は再三にわたり、生活援助は一人暮らしや同居家族が障がい・疾病であることに限定されるものではなく、個々の利用者の状況に応じて判断されるべきとの事務連絡等を行っている。生活援助で利用できる具体的なものとして、介護者の筋力低下、介護疲れ、就労を例示までしている。しかしながら、このような事務連絡を出さざるを得ない背景には、いまだ一人暮らしや同居家族の障がい・疾病以外には生活援助を利用できないとする保険者が存在しているからである。

厚生労働省の例示をみる限りでは、介護者が短時間就労や地域活動や趣味活動に参加する場合には利用できなさそうである。また、「サンドイッチ・ジェネレーション」と呼ばれる子育てと介護の両方を担っている人々への配慮も必要である。介護からのひと時の息抜きが、介護を継続する活力につながっていることの認識が必要である。同時に、介護保険では、介護者も第2号被保険者として保険料を支払っている意味でも、介護者の心身の健康や自己実現にも配慮されるべきではないのだろうか。

一億総活躍社会の実現に向けて「介護離職ゼロ」を謳っているが、こうした生活援助の利用要件では、仕事や社会参加から離れていかざるを得ない。

第7章

海外のケアマネジメントから学ぶ

1　アメリカのケースマネジメント

①Area Agency on Agingでの要援護高齢者へのケアマネジメント

アメリカはケースマネジメント発祥の地であり、社会的入院している患者を精神病院から退院させ、精神障害者のコミュニティケアを推進するために、１９００年代後半にケースマネジメントは生まれた。それが他領域でも活用されることになり、高齢者に対するケアマネジメントはArea Agency on Aging（AAA）と呼ばれる非営利民間機関等が先導的に実施してきた。

１９６５年に創設された「アメリカ高齢者法」（Older American Act）では、連邦政府が補助金を交付する高齢者サービスの種類を決定し、州が委託先であるＡＡＡに対して資金の配分と監督を行い、ＡＡＡが実際のサービスを要援助高齢者に提供することになっている。施設から在宅重視への転換を目指して、１９８０年からナーシングホームの入院費に賄われているメディケイド（医療扶助）財源を在宅の介護サービスでも使えるようになり、ＡＡＡがケアマネジメントを行うことで、低所得高齢者の在宅支援を強化してきた。

インディアナ州では16のＡＡＡがあり、インディアナポリス市を含めた8つの郡を対象にＡＡＡを受託している非営利団体のthe Central Indiana Council on Aging Inc.（CICOA）を訪問した。管理者でソーシャルワーカーでもあるメリー・ドレル（Mary Durell）さんにインタビューを行った。

ＣＩＣＯＡでは、ＡＡＡとしてアメリカ高齢者法に基づき60歳以上の障害がある高齢者とその家族にケアマネジメントを介してサービスを提供している。１９９２年からは障害児・者に対するケアマネジメントも始めた。

このＡＡＡでは、利用者のニーズに合わせてサービスを調整することをアメリカで歴史的に使われてきた用語であるケースマネジメントではなく、他のＡＡＡも同様であるが、「ケアマネジメント」を使用している。その理由を尋ねたが、提供するサービスがソーシャルサービスに限られているためであり、医療サービスを含んだケアプランを作成した際にケースマネジメントと呼ぶという整理をしてくれた。現実のインタビューでは、ケアマネジャーとケースマネジャーが区別されることなく使われており、明確な区別は難しいように感じた。

現実に、ＣＩＣＯＡは8つの郡（約23万９０００人の高齢者）をカバーしており、５０００名がケアマネジメントを介して様々な介護サービスを利用している。ケアマネジメントに至らず、情報提供のみで介護サービスを利用している人も３０００名ほどいる。

ＣＩＣＯＡは訪問介護、家事支援、移送サービス、配食や会食サービス、住宅改修サービスを実施している１３０の営利や非営利団体と契約をし、ケアマネジャーはこれらのサービスと結びつけている。医療サービスと結びつけることはないが、ボランティアや当事者の会等とも結びつけている。なお、ボランティアについては、ＣＩＣＯＡでも養成している。

ＣＩＣＯＡのケアマネジャーは約１１０名で、担当ケースは60～70件をベースにしている。ケアマネジャーは地域担当制をとっており、担当ケース数をうまく調整できない場合もあるという。ケアマネジャーはソーシャルワーク資格者が圧倒的に多く、心理学や老年学の卒業者もいる。看護師は医療領域で働くほうが待遇が良いこともあり、２名しかいない。ケアマネジャーになるためには、いずれの資格をもっていようとも、州が３カ月間の研修を義務づけており、ＣＩＣＯＡにも研修担当者を6名配置している。ケアマネジャーになって以降も、毎年約16時間程度のオンライン等を介しての研修受講が義務づけられている。

連邦政府のケアマネジメントの利用基準が最近緩和されたことがあり、ここ3年間に利用者もケアマネジャーも2倍になった。そのため、30年以上のベテランもいるが、ケアマネジャーの25％は2年未満の経験者で構成されている。

ケアマネジャーは通常は直行直帰で仕事をしているが、週に1回は事務所に来ることになっている。ケアマネジャーは地域別で9チームに分れ、それぞれのチームに1名のスーパーバイザーがついており、そこで、支援困難事例の相談を行っている。それぞれのチームでは月に1回はケースカンファレンスを行っている。

ケアマネジャーは作成したケアプランでのサービス事業者とは、必要に応じて個別に連絡を取り合い、対応している。

ＣＩＣＯＡの利用者については、メディケイドの利用者であり、低所得者である。ケアマネジメントは無料であるが、介護サービスについては、所得によって自己負担がある。ただ、利用者８０００人の中の２００名～２５０名程度しか自己負担している対象者はいない。

所得の高い要介護高齢者は民間保険に入り、介護サービス事業者から直接サービスを利用している。そのため、ＣＩＣＯＡでカバーしている要介護高齢者はこの地域全体の要介護者の2割程度であるという。

ケアマネジメントの過程は、ＣＩＣＯＡにあるリソースセンターに病院や家族から連絡が入り、ケアマネジャーが出向いていき、ここで利用者のＡＤＬ、所得、年齢をもとに、まずはメディケイドの対象者かどうかの要件を確認する。次に、ケアマネジメントか情報提供かの決定をし、情報提供の場合は、ＣＩＣＯＡが実施しているサービスを紹介する。ケアマネジメントが必要な人には、アセスメントをもとにケアプランを作成する。

ケアマネジメント利用者に対して州政府はモニタリングを義務づけている。月に1回は連絡を取り、3カ月に1回は再アセスメントを行い、1年に1回は根本的な再アセスメントをすることになっている。それ以外には、家族などからの連絡で、モニタリングが実施される。

CICOAのケアマネジメントに対する評価としては、高齢者の在宅生活を3年伸ばすことができたことが実証されたという。また、利用者から満足度評価を毎年1回実施しており、高い満足度を得ている。

ケアマネジャーは医療には関わらないため、医療サービスとの連携が課題になるが、医療ニーズについてはケアプランとして対応せず、家庭医や病院を紹介するに留まっている状況である。また、農村部では介護サービスが不足しており、作成したケアプランが実施できない状況がある。そのため、ケアマネジャーも介護サービス事業者も量的に不足していることが課題となっている。

②病院での退院支援とケアマネジメント

インディアナポリス市には15の病院があるが、最も古くからあり、患者の円滑な退院支援を積極的に行っているSidney & Lois Eskenazi病院を訪ねた。ここは公立病院ということもあり、低所得の患者が多い。

この病院では、医師、看護師、ソーシャルワーカーがチームになり、通院が難しい虚弱の高齢患者を支える「シニアケア」というプログラムを実施している。ここでは、300名の在宅患者に対して、医師、看護師、ソーシャルワーカーのチームが3つあり、自宅に出向いて医療と生活ニーズへの対応をフォローアップし、在宅生活を支援している。

定期的に医師は3～4カ月に1回、看護師は4～5週間に1回、ソーシャルワーカーは2週間に1回、家庭訪問をしている。3人のチームで週に1回カンファレンスを開き、ソーシャルワーカーは必要に応じて、定時以外の家庭訪問することになっている。そして、介護サービス等が必要な場合には、ソーシャルワーカーがケアマネジャーや介護サービス事業者に連絡を入れることになっている。当然、低所得の高齢者の場合は、前項のCICOAに依頼することになる。

一方、入院患者がどのように退院し、自宅に戻っていくのか、特に地域のケアマネジャーとの連携について、ソーシャルワーカーのスーパーバイザーであるリサ・ホフマン（Lisa A. Hoffman）さんらに尋ねた。

病院では、すべての患者に対して退院計画を作成している。この計画は、医師、看護師、ソーシャルワーカー、PTがチームで作成することになっている。ただし、退院計画はそれぞれの専門職が記述したもので、全体として統一した用紙が準備されているわけではない。入院した日から退院計画の作成に取りかかり、入院前に利用していたサービス等に関する情報は入院直後に入手する。

作成された退院計画は患者や家族に伝えることが中心であり、ケアマネジャーや主治医が来院しての連携は全くない。電話でケアマネジャー、サービス提供者、家庭医に連絡することはたまにしている。患者からは情報提供に関するインフォームドコンセントは取っているが、退院計画自体の書類等は、基本的に病院以外の部外者には渡していない。

そのため、退院計画が病院を退院してもらうための計画から、医療だけでなく様々なサービスが必要となる自宅での生活を支える計画に、病院関係者が意識を変えていくことが必要であるとのことであった。ただ、ここまで退院支援ができているということで、インディアナポリス市内ではSidney & Lois Eskenazi病院の評価は高い。

一方、退院患者がメディケイドを利用している低所得患者については、ケアマネジャーに連絡することができるが、所得の高い者にはケアマネジャーがいない。それ以外でのケアマネジャーへの連絡は、労働災害で入院している場合に、会社が契約しているケアマネジャーと名乗る人に連絡することがある。

またまれには、所得の高い人の場合には、プライベート・プラクティスとしてケアマネジャーの会社と契約している場合があり、そこに連絡する場合もある。そうした場合には、弁護士がケアマネジャーである場合もある。この場合は、メディケイドに該当するよう、財産・収入の調整支援等をしており、例えば、財産の名義の変更や年金や退職金の引き下ろしの調整を支援している場合もある。

退院計画の作成についてはすべての入院患者に対応しているが、ケアマネジメントは主として低所得者にのみ対応しているため、病院と自宅を結びつける一貫した仕組みになっていないという課題がある。

③コミュニティ・メンタルヘルスセンターでの精神障害者へのケアマネジメント

ケースマネジメントは、アメリカで1970年代後半に精神障害者に対してコミュニティ・メンタルヘルスセンターをつくり、ワンストップで必要なサービスを精神障害者に提供することで、在宅生活を支援することが目的で始まった。

1980年代以降、様々なコミュニティ・メンタルヘルスセンターを訪ねてきたが、現在どのように変貌しているのかを探るため、インディアナポリス市にあるEskenazi保健ミッドタウン・コミュニティ・メンタルヘルスセンター（以下、「センター」とする）を訪ねた。管理者のメグ・コバックス（Meg Kovacs）さんを含めた7名のケースマネジャーがインタビューに答えてくれた。

センターは、インディアナ州で最初の1969年につくられたコミュニティ・メンタルヘルスセンターである。創設以来、非営利団体として、精神障害者のコミュニティケアを目的にして、ケースマネジメントを含めて様々なサービスを提供している。

現状では、子ども、成人、高齢者の精神障害のある者に対するプログラム、さらには、退役軍人、ホームレス、性同一性障害者で精神障害のある人に対するプログラムを実施している。それらのプログラムの一つの機能として、ケースマネジャーを配置し、ケースマネジャーは医師、看護師、PT等のセラピスト、補助的な業務を行うコミュニティサポーターとチームを組んで、業務を行っている。

センター全体で、専門職は600名程度おり、そのうちケースマネジャーは約200名である。資格は4年制大学卒業者でソーシャルワークのスキルをもった人であり、ソーシャルワーク、心理学、老年学を修めて、州が規定する2週間の研修を終えた者である。その研修内容は、文書の書き方、アセスメント、モニタリング、ベテランのケースマネジャーに同行しての学習等である。働いてからも、州の規定により、毎年20時間のトラウマ、健康に関すること、多文化共生といった研修を受けている。

ケースマネジャーの仕事は土曜日や日曜日は休みで、9時から5時の仕事である。家族や地域から緊急の連絡がある場合には、ケースマネジャーではなく、警察やセンターの24時間態勢の緊急対応室が対応している。その意味では、ケースマネジャーはワークライフバランスがそれなりに保たれているようである。

ケアプランのもとで利用者にサービスを提供していく際には、あらかじめ決められたパッケージでもって提供することになるが、利用者によってはそれ以上にサービスが必要な場合がある。そうした場合には、財源を出しているインディアナ州のメディケイド部局や家族・ソーシャルサービス部と交渉することもまれにはある。

1980年代当時に精神障害者のコミュニティケアを可能にするためには、こうしたケースマネジメントの仕組みに加えて、住まいの確保が不可欠であることが明らかになったが、センターでも福祉住宅を経営している。ここでは、現在60人が生活しており、入居者に対して、ケースマネジメント、医療、教育・訓練等のほか、家事等ができない場合にはコミュニティサポーターから自分でできるような支援を受けることになっている。

さらに、精神障害者の地域での就労を可能にするため、企業等に就労支援を働きかける活動を行っている。就労することになれば、コミュニティサポーターが就労先に付いていき支援をする場合もある。

緊急避難としての入院施設も有しているが、コミュニティに戻すのが目的であり、72時間の入院時点で退院のチェックをすることになっている。平均在院日数は7～14日である。1年や2年と長く入院する人もごくまれにはいるが、州は90日を最長とすることを目安にしており、その時点で退院の可能性を厳しく検討することになっている。ここにも、精神障害者を地域で支える姿勢が理解できる。

ただし、日本同様に、精神障害者に対する地域の人々のスティグマは強く、精神障害者の施設や機関をつくることで、地域住民と対立してきたこともあるという。

センターが実施しているプログラムである成人（18歳以上60歳未満）向け、子ども（18歳未満）向け、高齢者（60歳以上）向けのプログラムやそこでのケースマネジメントについて、特に尋ねた。

成人向けプラグラムは、主に以下のように分れている。

①ケースマネジメントを中心に、個人や集団による治療やADL訓練を実施する、重度精神障害の通院患者に対するプログラム

②従来の方法でうまく対応できない精神障害者に対して、地域の多様なサービス利用を支援することに特徴がある、重度精神障害者に対する集中プログラム

③1週間に1回の集団治療への参加が義務づけられている、認知行動、経験的な治療、対人関係や精神内界分析の治療を統合したモデルを活用して実施する、境界性パーソナリティ障害者への自己認知強化プログラム

④不安、抑うつ、PTSD（心的外傷後ストレス障害）、双極性障害のある障害者に対して、個人・集団治療に加えて、投薬管理、社会生活技能訓練を行う、気分障害者向けのプログラム、

⑤知的障害や発達障害を伴う精神障害者に対して認知行動療法に加えて、利用者のストレングスを活用し、仕事を得たり、家族や友人からの支援を受けることで安定した生活を支援するプログラム

以上のようなプログラムで、今までのサービスではうまく対応できていない精神障害者に対して、地域社会で生活を続けられるように支援している。いずれのプログラムにおいてもケースマネジャーがチームの一員として参加し、ケアプランを作成、実施している。

ケアマネジャーは②の集中プログラムでは一人のケアマネジャーが15名の利用者を対象にして、週に何回も家庭訪問を行っている。他のプログラムでは75ケース程度を担当している。

ケースマネジャーは州が決めたアセスメント用紙に基づき利用者をアセスメントし、ケアプランを作成することになっている。

こうしたプラグラムでの財源は、医療に関わる部分はメディケイドが対応している。ケースマネジメントは様々な財源を使って提供されている。リハビリテーションを主目的としている場合により、ケアマネジメントの財源は異なる。利用者の90％がメディケイドでケースマネジメントが提供されている。

次の子どもに対するプログラムは、うつ、不安、PTSDのある18歳未満の人を対象にしており、被虐待と関係している対象者が多い。

ケースマネジャーについては、外来および家庭訪問に対応する7名のケアマネジャーに加えて、インディアナポリス市にある18の学校にそれぞれ1名のケアマネジャーを派遣している。学校では、スクールカウンセラーや教員とチームになって対応している。

最後の高齢者に対するプログラムでは、うつ病、不安症、気分障害といった60歳以上の525名に対して、専門職チームが対応している。スタッフは医師1・5名、看護師2名、ケアマネジャー7名であり、ケアマネジャーの担当ケース数は約75名であり、高齢者だけでなく、介護者も支援している。

認知症の高齢者に対しては同じ運営法人のSidney & Lois Eskenazi病院に担当部門がある。認知症とうつ病の区別が難しいような高齢者に対しては共同でケアマネジメントを行っている。ケアマネジメントでは高齢者のストレングスの活用や支援の提供に重点を置いている。

2 イギリスのケアマネジメント

①ケアマネジメントの概要

イギリスのケアマネジメントは「国民医療保健サービス（NHS）およびコミュニティケア法」のもとで制度化され、地方自治体のソーシャルサービス部（Social Services Department）で実施されている。既に1970年代後半にアメリカでケースマネジメントと呼ばれていたものを、あえてケアマネジメントと呼び、スタートした。それは、ケアという言葉はケースより暖かい響きがあること、それにマネジメントするのはケースではなくケアであるためと、この法律を誘導した1988年の『グリフィスレポート（Community Care: Agenda for Action）』では書かれている。その後1989年に政府白書である『人々へのケア（Caring for People)』報告書を経て法律が成立し、1993年4月からケアマネジメントが開始された。

ソーシャルサービス部には、ソーシャルワーカーを主体とするケアマネジャーが配置され、18歳以上の介護が必要な人に対して、アセスメントに基づき、ケアプランを作成・実施している。18歳未満の人を対象としたケアマネジメントはソーシャルサービス部の別部門が担当している。

ウエストミンスター区ソーシャルサービス部では、ケアマネジャーはすべて学士以上であり、研修は年間で7日間行っており、ケアに関わる法律、虐待等からの保護、認知症ケア等の内容になっている。また新人のケアマネジャーについては、1年間インターンシップを受けることになっている。

開始当初はサッチャー政権の時代であり、ケアマネジメントをつくった最大の目的は、それまで自治体が直接介護サービスを提供してきたことから、自治体に介護サービスの購入者の役割を担わせ、介護サービス事業者を「提供側」として民営化し、「購入側」と「提供側」を分離することにあった。

介護サービスの「購入側」であるソーシャルサービス部で、ケアマネジャーは利用者のニーズに合わせてパッケージしたサービスを、利用者やその家族と一緒にケアプランとして計画する。さらにケアプランに基づき必要とされるサービスを民間セクターから、サービス内容やコストを勘案して購入する。それによってもたらされる競争原理により、介護サービスの質の向上とコストの軽減を狙いにしていた。

ただし、その競争は、市場原理ではなく、準市場（Quire-Marketing）という言葉で表現され、公的な財源が使われること、社会的弱者が利用することから、介護サービス事業者のケアの質を担保するために、サービス内容の質を公表している。

ケアマネジメントについては自己負担はないが、介護サービス利用については、資産調査があり、利用者の資産により自己負担額が決定することになっている。その基準は地方自治体でばらつきがあるが、資産には自宅所有も含まれており、自宅を担保に融資を受けるリバースモーゲージもあるが、最終的に持ち家を手放さなければならないことも生じる。

ここがイギリスの最も大きな課題であり、医療サービスは国が実施しており、全国民は無料で医療を受けられるが、介護サービスは自治体が実施しており、有料である。例えば、ロンドン市ハロー区では持ち家がある、もしくは貯金額が2万3500ポンド以上あると、介護サービスは全額自己負担となっている（注1）。そして貯金額が減り、2万3500ポンドを割り込んだ時点で経済状態が査定され、自己負担額が決定されることになる。

このように医療サービスと介護サービスは両極にあり、国民は無料である医療サービスに頼りがちとなり、一体的なものにどう改革していくかが課題である。

以上のような状態で、国民は介護サービス利用に対して不安をもっている。そのため、利用者が生涯に支払う介護サービスの自己負担総額に上限を設けることが国で検討されたが、地方自治体の猛反対に会い、2020年まで決定が先延ばしにされている。

注釈
（注1） 1ポンドは約141円。

②介護予防ケアマネジメントの実施

日本では、2000（平成12）年に介護保険制度が始まり、介護予防の考え方は、要支援を要支援1と要支援2に分けた2006（平成18）年頃から具体的に展開してきた。これと類似することが、イギリスでも行われている。

これは正式にはShort Term Assessment and Reablement Team（START）と呼ばれるものであり、地方自治体の財源ではなく、国民医療保健（NHS：National Health Service）の財源を使って実施されており、利用者は無料である。全国のすべてのソーシャルサービス部で実施されている。

このサービスはケアマネジメントにより介護サービスを利用する前に行われ、6週間内で終了するサービスである。時にはこのサービスで自立していく場合もあれば、6週間以内にケアマネジメントに移行する事例もある。ここではヘルパーが身体的なリハビリテーション視点をもって支援し、逐次モニタリングがなされ、ADLやIADLの改善を図っていくことを狙いにしている。

具体的には、最初にソーシャルサービス部のソーシャルワーカー、理学療法士や作業療法士が個々の利用者の支援目標を設定したプラン「Short Assessment Goal Oriented Plan（SAGOP）」を作成する。そこからソーシャルサービス部が委託している訪問介護サービス事業者のヘルパー管理者がそのプランを利用者に説明する。合意が得られれば、このプランに合わせてヘルパーが派遣される。ヘルパー派遣の過程で、ソーシャルサービス部の作業療法士、理学療法士、ソーシャルワーカーの再アセスメントが必要な場合には逐次実施され、ヘルパーを支援していく。

STARTの対象者は、①病院に入院していたが、自宅に戻る人、②在宅で虚弱になり、支援が必要になってきている人、③自宅で自立した生活をするうえで技能や自信を取り戻したい人、に対して実施している。目的は、利用者が身体的な依存を少なくし、身体的な自立の支援を行うことである。

ハロー区の場合には2010年10月から始まり、2017年度1年間の利用者は862名であった。具体的には、ソーシャルサービス部のケアマネジャーがSAGOPを作成し、リハビリテーション視点のヘルパー、福祉用具、緊急通報サービスと結びつける計画を作成している。現在ＳＴＡＲＴには2人の管理職であるチームマネジャー、２人の作業療法士、12人のケアマネジャー（そのうちの7人がソーシャルワーカー）が在籍しており、アセスメントに基づき、ＳＡＧＯＰを作成している。

ハロー区では、ＳＴＡＲＴに該当しない人としては、①移動を制限するよう医師から指示を受けている人、②重度の認知症の人、③ターミナルケアの状態にある人、④運動神経疾患やパーキンソン病で急激に悪化している人、⑤移動のために抱きかかえたり、ケアを提供するうえで体を折り曲げる必要がある人である。こうした人は直接ＳＴＡＲＴなしにケアマネジメントに入り、介護サービスを利用することになっている。

その意味では、日本の介護予防は要支援１・２、さらには要支援前の人が対象であるが、ＳＴＡＲＴは要介護も含めてリハビリテーションでＡＤＬやＩＡＤＬの改善が可能な人を対象にして、６週間の期限を決めて進めていくことに特徴がある。

このサービスの効果であるが、サットン区ではＳＴＡＲＴのみで終わる人が約7割ということであり、極めて有効なサービスである。

２０１7年度の成果であるが、病院からの退院ケースは７15件であったが、そのうちで２０１8年3月末までに４９２件がこのサービスを終了したが、６週間内で自立になったのが３３８件（68・70％）であった。その後にケアマネジメントが必要なケースは１５４件であったが、その内訳はケアが軽減していたのは62件（12・60％）、変化なしが73件（14・83％）、ケアが増大していたのは19件（3・86％）であった。

在宅で生活をしておりＳＴＡＲＴを利用したケースは４０６件で、６週間内で自立になったのが２４６件（60・59％）であった。その後ケアマネジメントが必要な者は１６０件で、そのうちでケアが軽減していたのは32件（7・88％）、変化なしは96件（23・65％）、ケアが増大していたのは32件（7・88％）であった。

以上の結果、２０１７年度のＳＴＡＲＴ終了者８９８ケースのうちで、６週間内でケアマネジャーのケアプラン作成に至った者はわずか３１４名（35・０％）と極めて少ない。

このような信じ難い成果を上げているが、これにはいくつかの理由があるように思える。①高齢者だけでなく、18歳以上の人を対象にしており、身体的に回復力がある人が比較的多いこと、②退院後に医療的なリハビリテーションが必要でデイケアを利用する人が除外されていること、③医療の一部として、短期間の徹底した身体面のリハビリテーションを実施していること、④重度の認知症や移動上で制限のある人等を除外していること、⑤ＳＡＧＯＰについてソーシャルワーカーと理学療法士・作業療法士がチームで６週間内で達成可能な目標を予後予測して具体的に示していること、⑥ＳＡＧＯＰに基づきヘルパーは身体的なリハビリテーション視点で関わっていること等が考えられる。また、医療サービスとして無料で実施されていることも大きく、ケアマネジメントが始まると、所得に応じて介護サービスへの自己負担がかかってくることを避けたいという思いも大きいといえる。

要支援者に限るのではなく、要介護者にまで対象を広げ、期間を限定して実施しており、日本もＳＴＡＲＴの仕組みから学ぶことがあるように思われる。

③２０１４年ケア法でのケアマネジメントの変化

「２０１４年ケア法（the Care Act 2014）」ができ、ケアマネジメントが大きく変わろうとしている。この法律では、要介護者と介護者を同格に位置づけ、要介護者同様に介護者についてもニーズを捉え、必要な介護サービスを提供することが、地方自治体の義務となった。

イギリスは、１９９３年にケアマネジメントの仕組みが導入されて以降、要介護者だけでなく、徐々に介護者への支援を強化してきた歴史がある。それは、当然ケアマネジメントの基本的な考え方や方法を転換させていく歴史でもある。

1995年には、「介護者の承認とサービスに関する1995年法：the Carers (Recognition and Services) Act 1995」ができ、介護者にアセスメントの請求権を認めた。

その後、自治体が介護者を支援する法律がいくつか出され、地方自治体は、介護者にアセスメント請求権があることを知らせる努力義務が課せられた。また、アセスメントでは、介護者の仕事や教育・研修・娯楽活動の継続や今後の意向を考慮してアセスメントすることが努力義務となった（注1）。

今回の2014年ケア法は、介護者支援について根本的な改革を図った、それは、介護者は要介護者と同等な法的な権利（Same Legal Footing）を認められ、その実施は地方自治体の義務と明記され、要介護者と同等に介護者が支援されることになった。

そのため、地方自治体ソーシャルサービス部のケアマネジャーは要介護者に加えて、介護者向けのアセスメント用紙を使い、介護者についても別途のケアプランを作成し、サービスを提供していくことになった。

2014年ケア法では、ケアマネジメントで充足すべきニーズの範囲を、介護者の場合は、①「子どもの養育」、②「他に介護をしている人がいる」、③「住まいの管理」、④「栄養の管理・維持」、⑤「家族その他の人との人間関係の形成・維持」、⑥「仕事・研修・教育・ボランティア活動への従事」、⑦「公共交通・レクリエーション施設等の地域サービスの利用」、の7項目で捉える（注2）。

基本的には要介護者と介護者の両者は別々に面接されることになっている。ここに、ケアマネジメントは介護者を支援することが原則であると位置づけられた。

日本の介護保険法では、介護者に対する支援については法的に全く明記されていない。他方、安倍晋三首相は２０１５（平成27）年９月に『新３本の矢』という名の新政策を提案し、その一つに「安心につながる社会保障」の中で、介護により仕事を辞める人数である「介護離職ゼロ」という数値目標を掲げた。２０１６（平成28）年６月に閣議決定した「ニッポン一億総活躍プラン」での介護離職ゼロに向けて、介護支援専門員の果たしうる役割は大きいと考えるが、本プランでは、ケアマネジメントについては、以下の２点の記述がみられる。

①自立支援と介護の重度化防止を推進するため、介護記録のＩＣＴ（情報通信技術）化を通じた業務の分析・標準化を進める。これにより、適切なケアマネジメント手法の普及を図るとともに、要介護度の維持・改善の効果を上げた事業所への介護報酬等の対応も含め、適切な評価のあり方について検討する。

②２０１６（平成28）年度より、ケアマネジメントは、ケアマネジャーの研修カリキュラムに「家族に対する支援」を追加する。

このような施策を通して、ケアマネジメントは、介護離職ゼロにどの程度貢献できるであろうか。極めて疑わしいと言わざるを得ない。

イギリスのように、介護者のニーズを把握し、それに応えるケアマネジメントが実施できるよう法的な整備を図ることが先決である。さらには、本人と家族へのサービスのパッケージ化に加えて、介護者の様々な悩みの相談者として機能できるよう、研修体系も含めて、ケアマネジメントの機能を見直していく必要がある。「介護離職ゼロ」をかけ声だけで終わらせないためには、日本は介護保険制度やケアマネジメントのあり方を根本から見直す必要がある。

注釈

（注１）湯原悦子「イギリスとオーストラリアの介護者法の検討―日本における介護者支援のために」『日本福祉大学社会福祉論集』（１２２）、２０１０年、45頁

（注2）　井上恒夫『英国における高齢者ケア政策』明石書店、2016年、127頁

④介護者支援団体の普及

イギリスでは、介護者支援の法律が次々とでき、2014年ケア法では要介護者と介護者を同格に位置づけ、介護者支援が地方自治体の義務となった。

こうした介護者支援が展開されてきた背景には、イギリスは以前より、それぞれの地域に介護者の協会があり、そうした協会組織のロビー活動が、介護者支援を大きく進めてきたといえる。介護者支援を重要視し、介護者のニーズに合わせてサービスを提供するよう制度化されてきた過程には、こうした団体の活動が大きい。

イギリスでは、介護者支援団体は「ケアラーズUK」と「ケアラートラスト」の2つが中心である。なお、現在日本でも課題になっている未成年介護者であるヤングケアラー支援については、これら2つの団体も対応しているが、児童協会（Childrens Society）等も独自に活動を行っている。

前者のケアラーズUKは介護の当事者によるNPOである。1965年に単身女性とその要介護者全国会議（the National Council for Single Women and her Dependants）がケアラーズUKの前身である。ケアラーズUKは介護者の具体的な権利を獲得することを目的にしており、主な活動内容は、①調査・研究、②ロビー活動、③アドバイス・情報提供、④教育・研修等の教育的活動、である。介護者の調査・研究をもとにしたロビー活動を展開し、介護者に関する政策を提案したり、介護者へのアドバイスや情報提供を行ってきた。ケアラーズUKの特徴はメンバーシップ制をとっており、自治体や企業などからの寄付で賄っている。ケアラーズ全国協会（Carers National Association）を2001年にケアラーズUKと名称変更している。

後者のケアラートラストはエリザベス2世の長女アン・プリンセス・ロイヤルの主導で1991年に設立

された。これは144の独立した介護者センターがヤングケアラーに対する85のサービスとウエッブサイトをネットワークでつないで、2万5000人のヤングケアラーを含む40万人以上の介護者に対して情報やアドバイス、様々な支援サービスを提供している。

ケアラートラストの目的は、「介護者の存在が確認され、その価値が承認され、彼らの生活の質が最大限に高まるようにすること」で、その使命は「地域と全国の素晴らしいサービスを介して介護者の多様なニーズを満たすこと」である。事業としては、①研究・開発・コンサルテーション、②国、地域、地方の政策に影響を与える働きかけ、③他の全国組織とのパートナーシップ、④双方向のウエッブサイトを通じた情報による、助言と支援団体へのアクセスについての情報提供を行っている。

ケアラーズUKとケアラートラストの関係は、前者は無償で活動する組織であり、後者は有償・無償のスタッフの運営によって介護者への直接的な支援を展開している。そして、「ケアラー週間」等のイベントは共同で実施している。

介護者を支援する団体であるケアラートラストを訪問するため、本部に依頼をし、ロンドンで最も広範な活動を行っているグリニッチ区のケアラートラストを紹介してもらった。そこを訪問し、所長のスー・ミッチェルさんに話を伺った。介護者支援を大きな目的にして、3つの業務を実施している。第1は、介護者に対する多様なサービス提供や擁護的機能である。具体的には、介護者のために、カウンセリング、美容、様々なアクティビティを行っている。第2は介護者を支援するための有料のヘルパー派遣事業であり、第3は無料のボランティア派遣事業である。ヘルパーは16人、ボランティアは20数人いるそうである。この2つの業務を調整するスタッフはケアマネジャーと連絡を取りながら、介護者にヘルパーやボランティアを提供している。ここでの利用者は約500名いるという。

ケアマネジャーとの関係では、介護者との相談から、ケアマネジャーに対する擁護的活動を行っている。また3カ月に1回程度、ケアマネジャー向けに介護者支援についての研修会を行っている。

また、サットン区のソーシャルサービス部を訪問した際に、ケアラートラストであるサットン区のケアラーセンターにも立ち寄った。ここは、グリニッチ区のセンターほど大きくはないが、介護者へのカウンセリング、介護者向けの様々なアクティビティを実施していた。特に印象に残った一つが、ヤングケアラーに対して学習支援を行っており、小学生など18名が参加しているということであった。もう一つは、公的な介護サービスの利用を拒否している介護者に対する相談支援に重点を置いている、ということであった。

イギリスのこうした介護者支援の活動が基盤にあって、2014年ケア法もできたといえる。日本において、介護者支援を介護保険制度に位置づけていくためには、イギリスのような地域で介護者を支援する地道な社会活動も必要である。

⑤ケアマネジャーのジレンマ

イギリスのケアマネジャーは、介護が必要な人に対して、包括的アセスメントに基づきケアプランを作成し、サービスを調整している。そのため、日本のような要介護認定や支給限度額の設定があるわけではなく、ケアマネジャーは利用者のニーズに基づいて、利用者や家族と相談しながら、必要なサービスをパッケージし、実施することになる。ケアマネジメントそのものについては、利用者の所得に関係なく、無料である。そのため、ケアマネジャーは一見利用者の介護サービス利用に対して大きな決定権をもっているようにみえる。

ケアマネジャーは地方自治体のソーシャルサービス部に配属され、当該地域の要介護者への支援を行っているだけでなく、病院にも出向させ、退院時の対応をしている。例えば、サットン区では最も大きな病院にケアマネジャーを配属し、そこから他の病院にも出向き、退院患者へのケアマネジメントを行っている。

ケアマネジャーの担当数は30ケース程度であり、基本は9時から5時の勤務形態になっている。ウエストミンスター区のソーシャルサービス部を訪問した時に、5時になるとほぼ全員のケアマネジャーが帰っていったのが印象的であった。

こうしたケアマネジメントが毎年決められた予算の中で実施されるため、利用者が増加したりすると、財源が不足する可能性もある。また、自治体の予算が減少すれば、利用者の介護サービス利用に対して財源上でのコントロールが生じかねない。こうした中で、ケアマネジャーは利用者のニーズに対応したケアプランが継続して実施できるのかという危惧がある。

このことは、日本の介護保険制度以前の措置の時代の福祉サービスと同じ状態である。これが、税で実施する場合の最大の課題であり、管理者は自治体の財務担当者との交渉で、頭を痛めることになる。

一方、イギリスでは、ケアマネジャーにはケアプラン作成について専門職としての自由裁量を与えられていることがガイドラインで明示されている（注1）。しかしながら、ケアマネジャーのケアプランをチェックするソーシャルサービス部の財務管理者やケアマネジメント部門の管理職にあるチームマネジャーからケアマネジャーに対して、介護サービス利用抑制へのプレッシャーがかかる可能性が高い。

介護サービスは自治体の租税で実施しているため、ソーシャルサービス部がもっている年間予算額がある。予算額を超えそうになると、ソーシャルサービス部の財務部長は当該自治体の財政当局と追加財源の獲得に向けて、頭を下げて交渉する必要が生じる。そのため、個々のソーシャルサービス部内で、年間の財源内で納まるような仕掛けがつくられている。

例えば、ロンドンのハロー区ソーシャルサービス部では、「ファイナンシャル・パネル」という会議が毎週開催され、すべてのケアプラン原案について、担当のケアマネジャー、ケアマネジメント部門のチームマネジャー、財務副部長が参加して、ケアプランについて適正であるかどうかを検討する。そこでは、高額のケアプランについては厳しくチェックされ、自治体の負担にならない公的な介護サービス以外の民間の慈善事業を探すようケアマネジャーは指示されることが多いという。

同じロンドンのサットン区ソーシャルサービス部では、ケアプランの内容が高額な場合には、ケアマネジャーはケアマネジメント部門のチームマネジャーに承認を求めなければならない。さらに高額の場合には財務副部長に回され、承認を得なければならない。高額の部分についてはチームマネジャーや財務副部長の采配下にあり、承認が得られない限りは、上限を超えた部分については、ケアマネジャーの決定権外になる。

そのため、高額部分については、多くの事例で「検討中」ということになり、サービス利用を拒否していないとして、お蔵入りになっている現状にあると、あるケアマネジャーはもらしていた。こうした状態に、ケアマネジャーは不満や不信感をもっている。結局は、利用者側に重大な事件や状況が生じない限り、高額なケアプランに移行することができず、家族等が過重な負担をしているのが実態のようである。

ウエストミンスター区のソーシャルサービス部財務管理の責任者であるローズ氏にインタビューをしたが、「年間の予算が決められている中で、ケアマネジャーの作成するケアプランを賄うのが財源的に厳しいのでは?」との問いに対して、「毎月自治体の財務当局と掛け合うのが私の仕事である」と言う。「財源を理由に必要なサービスを提供しないことは法律上許されなくなっており、常に財源の確保に走り回っている」と言う。同時に、ケアマネジャーのケアプランを点検するケアマネジメント部門のチームマネジャーが中間管理職として配置されており、ここがケアマネジャーと個々の事例について財源的な対応を行っている。ひいてはケアマネジメント部門と財務管理部門との間で常にぶつかりが起こっているという。

図 7-1　ソーシャルワーカーのストレス
出典：https://www.cartoonstock.com/directory/s/stress-balls.asp

「2014年ケア法」では、自治体の財源に関係なく、利用者と介護者のニーズに合ったサービスを提供しなければならないことになったが、他方、保守党政権のもとソーシャルサービス部の予算は毎年縮小されている。一方、国が作成したガイドラインをみる限りでは、ケアマネジャーにはケアプランの作成について自律性が保障されており、行政スタッフはケアマネジャーが作成するケアプランに関与できないことになっている。

しかしながら、現状は財源が圧縮されている中で、利用者のニーズに合ったケアプランが、地方自治体の財源状況からみて、高額な場合には、サービスを圧縮したケアプランとなる可能性が高いといえる。

まさに、ケアマネジャーは利用者の意向と自治体の財源の間でのジレンマの中で業務を遂行している。私がイギリスのケアマネジャーについて、こうしたことを気づいたのは、2014年ケア法という法律ができ、法律では要介護者だけでなく介護者についてもニーズを把握し、ケアプランを作成しなければならないことが義務化されたことからである。この画期的な法律で利用者やその家族の介護サービス量がどのように増加したかを調べてきた。結果として、実際に利用者や世帯に対する自治体が提供する介護サービス額は増加していないことがわかった。

このことは、地方自治体の財源圧縮により生じており、介護サービス利用に対して抑制が作用していることがわかった。理念的には介護者のアセスメントを行い、そこから明らかになったニーズをもとに、介護者向けのケアプランを作成することになっているため、普通であれば、利用者世帯あたりのサービス量も、ソーシャルサービス部全体の財源も増加することが予想されたが、現実は地方自治体の財源が抑制されていることに関連して、両者とも増加していないという結果になっている。

ケアマネジャーにとっては、理想と現実のケアプランの乖離にストレスがたまっていることが予測できるが、ないものねだりができない状況にあることによる悩みは大きい。ケアマネジャーの大多数はソーシャルワーカー(ハロー区についてはケアマネジャーの3分の2程度がソーシャルワーク資格保持者、サットン区については、全員がソーシャルワーク資格保持者）であるが、**図7-1**は、イギリスでソーシャルワーカーにストレスがたまっていることを風刺したものである。

他方で、イギリス社会からは、「ソーシャルワーカーは公務員になって、利用者を擁護することを忘れてしまった」という批判を受けている。

日本は、ケアマネジャーは保険者ではなく、介護サービス事業者として位置づけられている。ここでは、ケアプランの公正中立が崩れる可能性があるという課題があるが、他方、ケアマネジャーを保険者側に位置づけると別の課題が生じる可能性があることがわかった。

ただ、税ではなく、保険料で財源の半分を構成している日本の場合には、保険者側にケアマネジャーを配置すると、イギリスと同様のことが起こるが、イギリスほどにはならない可能性がほんの少しはある。それは、保険であるため、1年ごとに収支ゼロにする必要性が弱くなる部分があるからである。しかし、それは楽観すぎるようにも思える。なぜなら、保険料も含めて介護財源の管理は保険者の責任であるからである。

注釈

（注1） Health Department England, *Care Management and Assessment Practitioners' Guide* 1991

3 ドイツのケースマネジメント

①ケアマネジメント導入へ

ドイツは世界で最も早い1995年に介護保険制度を始めたが、現金給付を中核にしていることもあり、ケアマネジメントは導入されていなかった。ところが、ケースマネジメントという名称で2008年に立法化し、現在は具体的に実施されている。

どのようにケースマネジメントが導入され、どのように行われているかを紹介したい。確かに、日本からケアマネジメントの重要性は学んだであろうが、その時に、日本から何を真似し、何を真似なかったのかを示していきたい。このことは、日本のケアマネジメントのあり方を議論する重要な素材となる。

その前に、ドイツの介護保険の概要を説明しておく。ドイツでは介護保険制度ができるまでは、介護施設や在宅の介護サービスについては公的な制度でなく、高齢者は全額自己負担でそうしたサービスを利用していた。結果的に、日本の生活保護に相当する社会扶助を受給して、介護サービスを利用する高齢者の割合が高かった。そのため、ドイツでは社会扶助受給率が高く、それを減らすことが、介護保険制度創設の大きな目的であった。その意味では、要介護高齢者の社会的入院を解消し、地域生活に移行することで、社会保障費全体の抑制を意図した日本の介護保険制度とは、創設の目的が大きく異なるといえる。

ドイツの介護保険は、乳児から高齢者までを対象に、要介護度を3段階（特別に過酷なケースが別個設定されている）に分けて、現金給付か現物給付を選択でき、現金と現物をミックスして受けることも可能である。在宅であろうと施設であろうと、サービスの総利用料金が給付費を超えた分は全額自己負担となる。財源は、20歳以上の人が払う保険料（労使折半）のみで、税金は投入されていないことが日本と大きく異なる。

現金給付は介護者に支払われるものであり、いずれの要介護度であっても、4週間のショートステイが別個利用できる。また、この保険で介護者向けの介護者教室が実施されていたり、家族介護に対して年金・労災については優遇措置がとられており、介護期間は年金保険の対象になり、介護によって腰痛になれば労災保険が適用される。

このように、ドイツの介護保険は家族が介護しているという前提のもとに、介護者を支える側面が強い制度である。そうした考えが反映して、2013年1月より、家族介護が期待できない、子どものいない23歳以上の被保険者は保険料率を0・25％上乗せさせて負担することになった。家族が介護することを前提にして、それを補うことを目的にしているドイツの仕組みは、介護者負担の軽減を目的に明記していない日本の介護保険制度と根本的に異なる部分である。

ドイツの介護保険は、現金給付を基本に組み立てられており、要介護状態の介護家庭に現金を給付し、現物の介護サービスが必要な家庭が在宅サービスや施設サービスを利用する場合は、給付額が2倍になり、現物給付サービスの利用を誘導している。

しかしながら、それで施設入所をすると、給付額より施設入所の料金がはるかに高いため、日本での原則1割相当額をはるかに超える負担額がかかってくる。現実の介護保険の総費用に占める自己負担割合は、日本が7・1％であるのに対して、ドイツは30・4％となっている（2010年当時）。特に、施設入所等の場合、ドイツのほうが経済的な自己負担感が大きいといえる。そのため、この負担額を支払えない高齢者は、社会扶助で賄われることになる。ドイツの介護保険は、すべての介護を介護保険制度で賄うのではなく、ここが部分保険であるとされる所以である。

その意味では、原則1割の自己負担で在宅や施設において生活を支えていく日本の介護保険制度に対して利用者の安心感が強いのは、ドイツの介護保険制度とは基本的な仕組みが異なっているからである。

日本の立場からみると、日本の介護保険制度は医療保険に近く、ドイツは現金給付があるため、年金保険に近いようにみえるかもしれない。そうした側面もあるが、医療保険に近い部分も多い。例えば、医療保険と介護保険が同じ保険者（疾病金庫と介護金庫）になっており、疾病金庫の被保険者が強制的に介護金庫の被保険者になるため、介護保険は医療保険に従属しており、両者は近い関係にある。

介護サービスで利用者の在宅生活を支えようとする日本の介護保険制度にケアマネジメントが導入される必然性はあるが、ドイツのように多くの要介護者家庭では、現金をもらって家庭介護をしている介護保険の場合には、ケアマネジメントを導入するインセンティブが働きにくかった。ただ、現金給付を得た介護者が、適切な介護をしているかどうかのチェックをするために、最重度の要介護Ⅲでは3カ月に1回、要介護ⅡとⅠでは6カ月に1回、要介護認定やケアの質を調査しているメディカルサービス（MDK：Medizinischer Dienst der Kassen）の調査員が家庭訪問している。

現実には、現金給付のみの利用者割合は創設後の1996年には60・4％であったが、2012年には43・

９％まで落ち込み、現物給付の利用者が増加傾向にある。そうした介護サービス利用者から、どのようなサービスを利用してよいか分からない、どこの介護事業所のサービスを利用したらよいか分からないという声があり、ケースマネジメントを導入するに至った。

政策的には、２００５年の選挙で社会民主党とキリスト教民主同盟／社会同盟のメルケル連立政権が成立し、そこで介護保険制度に対する方針として、給付面の改善を掲げ、「施設よりも在宅を優先する」ことを連立協定の一つの柱とした。それを実現する利用者側のニーズに応じた在宅支援を強化する方策として、①身近な地域で統合された介護支援拠点の創設、②ケースマネジメントの導入、が連立与党間で同意された。これを受けて、介護保険法施行後初めて大改革が行われ、２００８年に「介護保険改革継続発展法」が成立し、これら2つのことが制度化された。

②ケースマネジメントの枠組み

ドイツでは現金給付が中心であるため、日本以上に要介護認定の妥当性・厳密性が求められ、要介護認定の内容については頻繁に改正が進められている。特に、認知症の人の要介護度が定まらないのが現状である。

しかしながら、介護保険制度の全体的な改革については初めて実施され、２００８年5月に「介護保険改革継続発展法」が国会で可決し、7月から施行された。その改正内容は、①要介護認定の介護時間について新しいツールの導入、②リハビリテーションの推進、③ケースマネジメント（Fallmanagement）・カウンセリング（相談）の導入、④介護支援拠点の設置、⑤ＭＤＫによる施設審査結果の公開による介護の質の改善、⑥給付額の段階的引き上げ（２０１5年より3年ごとに物価上昇率を勘案した給付調整）、⑦保険料率の引き上げ、⑧介護給付の増額、⑨高齢者の新たな居住形態の推進、⑩認知症の患者に対する給付の改善、⑪介護休暇の創設、⑫高齢者居住共同体の促進、⑬個人介護士雇用の規制緩和、⑭ボランティア活動の促進、が主たる改正内容であった。

本改正の一つに、ケースマネジメント・カウンセリングの導入と介護支援拠点の設置がある。これは介護保険サービスを利用する際に、利用者は適切な介護サービス情報を得ることが難しいので、介護支援拠点をつくり、ケースマネジメント・カウンセリングを提供することで、在宅中心の介護保険制度に改革することであった。

ケースマネジャーは、法律上は利用者のニーズをアセスメントし、個人のケアプランを作成し、介護保険サービスだけでなく、他の社会保障等のサービス利用を支援することになっている。具体的には、以下の5点が示されている。

①要介護認定を勘案しながら、ニーズを把握し、分析すること
②社会保障給付、健康増進、予防、治療、リハビリテーション、その他の介護・社会扶助を活用するケアプランを作成すること
③サービス提供機関からの承認を含めたケアプランの実施
④ケアプランをモニタリングし、必要に応じて、ニーズとサービスの関係の変化に対応すること
⑤複雑な事例については、過程について評価し、かつ文書化すること

これを担うのは介護金庫が主たる実施主体である介護支援拠点（Pflegestützpunkt）に配置されている介護相談員（Pflegeberater）である。介護相談員は介護や医療に関わるトータルな支援を行うことになっている。ただし、日本のように、ほぼすべての介護サービス利用者が支援を受けるのではなく、法的には、介護保険だけでなく、多様なサービスの利用開始にあたって、介護相談員に相談の申請ができることになっており、

すべての現物サービスの利用者の相談にのっているわけではない。

介護相談員になれるのは、老人介護士（Altenpfleger）、看護師（Krankenpfleger）、小児看護師（Kinderpflegger）などで、一定の実習を経験した者とされている。介護相談員の配置は支援を求める人に対して適切かつ包括的に任務を遂行できる人であり、介護相談員1人につき100人を超えない利用者を担当すること、と法的に規定されている。介護相談員の人件費は、介護金庫が疾病金庫と折半することになっている。

介護支援拠点に配置された介護相談員が、介護や医療に関わるトータルな支援を行うことになっている。そのため、介護保険のサービスや医療保険の訪問看護・リハビリテーションなどに関する相談・情報提供のワンストップセンターである介護支援拠点は、住民約2万人当たり1カ所を目標として、3000〜4000の拠点づくりを計画している。この介護支援拠点は介護金庫・疾病金庫・コミューン・社会扶助等によって共同設置されることが、法的に規定された。2010年4月時点で約250の拠点がスタートした。

介護支援拠点の任務は、以下の3点である。

①利用者の各種公的サービスの選択や利用に対する包括的・中立的な相談支援
②地域にある健康増進、予防、治療、リハビリテーション等のサービス利用に対する相談支援
③個々の利用者に調整され提供されているサービス間でのネットワーク化

介護支援拠点の財源については、設置促進費として1カ所当たり4万5000ユーロを上限にする助成金が連邦から支出される。運営費は、ケースマネジャーの人件費を出している個々の機関の持ち分をもとに算出して、負担している（注1）。

ドイツでは、ケースマネジメントやケースマネジャーという用語が使われている。北海を挟んで向かいのイギリスで使っているケアマネジメントという用語を使わず、遠く離れたアメリカでつくられたケースマネジメ

ントを使っていることに、何か複雑なものを感じた。

以上は、ドイツの社会法典第11編に基づくケースマネジメントや介護支援拠点の内容である。日本のケアマネジメントが取り入れられたとの評価があるが、詳細をみると、制度的には異なる部分も多い。例えば、①介護相談拠点の財源は介護保険からだけでなく、多様な団体が拠出していること、②ケースマネジメントは保険者機能として実施していること、③サービスを利用している一部の人にケースマネジメントを提供し、カウンセリングといった相談業務と一体的に実施されていること、等である。日本では介護保険制度実施以前の在宅介護支援センターにおけるケアマネジメントが近いといえる。

以上の法的に定められたことが現実にどこまで制度化され、どこまで支援できているかを、以下で現場の実態からみていく。

注釈
（注1） 1ユーロは約125円。

③マインツ市でのケースマネジメント

ドイツで2008年にケースマネジメントが制度化され、10年以上経つ。現状を把握するため、2016年9月3日と4日の2日間にわたり、マインツ市とフランクフルト市の介護支援拠点（Pflegestützpunkt）を訪問し、そこでの介護相談員（Pflegeberater）やその管理者からヒヤリングを行った。その結果、ドイツの社会法典等に書かれているケースマネジメントや相談業務がどこまで具体化されているかを紹介したい。

なお、両市の機関の現実の業務内容が余りにも異なるため、別個に紹介する。

マインツ市はラインラント・ファルツ州の州都で、人口30万人の町である。6カ所の介護支援拠点があり、それぞれの拠点は定められた圏域の全住民を対象にしている。3カ所の介護支援拠点のケースマネジャーに集まってもらい、話を伺った。

マインツ市のこれら6つの拠点ができたのは2009年で、ドイツでの介護保険制度改革を受けて、実施したことになる。ただ、2009年以前からマインツ市が行っていた介護相談業務を基礎に出来上がったという経過がある。

1つの介護拠点に2人のケースマネジャーが配置されており、財源は介護金庫、州、市、さらには介護サービス事業者が拠出しており、これらの組織で協同組合をつくり、管理している。人件費については、0・5人分を介護金庫が出し、1・5人分は先に示した州、市、介護サービス事業者が出している。

現実には近接の市がマインツ市内の一部をカバーしていることもあり、人口3万人程度を1拠点が担っている。2人のケースマネジャーの分担は、それぞれの能力も考慮し、利用者名のアルファベットや電話を受けた者で担当分けをしている。1拠点が扱っている相談数は、電話相談が1日に1～2ケース、簡単なケアプランの作成が週に2～3ケース、重篤なケースが月に1ケース程度である。

ケースマネジメントについては、州で共通の簡単なアセスメント用紙があり、要介護認定項目とは連動していない。ケアプランについては、コンピュータの画面にフォーマット化された問題点をマークし、そこから介護保険サービスに加えて多様な社会資源につなげていくことになっている。

なお、ドイツの介護保険でケースマネジメントを利用する対象は、すべて現物で介護サービスを支給してもらう人もいれば、現金と現物の介護サービスをミックスして支給してもらう人もいる。そのためケースマネジャーは、ケアプランの作成過程で、本人や家族の現物と現金のミックス割合の決定にも関与することになる。

モニタリングについては明確な義務がなく、利用者から相談や苦情があれば実施しており、定期的に対応しているわけではない。継続しているというケースマネジャーの意識では、1人当たり20ケースほどを担当している状況にあるとのことであった。

一方、利用者を探し出すアウトリーチも実施しており、介護支援拠点の広報活動や地域の人々への学習機会の提供を行う中で、近隣などからの情報を得て実施している。

全体としては、現物の介護保険サービス利用者の20~30%程度の人に関わっているそうである。電話相談で終わる場合と、ケアプランに進む場合の仕分けは明確にあるわけではない。このことはケースマネジャーの自己判断で行っており、ケアプラン作成まで至るケースの特徴は、複合的な問題をもっている利用者であり、それは決して要介護度では決まらないという意見であった。小児の事例で複合的な問題をもっている場合が多いという意見もあった。

ケースマネジャーは個人への支援に加えて、地域支援も実施している。地域支援については6つの介護支援拠点が協働で実施する場合もあれば、個々の拠点だけで実施する場合もある。例えば、認知症の人へのケアといった講演会や介護方法の講習会を実施したり、地域の人々を対象に介護をテーマとした劇を上演して、予防的な啓発活動等を行っている。

月に1回は6つの拠点のケースマネジャーが集まり、事例の調整や検討、ケースマネジメントの課題やマインツ市の高齢者施策における課題について話し合いをもっている。ケースマネジャーの基礎となる資格はまちまちであり、出席してくれた3人の元職は、ソーシャルワーカー、成年後見人、高齢者共同住宅の管理者であった。ケースマネジャーは新たな職種のため、ラインラント・ファルツ州では、がちがちに資格要件を確定しなかったようである。

そうしたことで、研修が義務づけられており、州では通信ないしは通学による研修を実施し、受講を義務づけている。あるケースマネジャーは月の1週間受講し、1年で修了できたという。履修カリキュラムも決まっており、すべてのケースマネジャーが共通基盤をもてることを意図している。

ケースマネジャーに対して介護金庫（保険者）からケアプランの内容に対して変更を迫られるようなことは全くないという。それは、要介護認定で支給額が決まるため、ケースマネジャーの立てたケアプランが介護保険財源に影響を与えることがないからでもある。

一方、財源の一部を介護事業者が出資していることにより、公正中立が果たせないのではないかという質問に対しては、3人のケースマネジャーともそのようなことはない、と主張していた。財源を出してくれる事業者は宗教法人や企業もあるが、社会貢献と事業者のイメージを高めるためであり、利益供与されることを目的に出資していないという。

最後に、ケースマネジャーの待遇について尋ねたが、それなりに満足しているということであった。2009年当初から務めているケースマネジャーの話しでは、給与が低いため辞めた職員は1人のみであり、他はすべて別の理由であった。ただ、給与体系がはっきりしておらず、協働組合との個人交渉で決まるという不安定さがあること、物品の購入については、物品により州、介護金庫、市、出資事業者とその購入決定者が異なるため、厄介であるとの不満があった。これについては、来年度から州が一括して管理していく方向で検討されている段階であるという。

マインツ市では、国で考えられていた2008年のケースマネジメントや介護支援拠点の構想とは部分的には異なっているが、おおむね順調に進捗しているようであった。

④フランクフルト市でのケースマネジメント

フランクフルト市は人口69万人で、ヘッセン州最大の都市で、独立市である。フランクフルト市には、8つの行政区と市全体で1つの、総9カ所に介護相談拠点がある。8つの行政区の介護相談拠点は市の社会福祉部の所管で、各区の地域の住民を対象にしている。一方、市全体の住民をカバーする介護支援拠点は市の高齢福祉部の所管である。

今回は市全体をカバーしている介護支援拠点であるフランクフルト市介護支援センターを訪問して、活動内容を伺った。インタビューに応えてくれたのは、市から出向している管理者のピア・フレールスハイマーさん、また介護金庫から出向している管理者のノルベルト・モルさん、実際のケースマネジメントを担っているゴッコフスキーさんであった。

この拠点は2011年につくられた。介護相談拠点の創設は2009年から始まっているので、制度創設の3年後にスタートしたことになる。職員は管理者が2人、ケースマネジャーが2人、秘書が2人の6人体制である。人件費は市と介護金庫が折半している。

相談に応じてくれたケースマネジャーのゴッコフスキーさんは老人介護士の資格を有していた。なお、ドイツの老人介護士は看護師と同程度の養成教育がなされている（2100時間の理論と2500時間以上の実習を3年かけて行う）。この老人介護士は、看護師、小児看護師に並ぶものであり、医学知識についても学び、医療的ケアも実施している。

現在実施している業務は、年間600件程度の電話相談であり、これを2人のケースマネジャーが担っている。相談は家族からのものが多く、要介護認定についての相談、利用する介護サービスについての相談などである。介護サービスを紹介する際は公正中立の立場で、一覧表を使って紹介している。現実のセンターの玄関には段差等もあり、利用者本人の来所相談は難しそうであった。

ケアプランを作成するケースマネジメント事例は一つもないということであった。一方、他の8つの介護相談拠点とはほとんど連絡を取り合うこともないので、どの程度ケースマネジメントをやっているかはわからないということであった。なお、8つの拠点の1つが隣の棟のビルにあったが、連携どころか、日常の交流もないようであった。そのため、これらの介護支援拠点間での連携の仕組みはない状況であった。

同センターに配置されている2名のケースマネジャーの採用は、市と介護金庫がそれぞれ1名を確保することになっており、市側はソーシャルワーカーを、介護金庫側は老人介護士、看護師、小児看護師の資格保持者を採用することになっている。ケースマネジャーには半年から2年ほどかけての研修が必須であり、これは前項のラインラント・ファルツ州(マインツ市)と同じであり、連邦全体で研修科目や時間数が決まっている。

介護サービス事業者との関係については、利用者からの苦情相談があった場合に、事業者に連絡する程度である。利用者との関係では、相談を受けるだけでなく、家族のレスパイトにも寄与することを目的にしている。

ここでのケースマネジメントが進まない理由として、利用者から求められれば実施する義務はあるが、ケースマネジメントはこちらから売り込んでいくものではないとの認識であった。疾病金庫でも病気で働けない場合に相談を受けつけることができることになっているが、申請主義で実施されており、ここフランクフルト市介護支援センターでの対応もこれと同様の考え方であるとの説明を受けた。

子どもが重篤な障がいをもっている家族の場合には24時間の介護、学校や親の就労等についての検討が必要であり、複合的な生活課題が多いため、そうした事例については、8つの拠点でケースマネジメントが実施されている。しかし同様の対応が高齢者領域まで浸透していないのが、フランクフルト市の実態であるとのことであった。

なお、どのようにケースマネジメントの事例を選ぶのかについての質問に対しては、要介護度ではなく、ケースの複雑性が選択の基準になるとのことだった。連邦レベルでケースマネジメントが必要な人とそうでない人の基準をつくる検討会が設置され、その基準が便覧（Handbuch）として明らかにされるとのことである。ただ、この基準で強制的なケースマネジメントが実施されるということではなく、あくまでも便覧を参考することが求められる程度で、実際に利用者からのケースマネジメントの要求があってから始められることになるのではないか、ということであった。

フランクフルト市の場合は、市全体と区ごとに介護支援拠点が設置されており、日本で言えば、市側は地域包括支援センター的機能を、8つの拠点は居宅介護支援事業者的機能を進めようとしているようにみえる。ただし、本報告の通り、ケースマネジメント機能や地域との関わりづくりは不十分であり、今後の課題であることがわかった。また、フランクフルト市とマインツ市は時間的には電車で40分程度と近い距離にあるが、行っている業務が大きく異なることもわかった。

⑤ドイツのケースマネジメントから学ぶこと

ドイツのケースマネジメントは、日本の在宅介護支援センターで実施していたケアマネジメントの仕組みと類似している。それは、介護支援拠点は担当地域が決まっており、作成されたケアプランを実施するかどうかは利用者に委ねられているからである。拠点がつくられた背景には、現物給付の介護サービスを利用する本人や家族に対して情報提供やケアプランを作成し支援することで、在宅志向を高めることにある。これは、在宅生活のほうが利用者のQOLが高くなることだけではない。在宅も施設も同じ給付額のため、在宅を選んだとしても保険者側の財源抑制にはならないが、施設入所の場合は自己負担分が多くなり、それを支払えなければ、生活保護に陥るため、在宅志向の強化は社会扶助財源の抑制につながることになる。

ただ、日本と異なる側面もある。特に、介護支援拠点は介護金庫・疾病金庫・市町村・社会扶助の運営機関によって共同設置され、ケースマネジャーは介護サービス事業者ではなく、介護金庫という保険者に所属していることが日本と異なっている。介護保険の保険者である介護金庫、医療保険の保険者である医療金庫、さらには社会扶助実施機関が共同設置していることに意味がある。これはケースマネジメントを保険者機能に位置づけていることに加えて、介護、医療、生活保護のサービスも含めた情報を提供し、利用者が必要とする多様なサービスにつながりやすくすることを意図している。さらに、市町村が参画することは、地域密着で相談していくことを意図している。ケースマネジメントが開始される２００９年以前は、介護に関する相談は市町村でそれぞれ行われており、これを継承したともいえる。

ドイツでは、制度として求めていた1人のケースマネジャー当たり１００人を対象にしている実態はなく、現状ではさほど多くのケースを担当していないようであった。ただ、機能としては介護相談拠点と称し、そこで地域づくりといった機能と個人への相談機能を発揮していこうとしている。そのため、介護相談拠点は、多くの利用者に対して介護相談やサービス事業者に連絡する送致業務を行っており、特別な事例についてのみケアプランを作成し支援を行っている。また、担当地域についても責任を有しており、地域での介護予防活動や認知症の啓発活動もごくわずかであるが行っている。

ここで課題になるのは、送致する事例とケアプランを作成する事例をどのように仕分けるのかがテーマになってくるが、ここは不透明なままでやっているというのが実情であった。連邦政府で検討がなされているとのことであるが、ケースマネジャーに何を基準に分けているかの意見を聞いたが、誰もが要介護度だけではないことを認識していることは明らかになった。
マインツ市とフランクフルト市の2つの介護支援拠点について報告したが、機能している内容が全く異なり、個々の介護金庫・疾患金庫などで異なり、さらに個々の介護支援拠点で異なることがわかった。日本のように、居宅介護支援事業所や地域包括支援センターがほとんど均一の機能を果たそうとしていることとは大きく異なっている。

【参考文献】
土田武史「ドイツの介護保険改革」『健保連海外医療保障』94、２０１２年6月
齋藤香里「ドイツの介護者支援」『海外社会保障研究』１８４、２０１３年（秋）、16~29頁
田中謙一「ドイツの２００８年介護改革　特別連載①」『週刊社会保障』２５０９、２００８年、52~55頁
Heinz Rothgang「Social Insurance for Long-term Care: An Evaluation of the German Model」『Social Policy & Administration』44 (4), 2010, 436-460
森周子「メルケル政権下の介護保険制度改革の動向」『海外社会保障研究』１８６、２０１４年（春）、32頁
田中耕太郎「ドイツにおける介護保険と介護サービスの現状と課題」『健保連海外医療保障』(89)、２０１１年
田中謙一「ドイツの２００８年介護改革　特別連載④」『週刊社会保障』２５１２、２００９年、70~73頁

4　韓国のケアマネジメント

①高齢者長期療養保険制度創設の背景と概要

韓国では、日本の介護保険制度と類似する「高齢者長期療養保険」制度を、２００８年7月より始めた。この保険が創設された背景と制度の概要をみてみる。

韓国の高齢化率は２０１４年で12・7％とさほど高くない。しかしながら、よくいわれる高齢化社会の7％から高齢社会の14％に達するのにかかる期間が18年と、日本の24年よりも相当速いスピードで高齢化していくと予想されている。さらに、韓国は合計特殊出生率が世界一低く、２００５年には１・08という世界最低の数値を記録したことがあり、２０１６年時点でも１・17であり、生産年齢人口や年少人口が少なくなり、今後家族の介護力が低下することが予測されている。また、韓国ではソウル首都圏に人口が集中し、全人口の２分の1がソウル首都圏に居住しているため、結果的には農村部に高齢者が集中するという問題をもっている。

このような人口動向に加えて、家族構成の変化、家族の介護意欲の低下、さらには老人医療費の高騰が高齢者長期療養保険制度を導入する契機になった。韓国では確かに、儒教思想を基礎にして家族がまずは介護の責任を担い、それが無理な場合に2次的に社会保障制度でカバーしていく「元家族保護・後社会保障」の考え方が基本にある。しかしながら、そうした思想をもとにした家族介護では、介護問題に対応できなくなっていくだろうことを見越して、本制度を創ったといえる。

実際には、２０００年に保健福祉部に「高齢者長期療養保護政策企画団」を創設し、介護に対する基盤整備について検討を開始した。そして、金大中大統領が光復節の2001年8月15日に介護に関する療養保険制度の創設を国民に発表した。そのため、大統領のリーダーシップのもとで紆余曲折を経て、2006年2月に「お世話」を意味する「スバル」という名称で、その意味も込めて「高齢者スバル保険」が国会に上程された。国会での審議のもと、最終的には長期ケア（long-term care）を意味する「高齢者長期療養保険制度」の名称で2007年4月に国会で成立し、2008年7月からスタートした。

高齢者長期療養保険制度の概要や現状は以下の通りである。

①保険者は、全国1カ所の「国民健康保険公団」である。被保険者は20歳以上の医療保険加入者で、保険料は医療保険の保険料額の6・55％（2015年基準）であり、被用者は労使折半、自営業者は全額自己負担である。

②サービス利用者の要件としては、20歳以上の要介護者が利用できるが、20歳以上65歳未満の者は、老化に伴う疾病により要介護になった者に限られる。2015年8月の認定者数は約45・4万人であり、高齢者人口の6・8％に相当する。

③介護保険の財源は公費が20％で、国が負担している。利用者の自己負担は施設サービスの場合は20％、在宅サービスの場合は15％であり、そのため保険料が施設の場合は60％、在宅の場合は65％をカバーしている。介護保険財源は2014年度予算で3兆9、849億ウォンである（注1）。

④在宅サービスとしては訪問療養（訪問介護）、訪問入浴、訪問看護、昼夜間保護（デイサービスおよびナイトケア）、短期保護、福祉用具の購入・貸与の6つがある。施設サービスとしては、老人療養施設（介護老人福祉施設）と老人療養共同生活家庭（グループホーム）の2つがある。現金給付には家族療養費、

特例療養費、療養病院療養費の3つがある。家族療養費は介護サービスが利用できない離島や過疎地の居住者、身体障がい、精神障がい、感染症などで他人との接触が難しいため、家族から介護を受ける場合に現金が給付される。特例療養費は、介護保険施設ではない施設で介護サービスを受けた場合の現金給付であり、療養病院療養費は老人専門病院などに入院した場合の付き添い手当てとしての現金給付である。ただし、特例療養費と療養病院療養費は現時点では実施されていない。

⑤すべてのサービスについて社会福祉法人、営利企業、非営利団体のいずれもが運営できることになっている。これらの事業所の指定を受けるには市郡区に申請して、要件を満たしていれば、市郡区長から指定を受けることになる。

⑥サービスの利用過程は、要介護認定の申請を市郡区にある国民健康保険公団の支所に、主治医意見書を添付して申請するが、市郡区職員が担当している場合もある。この申請を受けて、国民健康保険公団や時には市郡区の社会福祉士や保健師が家庭訪問し、認定調査を行う。

⑦要介護認定の仕組みは、94の認定項目について調査員が訪問調査し、社会環境などの項目を除いた52項目をコンピュータ処理により1次判定を行い、長期療養等級判定委員会が2次判定を行う。2次判定によって要介護認定がなされる。

⑧要介護度は5等級（軽度）から1等級（最重度）の5段階に分れている。在宅では軽度の5等級で76万6600ウォン、重度の1等級で118万5300ウォンが毎月の支給限度額となっている。老人療養施設では5等級で94万7990ウォン、1等級で115万6080ウォンが介護報酬である。老人療養共同生活家庭では5等級で4万3870ウォン、1等級で5万1290ウォンが1日の介護報酬である。なお、介護報酬は全国一律である。

⑨要介護度の更新期間は1等級で3年、ほかは2年である。

⑩ケアマネジャーの仕組みはなく、国民健康保険公団は要介護認定が決まった際に、認定結果と一緒に標準サービス計画表（モデル・ケアプラン）を利用者に送付する。その際に、公団では94項目の認定調査結果を参考にして、この計画表を作成する。実際は、要介護者やその家族は直接サービス事業者と交渉してサービスを利用する。

注釈

（注1）　1ウォンは約0.1円。

②「ケアマネジメントもどき」の現状

2014年1月から、訪問介護や通所介護の介護サービス事業所に対して加算をつけ、加算分で雇用された社会福祉士が訪問介護や通所介護の個別援助サービスを作成することが始まった。個別サービス計画作成の前提にモデル・ケアプランがあり、これをもとに訪問介護計画や通所介護計画の作成が行われることになった。具体的には、15人以上利用している訪問介護や通所介護の介護サービス事業所が社会福祉士を雇用し、訪問介護計画や通所介護計画といった個別サービス計画を作成・実施し、毎月モニタリングを実施している。その際の社会福祉士の経費分について加算がつくことになった。

利用者15～30人までで1名の社会福祉士を雇用でき、各介護サービス事業所は利用者数に応じて、最高4人まで雇用することができることになっている。

韓国の介護保険の高齢者長期療養保険制度は日本の介護保険制度を参考にした部分が多いが、ケアマネジメントの仕組みを組み込んでいない。高齢者長期療養保険制度の創設にあたり、ケアマネジメントを日本のように制度として組み込まなかった理由を、①選択する居宅サービスの種類が少ないこと、②財源的に難しいこと、③公正中立な仕組みづくりが難しいこと、などを挙げていた。

ただ、高齢者長期療養保険制度内で「ケアマネジメントもどき」が組み込まれ、実施されている。また高齢者長期療養保険制度以外の領域で、要介護高齢者を対象に含めたケアマネジメントが部分的に実施されてきている。

前者の高齢者長期療養保険制度内で実施されている「ケアマネジメントもどき」は、国民健康保険公団の職員がモデル・ケアプランを作成し、要介護者の家庭に、要介護認定結果と一緒にそれを郵送するものである。支援が難しそうなごく一部の事例では、モデル・ケアプランを伝えるために、家庭訪問することも例外的に試みられている。

要介護者とのコミュニケーションや要介護者が自己決定していく過程もない、郵送による初回のみの対応で終わるものである。

具体的には、要介護認定調査の際に、要介護認定項目の52項目に加えて、心理社会的な42項目を質問することになっている。それら94項目をもとに、国民健康保険公団に雇用されている職員である主に社会福祉士や看護師がどのような居宅サービスをどの程度利用すべきかのモデル・ケアプランを机上で作成し、要介護認定結果と一緒に郵送するものである。

送付されたモデル・ケアプランに基づきサービスを利用しているかどうかは明確でないが、そのままサービスを利用している人は多くないことが報告されている。

現状では、もちろん要介護度別での利用限度額は設定されているが、サービスの利用については要介護者や家族に一任されていることから、利用者は介護サービス事業所に依存することになる。その結果、場合によっては必要以上の過剰サービス利用に誘導される可能性もあるようである。

③訪問介護や通所介護での個別サービス計画の作成

ソウルの金浦空港近くの訪問介護事業者を2018年6月に訪問し、管理者の金淑姫さんから話を伺った。この法人は大規模の高級有料老人ホームを経営しており、そこの入居者を対象に訪問介護や通所介護を行っている。通所介護の利用については有料老人ホーム入居者以外も可能である。訪問介護事業所も通所介護事業所も加算をもらい、社会福祉士を採用し、訪問介護計画や通所介護計画を作成している。訪問介護事業所には120名の利用者がおり、4人の社会福祉士を加算で採用し、社会福祉士は1人30名の利用者を担当し、モデル・ケアプランに基づき訪問介護計画を作成・実施し、毎月モニタリングを行っている。

この結果、管理者の業務が随分削減されたという。訪問介護計画はモデル・ケアプランをもとに作成される。この結果、訪問介護計画が作成されることで、利用者のニーズに合わせた訪問介護サービスの内容や利用時間を計画することができ、過剰な利用を抑制することを狙っている。同時に、PDCAサイクルに基づいて訪問介護や通所介護を実施していくことを目的にしている。

日本では、**図7-2**のように、ケアマネジャーによるPDCAサイクルによるケアプランと、訪問介護や通所介護等でのPDCAサイクルによる個別サービス計画が連動して、個々の利用者のニーズに合った介護サービスを提供する仕組みが基本になっている。

ところが、韓国ではケアマネジャーだけでなく、介護サービス事業所で個別サービス計画を作成する者もいなかった。すなわち、今までケアマネジャーのケアプランも介護サービス事業者の個別サービス計画もなかったことになる。

今回、介護サービス事業所で個別サービス計画の作成が実施され、ＰＤＣＡサイクルで訪問介護や通所介護を提供することになってきた。今後は、土台となるモデル・ケアプランについて、単に利用する介護サービス名とそのサービス量を計画するだけでなく、利用者がどのようなニーズを有しており、その結果として種々の介護サービスの内容や回数や時間を示されれば、個別サービス計画と円滑に連動することができる。

同時に、個別サービス計画は、訪問介護や通所介護に留まらず、訪問看護や福祉用具貸与等についても求められる。その意味では、韓国のケアマネジメントは、どのように展開していくべきかが問われている。

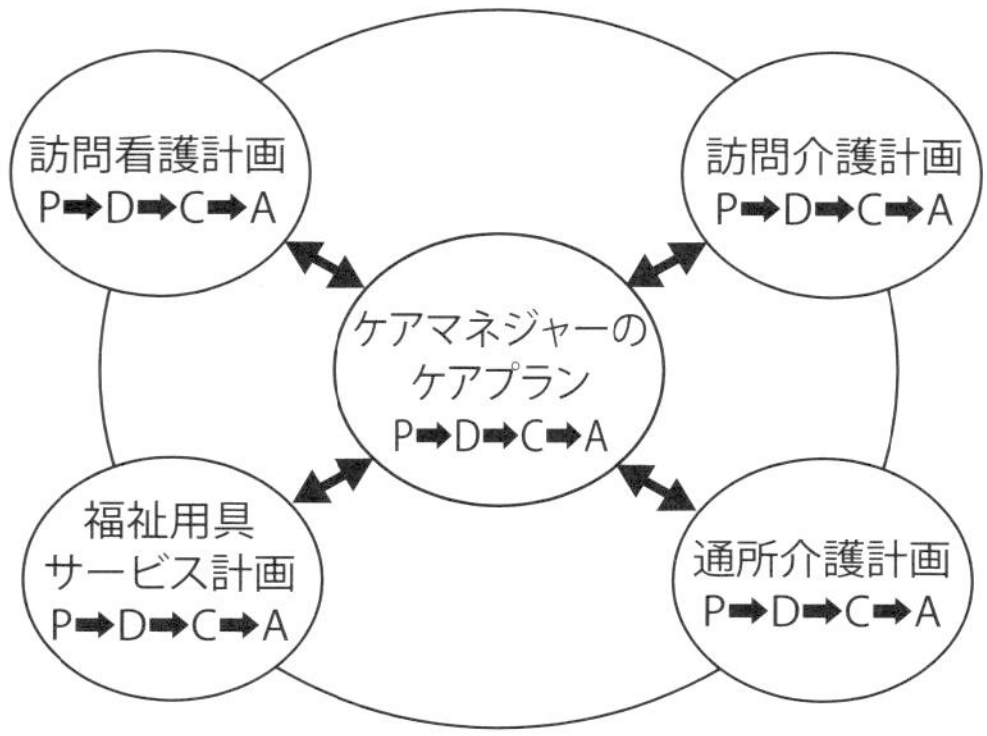

図 7-2　ケアマネジャーのケアプランと個別サービス計画でのPDCAサイクルの関係

④ケアマネジメント制度化の方向

韓国の高齢者長期療養保険は２００８年に創設され、今までは介護人材の確保・養成や制度の安定を図ることが主であり、あまり大きな改革がなされてこなかった。ただ、ここ2～3年年前から、制度改正に向けての動きが活発化し、２０１８年２月に高齢者長期療養保険制度に関する第２期の５カ年基本計画である「第２次長期療養基本計画」が保健福祉部から発表された。

５年後に向けて、「第２次長期療養基本計画」のもと、10年間経過した高齢者長期療養保険制度の大改革に取り組みこととなった。

本計画は4つの柱からなっている。①高齢者長期療養保険の機能拡大により介護への社会的責任を強化する。②コミュニティケアの強化により利用者の生活の質を保障する。③インフラの整備により安心した高齢者長期療養保険制度を確立する。④高齢者長期療養保険制度の持続可能性を担保する。

②の「コミュニティケアの強化により利用者の生活の質を保障する」の中の一つとして、利用者のニーズ・アセスメントに基づき、適正なサービスを利用者に提供し、継続してモニタリングしていくケアマネジメントを導入することが記述されている。

ここに、5年間に高齢者長期療養保険制度大改革の一環として、ケアマネジメントを導入することが位置づけられた。そこで、韓国の高齢者長期療養保険の保険者である国民健康保険公団研究所研究員の柳愛貞（ユエジョン）さんに、現在進められているケアマネジメント導入の方向について伺った。

具体的には、**図7-3**に示したように、現在実施している国民健康保険公団の認定調査員による要介護認定調査の仕組みに変化はないが、要介護と認定された利用者やその家族に対して、国民健康保険公団のケアコーディネーターが包括的アセスメントによりケアプランを作成する。そのケアプランに基づき介護サービス事業所の事例管理者が個別サービス計画を作成するとしている。

これら両者のプランでもって、利用者にワンストップでサービスを提供することにある。同時に、ケアマネジメントと個別サービス計画がそれぞれPDCAサイクルによって連動させていき、要介護者ができる限り在宅生活を継続できるよう支援していくことを目指す。

なお、ケアマネジメントを行い、家族への相談支援も実施し、介護に関する教育を強化することで、家族の介護負担の軽減を図っていくことも強調されている。

ケアコーディネーターはケアマネジャーのことであり、このケアコーディネーターと事例管理者は月に1回

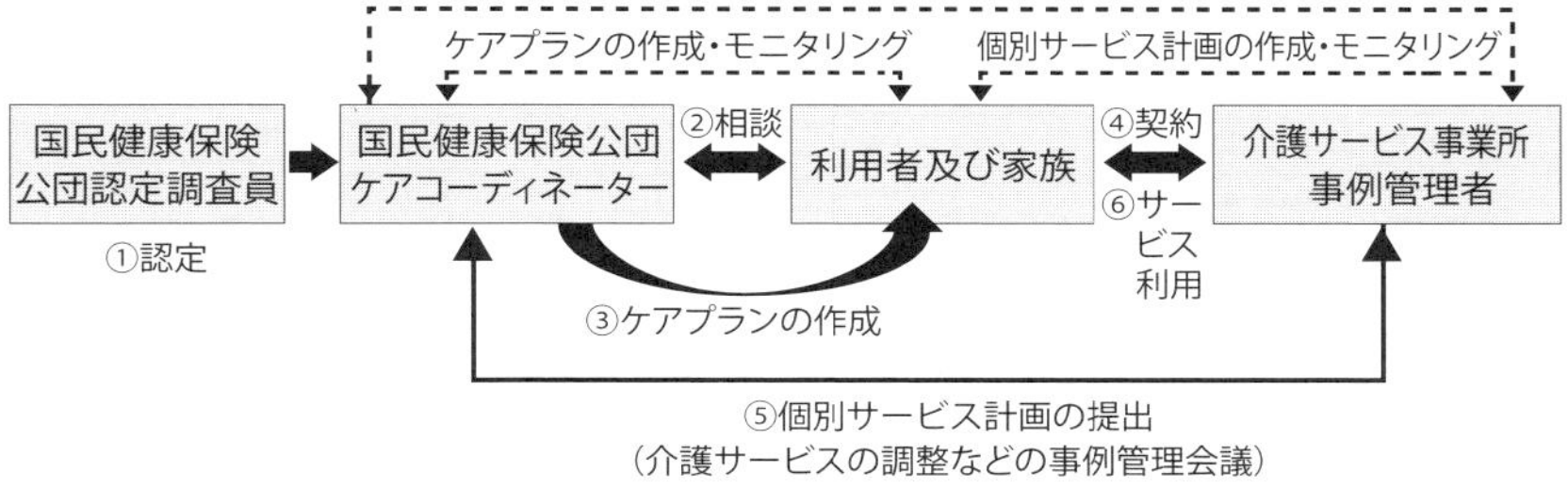

図 7-3　高齢者長期療養保険でのケアマネジメントの体系（案）

以上「事例管理会議」を開催し、介護サービスの調整を実施していくことになっている。ケアコーディネーターには個別サービス計画作成への支援と合わせて財源をコントロールする役割が求められている。この事例管理会議には、現在一部の要介護高齢者にケアマネジメントを行っている洞市民センターや社会福祉館・高齢者福祉館の職員も参加し、個々のケースに対して、利用可能なインフォーマルケアについてのアドバイスを行っていくとしている。

第2次長期療養基本計画では、今まで国民健康保険公団が実施してきたモデル・ケアプランを作成し送付してきたことについて、ニーズ把握が弱いといった不備が多く、実際に利用者がモデル・ケアプランを活用することが少なかったことを認めている。

他方で、現在始まったモデル事業では、国民健康保険公団の職員がケアマネジメントを担うこととしている。そのため、ケアマネジメントを実施するための体系的な法整備を進めていくとしている。国民健康保険公団のケアコーディネーターには高齢者の健康・機能状態の理解、地域の保健福祉資源の把握や連携など、介護サービスを提供する中核的存在となるべく専門職として養成していくとしている。

また介護サービス事業所の事例管理者については、社会福祉士や看護師などの資格と、長期療養に関わる機関での実務経歴が3年以上あり、かつ個別サービス計画についての研修を履修した者といったことを要件にしていくことも検討するとしている。

図7-3に示したモデル事業が２０１７年度に６カ所実施され、２０１８年度は６００カ所で実施し、５年間でケアマネジメントの本格的導入にこぎ着けることになっている。

これに対する評価として、以前から国民健康保険公団職員が実施してきたモデル・ケアプラン作成を発展させていく、最も無難な枠組みであるといえる。モデル・ケアプランを作成している国民健康保険公団の職員は社会福祉士や看護師であり、彼らが継承して、本来のケアマネジャーになっていくことが検討されることになろう。

同時に、連動して作成される個々の介護サービス事業所の個別サービス計画の作成は現在加算を取得して訪問介護と通所介護で実施している部分であり、既に実績ができつつある。

個別サービス計画作成についても専門職を配置して、実施していくことになっており、日本よりも専門性が高く、かつ研修を受けた人材が個別サービス計画を担っていくという韓国側の意気込みが感じられる。

日本では、訪問介護では個別サービス計画を作成するサービス提供責任者が配置されているが、訪問看護や通所介護、通所リハビリテーションでは、専任の計画作成者は配置されていない。韓国ではこれらの個別サービス計画の作成者を事例管理者と呼び、計画作成の研修を受けた社会福祉士や看護師が担うという構想である。

⑤高齢者長期療養保険制度外でのケアマネジメントの実態

高齢者長期療養保険制度外ではあるが、既に一部の要介護者に対してケアマネジメントを実施してきた洞市民センターや社会福祉館・高齢者福祉館といった機関は、「事例管理会議」に参加し、利用者に対して間接的に支援する機関に位置づけられてしまうことになる。

これらの機関では社会福祉士や看護師を雇用しており、今まで実施してきたケアマネジメントの実績が活かされ、もう少し重要な役割を担ってほしいという思いが強い。

(1)洞市民センター

第1は、高齢者長期療養保険制度とは少しかけ離れた位置にある洞市民センターで、生活上の危機をもっている人に対してケアマネジメントを実施している。洞とは市区町村の下にある行政区分で、人口2万~3万人程度で構成されている。韓国では洞は約3300カ所あり、当然洞市民センターも3300カ所ある。洞市民センターはソウル市が先駆的に展開し、文大統領のコミュニティケア政策のもとで、全国に広げてきた行政の組織である。ここに全住民の様々なデータが集中管理されていることが、大きな特徴である。洞市民センターでは、住民登録や交付証明といった機能だけでなく、福祉面では、生活保護申請の受理や受給支援、さらには基礎年金のみの低所得者への支援や、一人親家庭や障がい者への支援を行っている。

こうした事例の中で、虐待事例、安全が担保できない事例、重度精神障がい者の事例等に対してケアマネジメントを実施している。ケアマネジャーは公務員が担っており、福祉職で採用された社会福祉士がケアマネジャーである場合が多い。

2017年からモデル事業が始まり、現在は韓国の全土で実施されているが、ケアマネジメントの水準はセンターにより多様である。洞市民センターで対応が難しい事例については市区町村で対応することになっている。

ソウル市の中浪区にあるプンチャドン市民センターを訪問し、洞長のキムボンキュさんと福祉課長のイヘジさんから、実際のケアマネジメント業務について尋ねた。

ここの住民は2万５０００人であり、地域内に大学もあるため、一人暮らしが50%という行政区域である。センターが提供する福祉サービスの利用者は４０００人である。それを8人の福祉職員が地区割りをして、担当している。職員のうち6人は社会福祉士の資格をもっており、ケアマネジメントも一つの業務になっている。

２０１7年からの2年間で58ケースがケアマネジメントの対象となり、1回のプランで終わったのは38ケース、モニタリングまでも実施したのは16ケースであった。モニタリングを行った事例は、公共料金の未払いで水道が止められた人、虐待の可能性がある家庭、ごみ屋敷、家賃滞納等の事例である。担当者は1人当たり3〜4ケース担当している。そして、1週間に一度、８人の職員と上司とで、事例検討会を行っている。今までに、支援困難で対応が難しく、上位の中浪区に依頼した事例は2事例であった。

実際のケアマネジメント業務をみると、アセスメント用紙とケアプラン用紙があり、①安全、②健康、③日常生活の維持、④家族関係、⑤社会関係、⑥経済状況、⑦教育状況、⑧雇用状況、⑨社会環境、⑩権利擁護、⑪その他ニーズに合わせて、ケアプランを作成・実施している。

このように、ケアマネジメントは業務の一部であり、それ以外の人々の福祉サービスの申請の受理や支援などの業務を中心に行っている。

こうしたケアマネジメントの対象事例には高齢者長期療養保険の要介護者も多く含まれている。その意味では、高齢者長期療養保険制度の枠外で、ごく一部ではあるが、洞市民センターで要介護高齢者に対するケアマネジメントが行われていることになる。

ただ、プンチャドン市民センターの場合、福祉サービスの提供が中心で、生活に危機が生じている住民の場合のみにケアマネジメントを実施しているためか、意外と利用者数が少ないことには驚いた。

(2)社会福祉館・高齢者福祉館

第2の高齢者長期療養保険外でケアマネジメントを行っているのは、社会福祉館や高齢者福祉館と呼ばれるコミュニティセンターである。要介護高齢者のなかでも主に低所得者に対してケアマネジメントが行われている。社会福祉館や高齢者福祉館は、社会福祉サービスのニーズを有している住民を対象にして、インフォーマルな支援、福祉サービスの提供、自立能力を高めるための教育や訓練などのサービスを提供している民間組織である。

また、家族機能を強化するための相談や、住民の支援をもとに地域の課題を予防・解決する地域づくりも行っている。

そのため、コミュニティセンター業務の一つの柱として、ケアマネジメントが位置づけられている。ただし、社会福祉館は必ずしも高齢者だけでなく、他の世代で生活課題をもっている人に対してもケアマネジメントを行っている。その際に社会福祉士、精神保健福祉士、看護師がケアマネジャーの役割を担っている。

歴史的に、社会福祉館や高齢者福祉館は貧困者を対象にした市民センターということで発展してきたこともあり、低所得者を対象にしているイメージが強い。実際のケアマネジメントも生活保護受給者や低所得者を対象にしたものが多い。

また、原則ケアマネジメントの機能とは独立させることにはなっているが、訪問介護や通所介護を実施している社会福祉館や高齢者福祉館が圧倒的に大多数である。そのため、ここでケアマネジメントが実施されれば、自らの福祉館の介護サービス利用に誘導する可能性もある。

社会福祉館での活動としては、介護サービス以外に給食サービス、健康な高齢者向けの余暇プログラム、障がい者を対象にした作業所や就職の斡旋等を行っている。児童に対しては、学童保育や社会教育プログラムを行っている。住民を巻き込んだ地域づくりの活動を行っている社会福祉館もある。個人や家族の生活課題について相談業務を実施することになっていることから、ケアマネジメントに発展してきた。社会福祉館や高齢者福祉館の運営の多くは社会福祉法人であるが、一部は非営利活動法人や時には行政が運営している場合もある。運営の財源は、地方交付税や地方財政法に基づき得ている。追加的に市町村からの補助金もある。

全国で社会福祉館は約400カ所、高齢者福祉館は約140カ所である。また、障がい者福祉館もあり、ここでは障がい者を対象に類似の事業を展開しており、全国で約150カ所ある。

これらの福祉館で実施しているケアマネジメントは、洞市民センターと同じように、専門職が担っていることもあり、利用者のニーズに基づきサービスに結びつけていく質の高いケアプランが作成・実施されている。

洞市民センターと社会福祉館・高齢者福祉館でのケアマネジメント対象者が重複する可能性がある。そうした場合には、洞市民センターで地域のほかの団体も集まって実施している「総合事例管理会議」で調整することになっている。

このように、2つの機関では、高齢者長期療養保険制度の枠外で、包括的なアセスメントをし、ケアプランを作成・実施することで、利用者の質の高い在宅生活を支援している。

私は日本で介護保険制度が始まる際に、本来であれば、ケアマネジメントは介護保険サービスだけでなく、他の福祉や医療サービス、さらにはインフォーマルサポートを結びつけるため、介護保険制度の枠外でケアマネジメントを実施することがベストであることを主張した。さもなければ、ケアマネジャーが介護保険制度のサービスと結びつけることで、良しとすることになることを危惧したからである。ただ、介護保険制度が創設されることで莫大な財源が新たにできる時こそ、ケアマネジメントの仕組みを作れるチャンスでもあるため、介護保険制度の枠内で制度化し、ケアマネジャーには本来の自らの業務内容を理解してもらうために、徹底した研修でその分をカバーすることが重要であるとしてきた。

現状をみると、ケアマネジャーはいまだに介護保険制度のサービスに結びつけることで終始している人もいることは残念な限りである。

その意味では、洞市民センターと社会福祉館・高齢者福祉館は、要介護者のケアマネジメント機関に位置づけていくことは十分に考えられると思っていた。

ただ、低所得の要介護高齢者に限らず、ユニバーサルなサービスとしてケアマネジメントを実施していくためには、社会福祉館や高齢者福祉館には難がある。また、400～500という館数では、韓国の全地域をカバーすることが到底難しい。同時に、ほとんどの福祉館で介護サービス事業を実施している以上、公正中立性をいかに確保していくかも気になる。

一方、洞市民センターでは、地域密着であるため、近隣やボランティアといったインフォーマルケアと結びつけやすいというメリットがある。洞は人口2万～3万を単位にしているため、日本の地域包括支援センターのような地域づくりをしていく拠点にもなりうる魅力がある。さらに、すべての住民のデータをこのセンターが集中管理していることは、すべての住民を対象にしたケアマネジメントの展開を進めていく可能性も秘めている。ただ、現状ではケアマネジメント利用者はごく少数であり、高齢者長期療養保険制度の要介護者を受け入れるためには、人員を含めた抜本的な改革が求められる。

以上、社会福祉館・高齢者福祉館や洞市民センターでのケアマネジメントの現状と課題を示してきたが、今後の方向は、2018年2月発表の「第2次長期療養基本計画」に基づきモデル事業が進められることになった。両者とは異なり、国民健康保険公団がケアマネジメントを担っていくことで進められている。これを洞市民センターや社会福祉館・高齢者福祉館が今までのケアマネジメントのノウハウを活かして、どう支えていくかが課題である。

【参考文献】
増田雅暢「韓国介護保険制度の創設と展開—介護保障の国際的視点」増田雅暢編『世界の介護保障』法律文化社、2008年
宣賢奎「韓国の長期療養保険制度の最新動向と課題」『共栄大学研究論集』(14)、2016年、1~37頁
金明中『韓国における長期療養保険制度の現状や今後の課題—日本へのインプリケーションは?』ニッセイ基礎研究所、2016年、https://www.nli-research.co.jp/report/detail/id=53139?site=nli

5 台湾のケアマネジメント

①「長期介護10カ年計画」の推進

台湾は2018年3月末に高齢化率が14・05%になり、アジアの中で日本に次いで高齢化率が高い。2022年から人口減少社会に入るとされ、合計特殊出生率が日本以上に低く、日本よりも高齢化のスピードは上回っている。

2050年のアジアでの高齢化率をみると、台湾が36・9％でトップに、日本が35・6％で第2位、韓国が32・8％で第3位になると予測されている（国連の人口推計〔2010年〕台湾は台湾内政部まとめ）。そのため、台湾では少子高齢社会への対応は深刻であり、政争の具にもなってきた。

2016年1月の台湾の総統選で、民主進歩党の蔡英文主席が与党であった中国国民党の朱立倫主席を大差で破り、中国国民党の馬英九政権から民主進歩党の蔡政権に移行した。このことは、台湾の介護政策についても大転換がなされることになった。

2008年の総統選挙で中国国民党の馬英九氏が中華民国第12代総統に選出された際に、馬英九総統は選挙公約において、4年以内に高齢者長期介護保険制度を創設し、民間企業が介護産業に参入することを誘導する政策を打ち出した。それが延び延びになり、2015年5月にやっと「長期照顧服務法」が国会通過にまでたどり着き、2017年から実施する運びになっていた。

一方、2016年の選挙での蔡英文氏の選挙公約には、スウェーデンやデンマークのような税財源で、介護を充実していくことを謳っていた。選挙の結果、介護保険制度の2017年実施は完全に消失してしまった。ただし、台湾では既にケアマネジメントの仕組みはできており、政権交代がこれの存続を揺るがすようなことはないと言われている。

2003年に全国の25の県や6直轄市（台北のような大都市）で「介護管理ステーション」が設置され、2005年に「長期介護管理センター」に改称された。そして、2006年に始まった「長期介護10カ年計画」で、ケアマネジメントを強化し、「長期介護管理センター」をケアマネジメントの執行機関と位置づけ、要介護高齢者やその家族への介護サービス提供の相談窓口となった。

蔡政権樹立直後の2016年8月に「長期介護10カ年計画2・0」が発表され、介護サービスの対象者を、従来の55歳以上（先住民族については50歳以上）の要介護者から、障害のある者は0歳から利用できるようにし、認知症の人も50歳から利用できるようになった。サービスの種類も「地域密着型介護予防」「小規模多機能サービス」「原住民族地域密着型ケア」「退院準備支援」などが加えられ、介護サービスのメニューを広げた。

この計画で最も大きな柱は、「地域包括ケアモデル」の構築を目指していることにある。これは、日本の「地域包括ケアシステム」というよりは、複合的な地域密着型の介護サービス拠点を確立し、それが複合サービス提供事業所や介護予防事業所と連携して展開していくことにある。

地域内の介護サービス拠点を、①5つ以上の介護サービスを提供し、地域でモニター的な役割を果たす事業体であるA型、②多機能かつリハビリテーション等の専門的な介護サービスを提供する事業体であるB型、③介護予防や配食などを提供する拠点となるC型に類型化し、地域内でA型を中心にして、それとB型やC型の拠点と連携して介護サービスを提供していくとしている。2020年末の整備目標として、A型が469カ所（市町村相当の地域ごとに少なくとも1カ所）、B型が829カ所（中学校区ごとに1カ所）、C型が2529カ所（3集落ごとに1カ所）が掲げられている。

「地域包括ケアモデル」の目的は、介護サービスの量と種類の増加、介護事業所間の連携、介護予防の推進を図ることなどである。

②要介護認定とケアマネジメントの分離

「長期介護10カ年計画2・0」に基づき、ケアマネジメントも2018年1月から劇的に変化しつつある。今までは県市政府の「長期介護管理センター」に属するケアマネジャーが要介護認定の調査・認定を行い、即その場でケアプランを作成していたが、要介護認定の調査・認定とケアマネジメントが分離された。県市政府は自ら認定作業を行い、新たに委託したケアプランセンターでケアマネジメントが実施されることになった。

認定作業については、従来はケアマネジャーが10項目のADLと8項目のIADLをチェックし、3段階に区分していた。

軽度はADLで1~2項目の障害か、IADLで3項目以上の障害のある独居高齢者であった。中度はADLが3~4項目の障害、重度は5項目以上の障害となっていた。

今回の認定は、認定調査用紙が27頁にも及ぶ膨大な認定項目になっている。認定調査員が家庭や病院を訪問し、利用者の聴力やコミュニケーション等の能力、短期記憶力、認知症の行動・心理症状(BPSD)、多様なADLやIADL、身体症状、家族などの居住環境や社会参加状況等を尋ねる。

この認定項目は、日本の74項目よりも詳しく、同時に介護者の状況(介護年数、他の被介護者の有無、介護者の健康状態、介護者のQOL、介護者の仕事の有無)も尋ねる広範囲な項目になっている。この認定調査結果をもとに、コンピュータが第1級~第8級の8段階に分類することになる。

認定調査員は、最初の認定から6カ月後ごとに再認定調査を行う。それ以外には、家族やケアマネジャー等からの連絡で、必要に応じて再認定調査を実施することになっている。

一方、ケアプランセンターではケアマネジャーを新規に採用し、それまで県市政府で担当していたケースを引き継ぎ、新たな事例にはケアプランを作成していくことになった。

ケアマネジャーの資格は、従来通りで、社会福祉士、看護師、作業療法士、理学療法士、医師、栄養士、薬剤師等の資格を有し、介護関連で2年以上の経験が必要である。実際には社会福祉士と一部の看護師が担っており、社会福祉士の場合は、試験の合格率が20%台と低いため、介護での2年以上の経験年数があれば資格未取得のソーシャルワーカーでもよいことになっている。

要介護認定を含めたケアマネジメントの過程も変化した。ケアマネジャーが行うアセスメントには認定調査用紙が活用されるため、調査員と同じことを再度尋ねることになる。ケアプランについては、短期、中期、長期の支援目標を設定し、利用者のニーズをもとに、介護サービス等とつなげるケアプランを作成することになっている。

モニタリングは、従来は介護サービス事業者が行い、問題があればケアマネジャーに連絡していたが、今回は、6カ月ごとの認定調査に合わせて、ケアマネジャーは自宅を訪問し、再アセスメントを行い、モニタリングを実施するが、それに対して月1500元が支給されることになる。

それと毎月電話や家庭訪問等でのモニタリングを行い、その場合には300元が支給されることになっている。

これで、ケアマネジャーがモニタリングをする仕組みができた。

ケアプランの内容についても、大きく変化した。今までは、ヘルパーないしはデイサービスについては月単位で、軽度者は25時間まで、中度者は50時間まで、重度者は90時間まで利用できると、時間数で限度を決めていた。配食サービスは1日1食利用でき、単価は60元であり、一般世帯には補助がなく、全額自己負担であった（注1）。

ところが、今回は、要介護度別に利用できる限度額が決まっている（福祉用具・住宅改修等を除いて）。第1級は予防サービスのみを利用でき、第2級は最も低い月に1万20元、最も高い第8級では3万6180元となっている。さらに、日本同様に、地域区分があり、都心部では介護報酬単価が高くなる。

自己負担の仕組みも変わった。従来は、低所得者世帯（最低生活費の1・5倍以内の世帯）は無料で、中低所得者世帯（同1・5～2・5倍の世帯）は10％、一般世帯は30％であったが、無料、5％、16％の順に変更になり、自己負担割合が減少した。前回同様で、決められた上限を超えれば、全額自己負担である。ケアマネジメントについては、従来通り誰もが無料である。

なお、台湾には現金給付である家族介護手当がある。低所得世帯で、ADLが重度な要介護者で、同居家族が介護しており、就業していないことが条件となっている。月額5000元であり、約9000世帯が受給している。ただし、介護を適切に行っているかのチェックを、3カ月に1回ケアマネジャーが行っている。この仕組みについては従来通りであり、変わっていない。

台湾では、インドネシア、ベトナム、フィリピンから来て、住み込みで介護や家事を行っている外国籍介護者が約22万6000人いる。外国籍介護者を利用している場合でも、要介護認定を受ければ、ヘルパーやデイサービスは利用できないが、住宅改修や福祉用具、重度であればショートステイが利用できることになっている。

注釈

（注1）1元は約3・6円。

③県市政府の介護サービスへの対応—新北市の場合

台湾での6直轄市と県の衛生局に長期介護管理センターが置かれ、そこが要介護認定を自ら行い、今回外部化したケアプランセンターや、各種の介護サービス事業所を所管している。

新北市は直轄市で、台北市を取り囲むドーナツ状の都市で29区あり、人口400万人の台湾最大の都市である。新北市衛生局の専門委員の陳玉澤さんに、要介護認定調査とケアマネジメントの切り離しの現状と課題を中心にインタビューした。

ケアマネジメントを外部化したことについて尋ねた。2018年1月から始まったが、それまで認定調査とケアマネジメントを合わせて行っていた「ケアマネジャー」と呼ばれていた者が認定調査員に横滑りしている。認定調査員は現在新北市では85人いるが、職員定数は129名であり、不足している。板橋区に限ると、8人働いているが、20名が定数である。

認定調査とケアマネジメントを分離したが、認定調査とケアマネジャーのアセスメントをできる限り一体的に実施することを奨励している。これは、今までは認定調査後、時間をかけず、すぐにケアプランを作成し、介護サービスを提供していた。今回は二重の作業になるので、利用者が介護サービスをできる限り早く利用できるように努めている。また、「ケアマネジメント」経験のある認定調査員が新人のケアマネジャーにアドバイスすることを薦めている。

新北市が業務委託しているケアプランセンターは45カ所であるが、病院8カ所、衛生所14カ所、財団法人や社団法人の非営利団体が14カ所、営利の団体が9カ所である。これに比べて、隣の台北市はすべて非営利団体に委託している。

このケアプランセンターには、現在250名程度のケアマネジャーが在籍している。しかしながら、ケアマネジャーの数が足らず、現在100名が研修を受けており、待機状態にあるという。新北市では、認定調査員は1人200ケースを、ケアマネジャーは100ケースを限度に担当している。

ケアマネジャーになる条件は国家資格保持者であるが、社会福祉士の場合は2年以上の介護領域で経験がある未資格取得者も認められている。一方、台北市ではケアワーカーの経験者も一部認められている。

今まではケアマネジャーが認定調査・結果を行い、一度にケアプランを作成できたが、2018年1月からは、認定業務とケアプラン作成が分れたため、新北市では認定作業は1週間以内とし、ケアプランは2日以内に作成することを指示している。

認定調査員に対しては、認定調査用紙の使用方法や面接方法について7時間の研修に加えて、ケーススタディの研修を実施している。ケアマネジャーには介護サービス等の制度に関する研修と、演習として4事例のケーススタディを課している。

新北市では、別個に、認定調査員とケアマネジャーの合同研修で認定調査票の活用方法や医療との連携についての研修を7時間行っている。現実に認定調査員は今までのケアマネジャーの経験者であるのに対して、新たなケアマネジャーは新人であることから、認定調査員にスーパーバイザー的な役割を担わしていこうとしている。

今回の大改革で、ケアマネジャーが実施する3段階の認定から、コンピュータによる8段階の認定となったため、利用者からのクレームが多いという。約1割の利用者から苦情があったという。そうした場合には、別の調査員が再調査し再認定をしているという。

今回の改正で、介護サービス事業者がケアマネジメントをすることで、公正中立が損なわれるおそれはないのか、あるいは支給限度額一杯まで介護サービスを利用することのチェックをどうしていくのかを尋ねた。1カ所の介護サービス事業者のみで作成されたケアプランに対しては行政が確認するということであった。支給限度額一杯については自己負担がかかるので、そうしたケアプランにはならないと思うが、介護サービスが不足しているので、しっかりとケアマネジャーを指導していくという。

虐待やごみ屋敷等の支援困難事例については、ケアマネジャーはケアプランセンター内で検討するが、それでもだめな場合には、衛生局ではなく、社会局に相談することになっている。このように縦割りであり、外国籍介護者の所管は労働局である。

最後に今後の課題として、例えば、板橋区では高齢者は11万人であり、そのうちで1万８０００人が介護を必要としている。そのうちの約5割は家族介護ないしは施設入所で、３割は外国籍介護者が住み込みで介護しており、在宅の介護サービスを利用しているのは2割にすぎない。そのため、在宅サービスの利用者を増やしていくことが課題である。そのためには、サービス量を増やしていくことも重要である、と述べられた。

④新北市でのケアマネジメントの現状

新北市の2名のケアマネジャーとインタビューをした。当然であるが、２０１８年3月からケアマネジャーを始めた新人である。

黄琳恵さんは社会福祉士でソーシャルワークの大学院を修了し、デイサービスやグループホームで仕事をしてきた。３月当初は１４３名の担当となったが、サービスを利用しない人や施設に入所した人がおり、12月には90名に納まっている。許雅慧さんはソーシャルワークの大学を出ているが、社会福祉士の資格はもっていない。20年以上ホームヘルパーのスーパーバイザーをしてきたが、現在はそれもしながら、兼務でケアマネジャーをやっている。55名のヘルパー利用者に関してヘルパーへのスーパービジョンと、36名の利用者にケアマネジメントを行っている。

二人とも、現在、残業や休日・祭日の出勤はほとんどないとのことである。

二人とも同じ財団法人立心慈善基金会で働いているが、仕事場所は別で、黄さんの職場は専任2人でケアプランセンターとなっているが、許さんの職場は10人が兼務でケアマネジメントを行っている。両者とも三重区と蘆洲区から委託を受けており、長期介護管理センターの調査員から新規ケースについての連絡が入ることになっている。

認定調査員との関係については、以下のような意見があった。認定調査員から新規のケアプラン作成の依頼はあるが、介護サービス利用の意向が全くないような人も多く、そうした事例については認定調査段階で処理してほしい。また、認定調査員は以前はケアマネジャーを担当しており、以前担当していた利用者について認定調査結果以外のアセスメントデータをもっているが、そうした情報を提供してくれない。

また、2日以内でケアプランを作成しなければならないことについては、利用者と家族の考えが違う場合にはケアプラン作成に時間がかかることや、家庭訪問しても不在の場合もあり、焦ることがあるという。

当然、ケアプランでもって医療やボランティアと連携するようにしているが、要介護者や家族に利用するようアドバイスする程度で留まっている場合も多い。ただ、ボランティアについては働いている法人で養成しているため、依頼しやすい。

認知症の人の場合には認定調査結果とアセスメントで不一致がみられ、コミュニケーションを取ることが難しい。こうした支援困難事例については、職場内では月に1回、法人全体では3カ月に1回のケースカンファレンスを行っている。また、職場内に、スーパーバイザーが配置されており、ケアプランについて支援してくれることになっている。

外国籍介護者を雇っている事例は、黄さんが5ケース、許さんが1ケースで、福祉用具を使うために対応している場合が多い。

⑤台北市のケアマネジメントの現状

新北市の隣の台北市のケアマネジャーの2人からも、「長期介護10カ年計画2・0」が具体化する中で、ケアマネジメントの現状について話を伺った。

一人は財団法人台北市立心慈善基金会副総幹事で、ほかのケアマネジャー3人のスーパーバイザーをしながら、自ら70ケースを担当している蘇興中さんである。もう一人は200ケースを抱えている財団法人台湾省私立健順養護中心受託経営管理のケアマネジャー陳學玲さんである。

2018年1月にケアマネジメントが台北市から移されることになり、両法人も受託した。実際にケアプランの作成を始めたのは3月以降である。

蘇さんは社会福祉士であるが、それまではデイサービスの管理者をしていたという。そのため、「利用者の全体を捉えることに、戸惑いがあった」と言う。蘇さんのケアプランセンターのケアマネジャーは社会福祉士2名と社会福祉士資格はないが6年以上の介護に関わる経験があるソーシャルワークの大学を卒業している2名の、総計4名で構成されている。

一方、陳さんは社会福祉士資格はないが、ソーシャルワークの大学を卒業しており、これまでは介護予防事業に従事していたという。陳さんのケアプランセンターは、6名のソーシャルワーカーと1名の看護師の、7名で構成されている。

両センターとも、ケアマネジャー、ケアマネジャーを兼ねるスーパーバイザー、管理者で構成されている。台北市では29のケアプランセンターがあり、すべて財団法人や社団法人といった非営利団体が担っている。それぞれのセンターは1つないしは2つの区を対象にしており、区の長期介護管理センターからの連絡を受けて、新規にケアプランを作成している。

行政の要介護認定作業は1週間以内で行われ、その後3日以内にケアプランを作成することになっている。そのため、新規のケースについては、ケアマネジャーは行政に配置されている認定調査員と一緒にアセスメントをする場合も多いという。ケアマネジャーは基本的に認定調査項目以外のアセスメント用紙をもっておらず、蘇さんや陳さんは共にアセスメントが不十分であるとの認識が強い。現実には、認定調査項目をもとにニーズを捉えて、ケアプランを作成しており、ケアプラン用紙は日本の様式に近いものが準備されている。

住み込みで介護をしている外国籍介護者が多数いるが、こうした家庭も要介護認定を受け、ケアプランを作成することになるが、2人とも外国籍介護者の担当事例は1割強である。外国籍介護者を雇用している利用者のほとんどは、住宅改修や福祉用具のサービスを利用できることを知らないという。

新規のケアプラン作成日や6カ月後のケアプランの変更月には1500元が、また毎月電話も含めたモニタリングに対して月300元が支給される。現実には、台北市の場合は、ケアマネジャーは担当するケース数が多く、残業が多く、一部のケースで毎月1回のモニタリングができていない状況にあるという。

ケアマネジャーとしての研修は、月に1回、台北市の29のケアプランセンターのケアマネジャーと全区の認定調査員との合同研修会が行われている。支援困難事例については、職場でケースカンファレンスを行っているという。

介護サービス事業所がケアマネジメントを実施することで、公正中立が崩れるおそれはないかという質問に対して陳さんは、担当している中山区ではデイサービスは2カ所しかなく、利用者の近くのデイサービスを紹介しており、現実は依頼する介護サービス事業者が少なくて困っているのが実情であるという。

各介護サービス事業所は、年に1回外部評価を受けて、結果が公表されているが、利用者やケアマネジャーはこうした資料はあまり活用していないようである。ケアプランセンターも含めてすべての介護サービス事業所について公表される評価結果は、「優、甲、乙、丙、丁」の5段階で総合的に評価しているのみであるため、利用者やケアマネジャーには理解しにくいということもあるという。

⑥台湾の介護サービスやケアマネジメントの今後

台湾のケアマネジメントからわかることは、介護保険制度とケアマネジメントの仕組みは別個のものであり、税財政で介護サービスを提供している場合でも、ケアマネジメントは実施可能であることを示している。これは、イギリス、カナダ、オーストラリアも同様である。

台湾は日本から多くの部分を取り入れて、介護サービスを進めてきていることに特徴がある。介護制度では、ゴールドプランと呼ばれた2000年から始まった高齢者保健福祉10カ年戦略と同じ「長期介護10カ年計画」を2006年から進めてきており、現在は「長期介護10カ年計画2・0」を推進している。この計画で基盤をつくり、介護保険制度につなげていく流れもそっくりである。ただ、介護保険制度の創設は中断することになったが。

ケアマネジメントについては、ケアマネジャーが認定作業から離れ、日本同様にケアプラン作成に専念することになった。その結果、利用者がサービス利用まで時間がかかることが課題となっている。特に、病院を退院して介護サービスが必要になる場合には、退院後即サービスが必要であるが、退院前に認定を受けておかなければ、介護サービスを利用できないことになる。日本のように、認定申請をした日から介護サービスを利用できるような仕組みはない。

台湾では1人当たりのケアプラン担当数は200ケース程度であり、特に担当数を制限しているという新北市でも100ケースであり、十分時間をかけてケアプランを作成し、モニタリングする時間がとれないという課題をもっている。また、ケアマネジャーが不足している背景には、給与などの待遇が良くないことが挙げられ、他の領域で専門職として働くことを希望し、ケアマネジャーが集まらないという課題をもっている。

蔡政権で介護保険制度の創設には至っていないが、「長期介護10カ年計画2・0」での変化は、日本からの仕組みも相当取り入れながら、介護保険制度創設の準備をしているようにも思える。ケアマネジメントの仕組みについても、日本の介護保険制度でのケアマネジメントの仕組みに近づきつつある。

なお、今回は取り上げなかったが、インドネシア、フィリピン、ベトナム等からの外国籍介護者が25万6000人もおり、在宅では住み込みで、一部は施設で就労している。女性がほとんどで、3年間の就労ビザで、最高12年まで就労できることになっている。ここでの課題も多い。住み込みの外国籍介護職は介護や家事など様々な業務を行っており、労働部が所管である。これが広がってきた背景には、外国籍介護者のほうがコストが安いことにある。現状では、外国籍介護者を雇用している要介護者家庭では、認定を受け要介護者であっても、ヘルパーやデイサービスは利用できない、という矛盾をかかえている。今後介護保険制度を創設する際に、業務内容が明確でない外国籍介護者と介護サービスの整合性をどのように図っていくのかが大きな課題となってくる。

【参考文献】
小島克久「台湾の社会保障（第3回）台湾の高齢者介護制度について」『社会保障研究』2（4）、2018年、595～598頁
西下彰俊「台湾における高齢者介護システムと外国人介護労働者の特殊性—在宅介護サービスを中心に—」『現代法学』32、2017年、3～28頁

第8章

ケアマネジメント方法の確立に向けて

1　認知症の人へのケアマネジメント

①ストレングスを活用したニーズ把握

　ケアマネジメントが捉えるニーズについて長年研究してきたが、これについては既にケアマネジャーなら誰もがわかっているものとして、最近はあまり言及してこなかった。私のニーズ研究は牛歩のようではあるが、少しずつ発展してきている。一方、ケアマネジャーのほうは毎年新しい人材が生まれてくる以上、定期的に自らの考えを伝えていくことも大事だと反省している。

　2012（平成24）年に厚生労働省老健局内に設置された「介護支援専門員（ケアマネジャー）の資質向上と今後のあり方に関する検討会」において、ニーズ把握の方法が議論になっていた。ここに、改めて、ニーズ把握方法について、研究を始めた頃から今日までの考えをたどってみたい。

　私のニーズについての研究関心は、一つには利用者とケアマネジャーの間でどのようにニーズを共有化していくのかということであった。もう一つはアセスメント項目からニーズが導き出されるメカニズムを明らかにすることであった。前記の検討会では、後者について議論されていたようであるが、これは、サービス担当者会議等で、アセスメントとの連続のもとで、どのようにニーズが導き出されるかを、ケアマネジャーが利用者本人や家族、さらには介護サービス事業者に説明する必要があるからだという。当然、ニーズは根拠に基づき導き出されるものであり、それを利用者本人や家族だけでなく、支援する人々に説明し、納得を得ることは、ケアマネジャーの責任であり義務である。

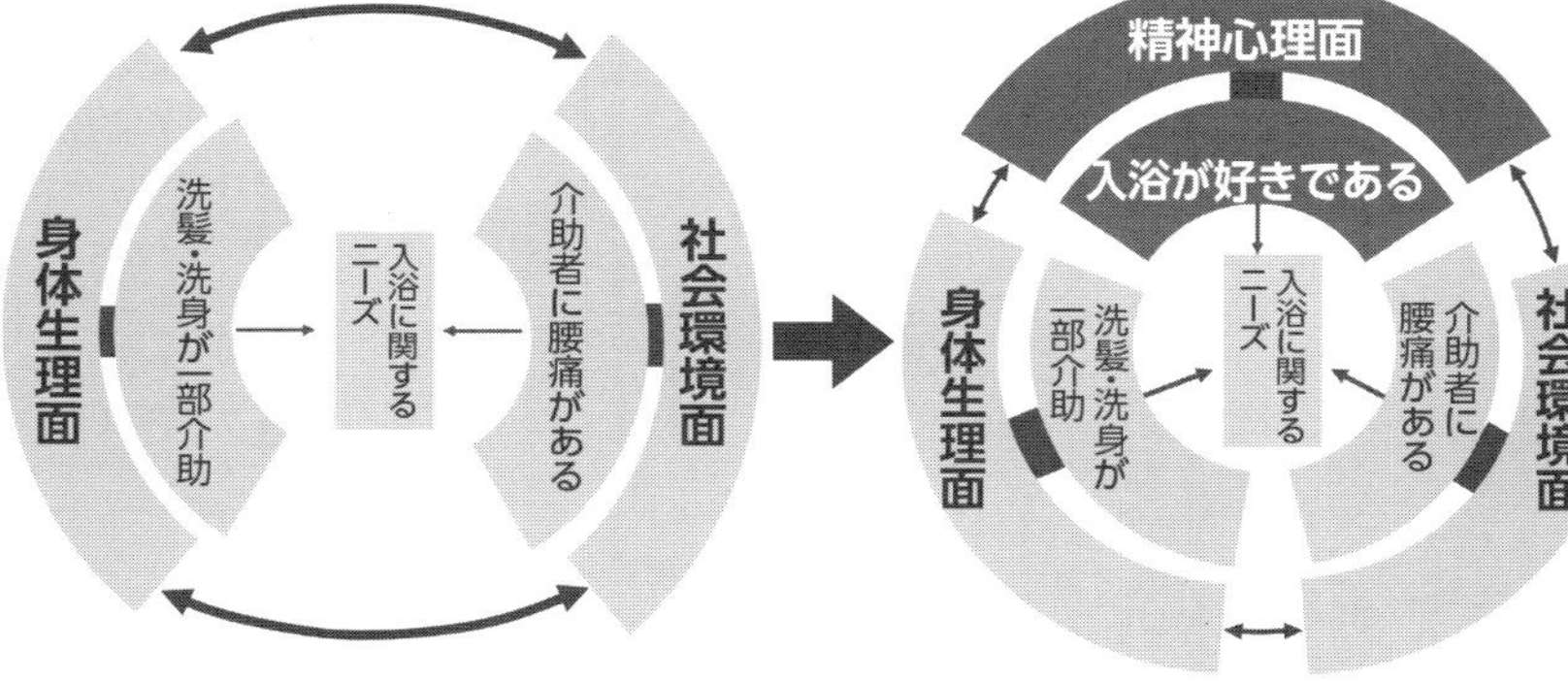

図 8-1　ストレングスを加えたニーズの構造

このニーズは、居宅サービス計画書では、「生活全般の解決すべき課題（ニーズ）」として、生活上で生じるニーズとしているが、私のニーズ論は深化してきた。基本的には、生活上で生じるニーズは、人と環境との関係、ないしは人の身体生理面・精神心理面・社会環境面の関係がうまく機能していない逆機能から生じるとしてきた。

さらに、生活上の困ったことをもとに、それを解決する目標を設定することで、すなわち、「生活全般の解決すべき課題（ニーズ）」と「目標」を合わせて、広く「生活上生じるニーズ」であると説明してきた。**図 8-1** の左側は、入浴で困っていることが生じることを、アセスメント項目で例示したものである。「身体生理面」と「社会環境面」の間での逆機能からニーズが生じることを説明することができる。それは身体生理面での「洗髪・洗身が一部介助」と社会環境面での「介護者に腰痛がある」との間での関係から生活全般の解決すべき課題が生じている。

ただ、この20数年間で、ニーズが導き出される基本形は変わらないが、ストレングスや認知症の人に対するケアについて研究を進める中で、２つの視点を新たに加えてきた。

第1の視点は、ストレングスを活用してニーズを把握することについてである。例えば、**図8-1**の入浴のニーズに対して、「入浴が好きである」といった嗜好を示しているが、「一人で入浴したい」といった意欲、「指示をすれば入浴できる」といった能力、「日曜日なら入浴介護ができる息子夫婦がいる」といったストレングスをアセスメント項目として把握できれば、それぞれニーズに対する目標や支援内容が異なってくる。

こうしたストレングスをアセスメント項目として加えたニーズ把握を行い、支援を行うことができれば、高齢者は力がついてくること（エンパワメント）を実証してきた。人々はできること、好きなこと、したいことが実現できれば、エンパワーするのは当然のことである。

これは、「できないこと」や「足りないこと」を補う問題解決志向型のニーズ把握において、「できること」「好きなこと」「したいこと」といった目標志向的なアセスメント項目をニーズの背景としてを追加したことになる。ケアマネジメントは問題解決を進めていくことが基本であるが、その際にも利用者のストレングスを活用することで、目標達成志向的な支援が重要である。

②認知症の人のニーズの捉え方の特徴

第2のニーズの捉え方の深化は、認知症の人への支援を検討する中から明らかになってきたことである。

(1)認知症の人のBPSDに関するニーズをどのように捉えるか

認知症の人へのケアプランは、得てして、家族の心身の介護負担が大きいために、介護者が休息を取りたいとするニーズから、短期入所や通所介護といったレスパイトサービスの提供が中心になっている。そうしたケアプランを否定するものではなく、それ自体は大切であるが、認知症の人自身のニーズを把握し、支援することに関心を向けるべきであると考えてきた。そこから、認知症の人のニーズ把握には2つのことが重要であることがわかった。

1つ目は、認知症の人の呈する行動・心理症状（BPSD：Behavioral Psychological Symptoms of Dimentia）について、どのようにニーズとして捉え、支援していくかである。これについては、国際老年精神医学会が、BPSDは利用者の遺伝面・生理身体面・精神心理面・社会環境面を背景にして生じると定義している（注1）。このような視点から、BPSDに関連するニーズを把握し、ケアプランを作成することが重要である。また、徘徊や暴力といったBPSDは、認知症の人の「したいこと」「好きなこと」が変形して生じるとされているが、こうした視点でBPSDを捉え、支援することが必要である（注2）。

BPSDは認知症の人の6～8割がある段階で呈するとされているが、介護者はBPSDがあることで心身の介護負担が何倍にも膨れあがる。そのため、ケアマネジャーはBPSDに目を向け、家族だけでなくサービス提供者も、BPSDにどのような対応をしていくのかを示すケアプランの作成が求められる。

ここでのアセスメントは、事実として認識したアセスメント項目だけでなく、ケアマネジャーだけでなく、家族やサービス提供者は、認知症の人がどうしてBPSDを呈するのかを「気づく」アセスメントが大切である。また、BPSDに対する適切な支援方法を「気づく」ことも重要である。それらの気づいたことをアセスメント項目として捉え、ニーズを把握、支援をしていくことが大切であることを学んできた。例えば、精神心理面の気づきでは、会話の途中で暴力をふるう人は、本当は話をしたいニーズがあるが、会話を理解できなくなると暴力になることに気づき、ゆっくりと会話をする、クローズドクエスチョンでの会話を心掛ける等のケアプランを作成・実施していくことになる。

生理身体面であれば、レビー小体型認知症で悪魔が出るという幻視があった場合の、家族と一緒にいれば幻視が出ないとすれば、昼の間は家族と一緒にいてもらう、また幻視が出たときに、背中をタッチングすれば、「悪魔が逃げていった」との本人の発言をもとに、幻視を呈した場合には、タッチングでもって安心してもらうといった支援をしていくことである。

このようなBPSDに関わるニーズを捉え、ケアプランを作成していくことがケアマネジャーには求められている。前者は、精神心理面で「話が好きである」が、社会環境面で「応えられるように話をしてくれない」ので、話の内容がわからなくなると、暴力をふるってしまうことがニーズである。後者は、生理身体面で「悪魔が襲ってくる幻視がある」が、社会環境面で「タッチングしてくれると悪魔が逃げていく」と、安堵できることがニーズである。

以上のことから、ケアマネジャーは受容や傾聴すること、またチームでアプローチすること、「気づき」をアススメントし、それをニーズに取り込んでいくことの重要性を、認知症の人へのケアから学んできた。これを図に示すと、**図8-2**のようになる。

この図が示していることは、BPSDは生理身体面、精神心理面、社会環境面から生じるが、そこから心理的に生じるBPSDは「したい」や「好きである」ことができないために、「不安」「不満」「焦燥」「怒り」「恐怖」「絶望」といったことが生じる。ここから、BPSDは認知症の人のニーズが満たされないことから生じている行動症状や心理症状として捉えることができる。

幻視といった生理身体面が原因で生じるものもある。また、例えば若い頃からの職業が旅館の仲居さんであったため、たんすから服をすべて出してしまうといった社会環境的な側面から生じている場合もある。それらについては、どのような対応をすれば、利用者が安心するかの視点から、支援の方法を検討していくことになる。

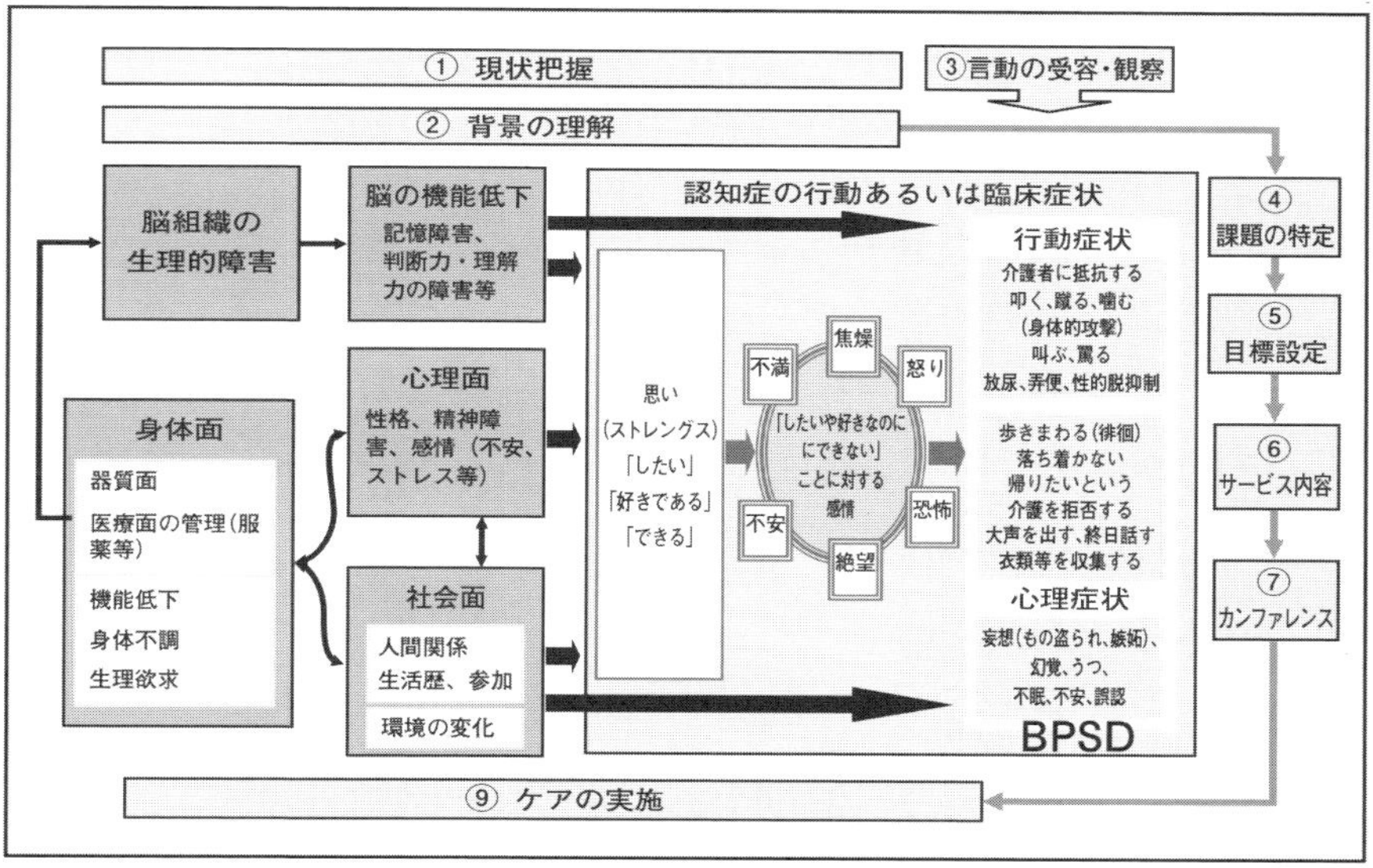

図 8-2 BPSDが生じる背景と認知症ケアのステップ

以上のように、把握したニーズからケアプランを作成し、それをもとにＢＰＳＤに適切に対処する。その結果、ＢＰＳＤの症状が軽減したり消滅することもある。

(2)認知症の人の目標達成志向型のニーズを捉える

２つ目は認知症のある人の思いを実現する支援である。

認知症の人への支援では、その人に「できること」「好きなこと」「したいこと」に着目することが特に強調されてきている。これは、本人の有している能力、意欲、嗜好を活用していくことが大切であるからである。

従来のニーズ把握は、利用者の「できないこと」を補うことで生活問題を解決していく問題解決志向型のニーズ把握の方法であった。しかしながら、高齢者自身の有している能力、嗜好、意欲をニーズとして把握し、それ自体の遂行を支援していく目標達成志向型のニーズ把握も有効である。これは、「できること」「したいこと」「好きなこと」を直接支援していくものである。

認知症の人で、「以前生け花の先生であり、生け花ができる」「料理の片づけができる」「ピアノを弾くことができる」「料理が好きである」といった場合に、それ自体をニーズとして捉え、生け花をしてもらう、料理の片づけをしてもらう、ピアノを弾いてもらう、一緒に料理をつくるといったケアプランを作成することである。この目標達成志向型のニーズも、人と環境との関係での不整合なり、身体生理面・精神心理面・社会環境面の間での関係の逆機能といった観点で説明は可能である。例えば、「料理の後片づけをしたい」というニーズは、身体生理面では「料理をつくったり片づけることができる」が、社会環境面で「料理や後片づけの機会が与えられていない」ことから生じてくるといえる。

ただし、ここには従来のニーズ論とは根本的な発想の違いがある。それは、生活上に直面している問題を解決するということではなく、生活をより豊かにしていくことを目指すことにある。これを図8-3に示すと、ニーズ把握では、問題解決志向型のニーズをもって生活問題を解決していくことと、目標達成志向型のニーズ把握をもって生活ニーズを捉える方法があることを示している。

この目標達成志向型のニーズ把握として、アメリカのカンザス大学に行った時に学んだある事例を思い出す。統合失調症の女性がシャワーを浴びず、服を着替えないことから、ケアマネジャーは当初「デイサービスに行っても嫌われるよ」「職業斡旋所に行っても良い仕事を紹介してくれないよ」といった対応をしていたが、そうした対応では、シャワーを浴びず、服を着替えない。彼女はデイサービスに行きたくなく、職業に就きたくないわけだから、ケアマネジャーのこうした発言に対して、意に介さないわけである。ところが、彼女がカンザスシティのラジオ放送のデスクジョッキーの大ファンであることがわかり、デスクジョッキーをガラス越

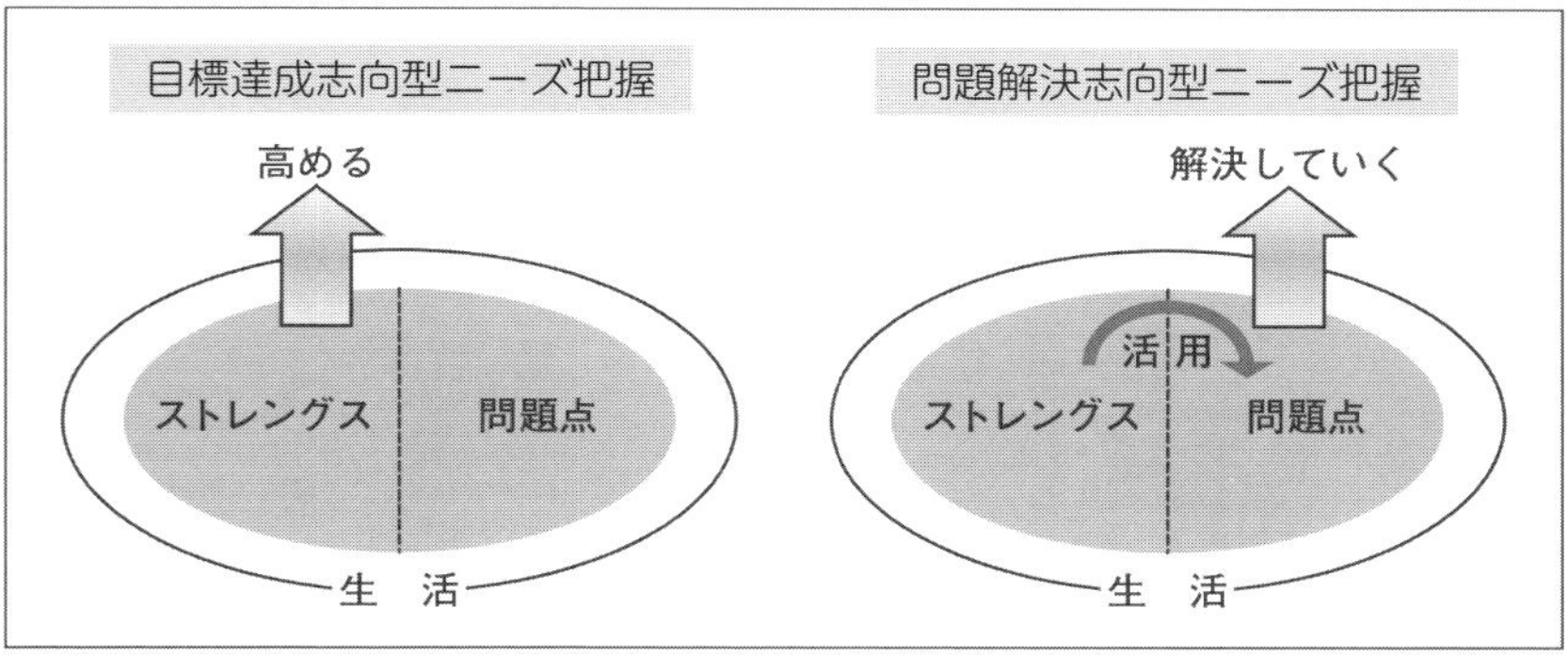

図 8-3　ニーズ把握の 2つの方法

しに見に行こうかと提案すると、彼女は大変興味を示し、シャワーを浴びて、新しい服に着替えて、ケアマネジャーと一緒にデスクジョッキーを見に行った。その結果、彼女は大いに満足し、次の日からデイサービスに通うようになり、今ではデイサービスでデスクジョッキーの仕事をしているという。

これこそが、目標達成志向型のニーズ把握であり、その実践である。ある意味では、イソップ物語の「北風と太陽」を思い起こすが、利用者の主体性に働きかけることの大切さを教えてくれている。そして、このようなニーズ把握は認知症の人だけでなく、主体的に動くよう支援することが必要な利用者の支援にも活用できるものであることが理解できる。

以上、ニーズの捉え方について述べてきた。問題解決志向型のニーズ把握は、生活上の課題を解決し、最低限の生活を支えていくうえでは必要不可欠である。一方、利用者が質の高い生活（ＱＯＬ）を得ていくためには、ストレングスや生活上の目標達成志向型のニーズを捉えていくことが重要であることがわかった。

注釈
（注1） 国際老年医学会著、日本精神医学会訳『ＢＰＳＤ痴呆の行動と心理症状』アルタ出版、２００５年、29～39頁

（注2） Donna L. Algase, Cornelia Beck, Ann Kolanwaski and Ann Whall, et al. (1966) Need-driven dementia-compromised behavior：An alternative view of disruptive behavior, American Journal of Alzheimer's Disease, (6) 10, 12-19

③認知症の人向けのケアマネジメントの提案

第1のケアマネジメントの方法の確立としては、介護保険制度が創設された時点では予期していなかった認知症の人が要介護・要支援者の半数を占めており、今後も増加していくことに対処することである。創設当初のケアマネジメントは身体面での問題をもった要介護者を想定していたため、利用者のＡＤＬのアセスメントを重視したケアプランの作成が想定されていた。

現状でも、ケアマネジメントの基本的な考え方は変わらないが、意思表示が十分でなく、権利侵害されやすく、また6割〜8割がＢＰＳＤを呈する認知症の人に適切に対応できる認知症の人バージョンのケアマネジメントを確立していくことが求められている。

そのため、認知症の人の特性に合わせたケアマネジメントの特徴を明らかにする必要がある。これをケアマネジメント過程から捉えると、入口（ケース発見、スクリーニング、契約）→アセスメント→ケース目標の設定とケアプランの作成→モニタリングをもとに整理してみる。

入口部門でのケース発見については、認知症の人は病識がないことから医療機関に行くことを拒否したり、家族にも知られたくないという感情をもっている場合もあり、どのように認知症の人を早期に発見し、早期に対応するかが課題である。これについては、認知症初期集中支援チームが地域包括支援センター等に設置されているが、地域の住民や専門職と地域包括支援センターの密接なネットワークができ、様々な事例に関する情報がセンターに届けられるような地域の仕組みづくりが重要である。

アセスメントでは、利用者との言語的コミュニケーションが十分に取れないため、非言語的コミュニケーションでの情報や過去の生活史等の情報収集も重要である。

さらに重要なアセスメントは、ケアマネジャー、家族、他の専門職等が感じたり気づく情報であり、こうした主観的なアセスメント情報を含めて、適切なケアプランに結びつけていくことがポイントとなる。

ケアプランの作成においては、できる限り意思決定の支援を推し進め、認知症の人の最善の利益を目的にした支援をしていく必要がある。さらには認知症の人の「覚えられない」「忘れてしまう」ことから生じる日々の不安や自信の喪失に対して、それらを解消するために、認知症の人がもつストレングスを引き出し、自信を回復していくことを支援するプランも必要がある。

また認知症の人が呈するBPSDに対しては、関与する人々がチームになり、その背景を気づき、感じたことをケアプランに反映させていくことも必要である。認知症の人のBPSDの背景には生理的・心理的・社会的要因等があるとされているが、そうした要因を多職種協働で気づくことからBPSDに対応するケアプランの作成が求められている。

さらには、広く認知症の人の権利擁護の視点から、人権・財産・身体監護を擁護していくことが求められている。ここでも、できる限り利用者の意思決定を最優先し、代理決定を最小限にすることが原則である。

以上、認知症の人の特性からケアマネジメントの特徴を示してきたが、認知症の人向けのケアマネジメントを確立し、より有効なケアマネジメントを実施していくことが求められている。それはある意味、認知症の人向けのケアマネジメントはケアマネジメントの原点であり、結果として生活モデルのケアマネジメントの枠組みを確立することにつながる。

2　利用者のニーズに合ったモニタリング

①生活の継続的支援の課題

ケアマネジャーは利用者の生活を包括的に捉えて支えることにある。加えて、利用者の変化に合わせて継続して支援をすることである。後者がケアマネジャーが担うモニタリングと呼ばれる機能である。

現実に、利用者は在宅・施設においても、身体心理面、精神心理面、社会環境面での変化に合わせて、生活の課題も変化していく。これに合わせて、ケアマネジャーは利用者と一緒にケアプランの変更をしていく。同時に、利用者が円滑に入院や退院ができるよう、継続的な支援が必要である。そのため、介護保険の介護報酬では、入院時に利用者の心身の状況や生活環境等必要な情報を提供した場合に医療連携加算を取得することができる。退院時についても、病院等と利用者に関する情報共有等を行った場合に退院・退所加算がある。

なお、医療保険の診療報酬に関しても、退院前に患者の心身の状況等を踏まえ、退院前カンファレンスを実施し、担当のケアマネジャーが参加した場合に、介護支援連携指導料が算定されることになっている。また、居宅介護支援事業所に対して保健福祉サービスに必要な情報を提供した場合に、診療報酬として診療情報提供料が算定できることになっている。

このようにして、入院においては在宅から病院に、退院においては病院から在宅に円滑にソフトトランディングできるよう、医療・介護保険の制度面でも継続的なモニタリングができるような配慮がなされている。

ところが、ケアマネジャーが在宅で継続して支援していく場合には、モニタリングが十分に機能していない

表 8-1　ケアマネジャーと利用者とのアセスメントの一致度

	身体的状況（8 項目）n.s.		心理的状況（4 項目）$p < 0.05$	
調査年月	平均	標準偏差	平均	標準偏差
2010 年 11 月	4.20	1.67	2.46	1.15
2011 年 11 月	4.03	1.53	2.43	1.18
2012 年 12 月	3.91	1.66	2.12	1.29

	社会的状況（3 項目）$p < 0.01$		利用者の将来の意向（2 項目）$p < 0.01$	
調査年月	平均	標準偏差	平均	標準偏差
2010 年 11 月	1.77	0.99	1.49	0.60
2011 年 11 月	1.92	0.91	1.50	0.65
2012 年 12 月	1.47	1.10	1.25	0.72

のではないかと危惧している。それは、われわれが２０１１（平成23）年から3カ年をかけて実施した調査で、ケアマネジャーと利用者をマッチングし、支援開始6カ月後、1年6カ月後、2年6カ月後での、利用者の身体的状況（6項目）、心理的状況（4項目）、社会的状況（3項目）、利用者の将来の意向（2項目）の4点について、両者に対して最初の調査では6カ月間、2回目以降の調査では1年間での変化についての意識を3件法で尋ねた。その結果、両者の認識の平均一致項目（利用者なり家族の認識とケアマネジャーの認識とが同じである項目）をみたところ、身体的状況での認識には一致度の変化に有意差はないが、心理面、社会面、将来の意向については有意差がみられ、年月が経つにつれて、一致度が低くなる傾向が強い結果となっている（一元配置の分散分析）（注1）。

これは**表 8-1**に示す通りであるが、本来であれば、ケアマネジャーの利用者についての理解は年月が経つにつれて深まるはずであるのが、逆になっている。これは極めてショッキングな結果である。

このような結果になった要因はどこにあるのだろうか。２００５（平成17）年改正で、要介護者の場合は月に1回以上、要支援者には3カ月に1回以上家庭訪問をし、その内容を記録することが義務づけられたことに関係しているのではないかと考えている。このようにモニタリングの頻度が制度化されると、ケアマネジャーは要介護者には月1回、要支援者には3カ月に1回モニタリングすることが基準となり、利用者ごとに、ニーズの変化の程度に応じたモニタリングが行われなくなってしまい、最低基準が最高基準になってしまっているのが現状ではないかと思われる。

このような訪問回数を規制したのは、モニタリングを十分に実施しないケアマネジャーが散見されたことによるが、そのことが利用者のニーズの変化に合わせてモニタリングするという専門性を失っていく、皮肉な結果をもたらしたのではないかと考えるしかない。

ケアマネジャーにとって月1回や3カ月に1回の家庭訪問は最低限のことであり、利用者のニーズが変化しやすい程度に合わせて訪問の頻度を決めていくことが肝要である。現在、小規模多機能型居宅介護サービスや定期巡回・随時対応型訪問介護看護サービスが拡大されようとしているが、これはケアマネジャーのモニタリング機能が弱いために、事業者内で柔軟にサービスを利用できることを狙いにした側面が強い。緊急時に柔軟に対応してくれるのは、こうした事業者なのか、ケアマネジャーなのかが問われていることを、ケアマネジャーは認識すべきである。そして、利用者のニーズの変化に合わせた適切な頻度のモニタリングを実施することで、ケアマネジメントの有効性を訴えてほしい。さもなければ、ケアマネジャーは利用者の生活の連続性が支えられないということで、不要論につながりかねない。

注釈

（注1）白澤政和・他（2013）『厚生労働省　平成24年度老人保健事業推進費等補助金　老人保健健康増進等事業　介護支援専門員の資質向上と今後のあり方に関する調査研究』2013年

②モニタリングについての提案

⑴適切な頻度でのモニタリングの実施

ケアマネジメント過程の評価については、厚生労働省が行った「介護支援専門員（ケアマネジャー）の資質向上と今後のあり方に関する検討会」の中間的整理で、「利用者像や課題に応じた適切なアセスメント（課題把握）が必ずしも十分でない」とされている。これについては、一部のケアマネジャーは確かに該当するであろうが、サービス担当者会議ではアセスメントやケアプラン原案を開示する以上、アセスメントを十分していないようなケアマネジャーは淘汰される仕組みである。むしろこうしたケアマネジャーは、サービス担当者会議も身内の機関が集まる囲い込みの場合に生じると考えられる。そのため、居宅介護支援事業所の構造上の位置づけの問題として整理することもできる。

ケアマネジメント過程での課題はむしろモニタリングにおいて大きい。介護保険制度では、要支援者は3カ月に1回以上、要介護者は1カ月に1回以上家庭訪問をし、その際の記録を書くことで、ケアマネジャーに毎月の介護報酬が支給されることになっている。結果的にケアマネジャーは画一的な頻度での家庭訪問となり、個々人のニーズの変化に合わせたモニタリング頻度になっていないのではないかという危惧がある。それは、前項で示した調査結果にある。

高齢者の生活の連続性を確保していくためには、モニタリング機能が重要であるが、モニタリングの頻度は、制度的に決められているのは最低基準であり、本来は利用者のニーズの緊急性や変化の度合い、要介護者や家族とケアマネジャーとの関係の程度により、家庭訪問をする頻度は異なるはずである。とりわけ、利用者のニーズの変化の度合いは、利用者自身の心身状況や介護者等の環境状況の変化が、モニタリングの頻度を決める決定的な要因になる。

こうしたモニタリングの頻度は専門家であるケアマネジャーがまずは判断すべきであり、画一的に実施すべきものではない。そのため、適切な頻度のモニタリングを実施、すなわち利用者の状態の変化に合わせたモニタリングが、利用者のニーズの変化に合わせたケアプランの変更を可能にする。

行政側がケアマネジメントにある種の最低基準を制度にすると、ケアマネジャーはそれを最高基準とし、最も重要な利用者のニーズの視点を見失う危険性があることを示している。そのため、どこまでを行政側が制度化し、どこまでをケアマネジャーの自由裁量に委ねるかに、お互いが慎重でなければならない。

第9章

ケアマネジメント構造の改革

1　公正中立なケアマネジメントの確立

①ケアプランでの管理者との間での葛藤

(1)ケアプランをめぐるケアマネジャーとステークホルダー間での意見の相違

ケアマネジャーのステークホルダー（利害関係者）としては、利用者、利用者の家族、介護サービス事業者、医療サービス事業者、所属機関の管理者、保険者（地域包括支援センター）等がある。ケアマネジャーはこうしたステークホルダーとの間で、ケアプランをめぐって意見の相違が生じることがある。意見の相違には2種類ある。

第1には、ケアプランをめぐって、ケアマネジャーとステークホルダーとの間で生じる相違である。第2には、ケアプランをめぐって、ステークホルダー間での意見の相違である。ケアマネジャーは、前者において生じた相違についても葛藤を起こし、ステークホルダーとの調整を行うことになる。後者についても、ケアマネジャーは両者の間に挟まれて生じた相違からジレンマが生じ、ステークホルダー間での調整を行うことになる。この際の調整は、結果的にケアマネジャーとステークホルダー間での葛藤を生み出すことになる。

ここでは、主としてケアマネジャーと自らの機関の管理者との間で生じる葛藤について検討してみる。

2016（平成28）年度に居宅介護支援事業所のケアマネジャー3000名を無作為に抽出し、郵送調査を実施し、1742名（回収率：58％）の有効回答を得た（注1）。この調査では、ケアマネジャーとステークホルダーとの間でケアプランをめぐって生じる意見の相違について調べた。ケアプランでの意見の相違の有無

表 9-1　ケアプラン作成での意見の相違の有無

該当者	あり	なし	無回答	合計
利用者	1117 (64.6%)	594 (34.4%)	16 (0.9%)	1725 (100%)
家族介護者	1070 (62.0%)	633 (36.7%)	22 (1.3%)	1725 (100%)
所属の管理者	458 (26.5%)	1243 (72.3%)	19 (1.1%)	1725 (100%)
介護保険サービス事業所	537 (31.1%)	1170 (67.8%)	18 (1.0%)	1725 (100%)
医療サービス事業所	514 (29.8%)	1192 (69.1%)	19 (1.1%)	1725 (100%)
保険者（市町村）	313 (18.1%)	1396 (80.9%)	16 (0.9%)	1725 (100%)

「よくある」と「時々ある」を合わせて「ある」、「あまりない」と「全くない」を合わせて「ない」としている

についての結果は、**表 9-1** の通りである。「利用者」や「家族介護者」との間で意見の相違があるとするケアマネジャーが最も多く、次に「介護保険サービス事業所」「医療サービス事業所」「所属の管理者」「保険者（市町村）」の順となっている。

ケアマネジャーが利用者本人や家族とケアプランについて意見の相違が生じることについては、よく議論されていることであり、ケアマネジャーは利用者や家族の意向を尊重しながら、真なるニーズに向けて合意形成することで、ケアプランを作成・展開していくことになる。その意味では、ケアプランをめぐって、利用者や家族との間で意見の相違があることは、当然のことである。

また、介護サービス事業所や医療サービス事業所においても、ケアマネジャーのケアプランについて意見の相違が生じることは理解できる。ケアマネジャーは利用者や家族と関わる中で、介護サービスや医療サービスの利用内容について検討するが、介護サービスや医療サービスの事業所という専門職の立場から捉えることで、ケアプランについて意見の相違が生じることになる。だからこそ、介護・医療サービス事業所とケアマネジャーが話し合いの中で、アセスメントに基づく利用者のニーズを中心に据えて調整していくことが、連携の基本である。その意味では、利用者・家族とサービス事業所が一堂に会し、ケアプランの最終決定をするサービス担当

者会議のもつ意義は極めて大きい。

所属機関の管理者との間でのケアプランの意見の相違については、上司からのスーパービジョン的な視点による場合もあれば、所属機関のサービスを利用するよう求めてくる場合での意見の相違もある。日本のケアマネジャーは介護サービス事業所と一体的な場合が多く、自らの管理者から所属機関のサービス利用を強要される可能性のある制度的位置づけになっている。

ただし、法的には「指定居宅介護支援等の事業の人員及び運営に関する基準」の第1条2の基本方針に、「利用者に提供される指定居宅サービス等が特定の種類又は特定の居宅サービス事業者に不当に偏することのないよう、公正中立に行われなければならない」、とケアマネジャーに対して公正中立の倫理が規定されている。もっとも、管理者とケアマネジャーの関係については、同基準の第17条の管理者の責務として、ケアマネジャーに指揮命令を行うことしか言及されていない。

また、保険者との間でケアプランをめぐる意見の相違がある者は5人に1人で、最も少ない。これは、基本的にケアマネジメント機関が介護サービス事業所に属していることと関係しており、保険者のケアプランに対する関与は、他のステークホルダーに比べて少ないのが現状である。具体的には、個々の介護サービス利用についての資格要件をめぐる意見の相違が中心である。ただ、今後、介護保険財源が逼迫し、保険料が高くなるに伴い、「地域ケア個別会議」が開催される中で、ケアマネジャーは保険者やその委託を受けた地域包括支援センターとの間でケアプランについて意見の相違が急増していくことも予想される。

以上のように**表9-1**に示したケアマネジャーと6つのステークホルダーとの間でのケアプランについての意見の相違が生じるのは、ケアマネジャーの考え方とステークホルダーの考え方との相違もあるが、ステークホルダー間でのケアプランについての考え方の相違から、ケアマネジャーにジレンマが生じる場合もある。特

表 9-2　葛藤が生じた場合の解決の仕方

該当者	相手側の意向	ケアマネジャーの意向	無回答	合計
利用者	1098（98.5%）	12　（1.1%）	5（0.9%）	1117（100%）
家族介護者	1043（97.5%）	23　（2.1%）	4（1.4%）	1070（100%）
所属の管理者	307（67.0%）	144（31.4%）	7（1.5%）	453（100%）
介護保険サービス事業所	329（61.2%）	195（36.3%）	13（2.4%）	537（100%）
医療サービス事業所	447（87.0%）	60（11.7%）	7（1.4%）	514（100%）
保険者（市町村）	232（74.1%）	74（23.7%）	7（2.2%）	313（100%）

「相手の意向に合わせる」と「できる限り相手の意向に合わせる」を相手の意向に合わせる、「自分の意向に合わせる」と「できる限り自分の意向に合わせる」をケアマネジャーの意向に合わせるとした

に、利用者と他のステークホルダーとの間でケアプランについての意見の違いから、ケアマネジャーがジレンマに陥ることがある。

次に、ケアプランについて意見の相違があるとしたケアマネジャーに対して、最終的に誰の意向でケアプランを決めているかについての調査結果が、**表9-2**である。利用者や家族との間で意見の相違があった場合は、ほぼすべてに近いぐらいが相手側の意向でケアプランが決まるとしている。特に、利用者との間で意見の相違がある場合は、98・5%とほぼ全員が利用者側の意向で決めているとしている。これは当然予想できる結果であり、最終的には利用者や家族の意向が尊重されていることになる。

また、医療サービス事業所との場合は、87%と高い割合で、事業所側の意向でケアプランが決定しており、介護保険サービス事業所の場合の61・2%に比べると、ケアプラン作成においては医療サービス事業所の意向をより尊重していることを示している。

所属機関の管理者との場合には、約3人中2人（67%）のケアマネジャーは管理者の意向でケアプランを決定している。この割合の中には、管理者のスーパービジョンのもとでケアプランを変更した可能性も考えられるが、自法人に囲い込むケアプランに修正させられている可能性も十分考えられる。後者であれば、ケアマネジャーの専門性や自律性

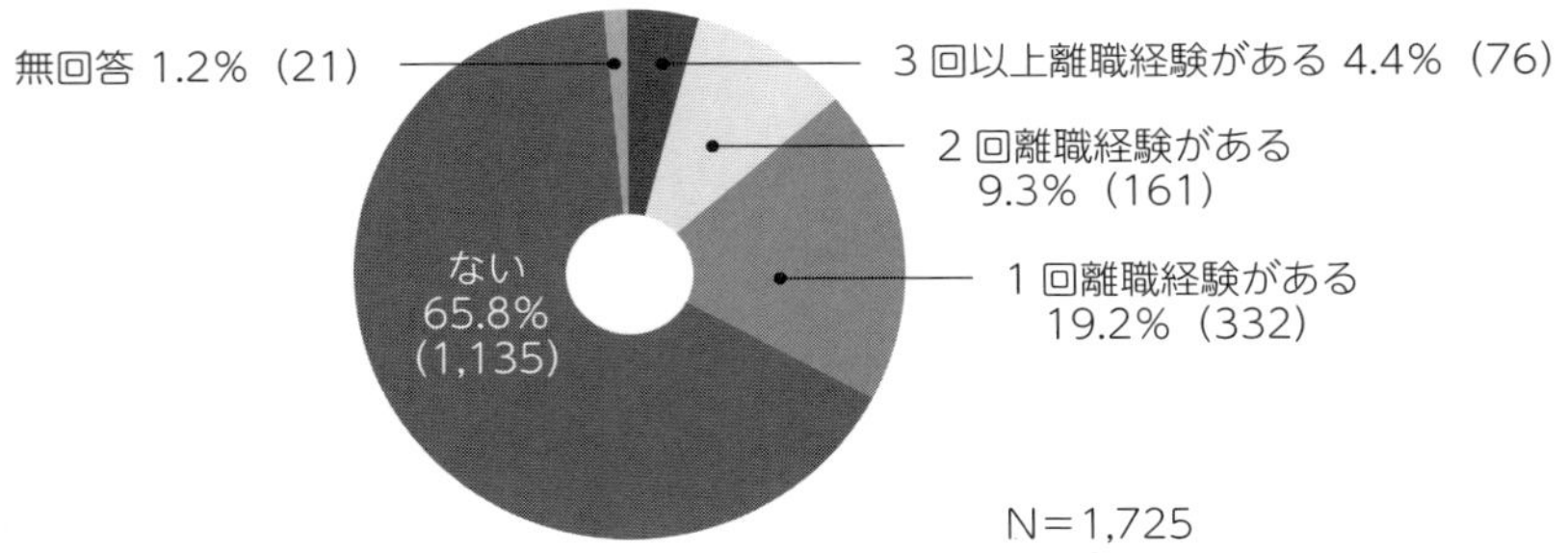

図 9-1　ケアマネジャーの離職頻度

が損なわれていることになる。

一方、保険者とケアプランについて意見の相違がある場合には、74・1%が相手の意向でケアプランを決定しており、これは保険者からの利用要件の説明を受け入れたり、地域ケア個別会議での自立支援という観点から、ケアプランの変更を迫られていることが考えられる。ここでは、ケアマネジャーは利用者主体や自立支援についての基本的な考え方をもって、保険者と対応することが求められる。

ステークホルダーである管理者や保険者との場合には、一方では利用者主体に反した決定もあれば、利用者主体をもとに決定することもある。このような両極端が生じるのは、ケアマネジャーが管理者や保険者とどのような関係にあるかによるといえる。

以上の調査結果から考えると、ケアマネジャーが利用者本位で自立支援のケアプランを作成し実施していくうえで、**表9-1**は、どのような機関にケアマネジャーを位置づけることがベストかを考える素材を提供している。**表9-2**は、同様の視点から、ケアマネジャーはどこまで専門職として自律性をもって、利用者のニーズに応える業務を遂行しているかを考える素材を提供している。

表 9-3　ケアマネジャーの離職理由（複数回答）

N = 1,725

順位	項目	人数（%）
1	法人・事業者の理念や運営の仕方に不満があった	266（46.7%）
2	職場の人間関係に問題があった	169（29.7%）
3	専門性や能力を発揮できない職場だった	114（20.0%）
4	収入が少なかった	111（19.5%）
5	将来の見込みが立たなかった	103（18.1%）
6	労働時間・休日・勤務体制が合わなかった	93（16.3%）
7	起業した	78（13.7%）
8	いろんな事業所を体験してみたかった	71（12.5%）
9	心身の不調	59（10.4%）
10	自らの家族の介護・看護	36 （6.3%）
11	人員整理・奨励退職・法人解散	34 （6.0%）
12	結婚・出産・育児	33 （5.8%）
13	家族の転勤・転居	22 （3.9%）
14	利用者や家族との問題があった	1 （0.2%）
	その他	69（12.1%）

⑵ケアマネジャーの離職状況と理由

この項では、介護サービス事業所と一体的に位置づけられている居宅介護支援事業所のケアマネジャーの課題について取り上げることとする。日本は介護サービスを販売する側と介護サービスを購入する側のケアマネジャーが同じ屋根の下におりながら、公正中立なサービスデリバリーシステムを構築することに挑戦している。

まずは、**図 9-1**でケアマネジャーの離職状況について明らかにしてみる。前項で示した居宅介護支援事業所に所属するケアマネジャーを対象とした調査の結果では、約3人に1人の32・9%が離職経験者であることがわかった。また、3回以上の離職経験者が4・4%にも及んでいる。この数が多いかどうかは絶対的評価であり、確かな答えはない。

ただ、離職理由をみると、ケアマネジメント機関のあり方が問われる結果となっている。ここでは、離職経験のあるケアマネジャーに対して、離職理由を複数回答で尋ねた。その結果は、**表 9-3**に示す

表 9-4　現在働いている介護福祉士で前の職場を離職した理由（複数回答）

N = 21899

順位	項目	%
1	法人・事業所の理念や運営の仕方に不満があった	33.5%
2	職場の人間関係に問題があった	29.4%
3	収入が少なかった	28.0%
4	労働時間・休日・勤務体制が合わなかった	21.4%
5	将来の見込みが立たなかった	17.6%
6	業務に関連する心身の不調（腰痛を含む）	16.8%
7	専門性や能力を発揮できない職場だった	14.7%
8	より魅力的な職種が見つかった（他の資格取得含む）	11.4%
9	結婚・出産・育児	8.4%
10	転居の必要性（家族の転勤や地元に帰る等を含む）	7.8%
11	友人に転職を誘われた	7.4%
12	業務に関連しない心身の不調や体力の衰え	5.2%
13	人員整理、退職勧奨、法人解散	5.0%
14	家族等の介護・看護	4.8%
15	起業した	2.3%
16	利用者やその家族との関係に問題があった	1.8%
	その他	16.5%

出典：（財）社会福祉振興・試験センター『平成 27 年度社会福祉士・介護福祉士就労状況調査』10 頁を一部改変

ように、半数近くが「法人・事業者の理念や運営の仕方に不満があった」（46・7％）を第1に挙げ、次に「職場の人間関係に問題があった」（29・7％）、「専門性や能力を発揮できない職場だった」（20・0％）、「収入が少なかった」（19・5％）の順であった。

この離職理由の項目については、介護福祉士を対象にほぼ同じ項目で調査が実施されている。これは**表 9-4** に示してあるが、両者の離職理由を比較すると、介護福祉士は、「法人・事業者の理念や運営の仕方に不満があった」が約3人に1人で第1の理由であるが、次に「職場の人間関係に問題があった」、「収入が少なかった」がほぼ同率であるのに対し、ケアマネジャーは「法人・事業者の理念や運営の仕方に不満があった」や「専門性や能力を発揮できない職場だった」が介護福祉士に比べて相当高いことがわかる。

この結果は、ケアマネジャーが専門職として業務を遂行していくうえで、居宅介護支援事業所の職場環境が必ずしもよくないことを示しており、法人やその意向を受けた管理職との間で、仕事を継続していくうえでの障害が大きいことが想定できる。介護福祉士では、法人や事業者の理念や運営方法に対する不満や、専門性が活かせないなど職場環境の問題を指摘する割合が低いことから、この職場環境の問題は、ケアマネジャーにとってより特異なものであるといえる。そこで、ケアマネジャーの職場には、どのような特異な状況があるのかをケアプラン作成での管理者との関係から明らかにしたい。

(3)ケアプランをめぐる管理者とケアマネジャーの関係

表9-2の調査結果で明らかにしたように、ケアマネジャーの4分の1は管理者との間でケアプランに関して意見の相違がみられた。さらに、意見の相違がある場合に、ケアマネジャーの意向でケアプランを決定する者は3分の1にすぎず、3分の2は管理者の意向で決定していた。

この結果と、前述の離職理由（**表9-3**参照）を擦り合わせると、ケアプランに象徴されるケアマネジャーの専門性や能力が発揮できない状況にあったり、作成されたケアプランが法人や事業者の理念や運営のあり方に合わないことが、ケアマネジャーの離職につながっている可能性があることを伺い知ることができる。

そこでは、ケアマネジャーに求められる公正中立なケアプランが作成できないことが生じる。ケアマネジャーは、220頁に示した「指定居宅介護支援等の事業の人員及び運営に関する基準」第1条の基本方針での公正中立の倫理規定や、日本介護支援専門員協会の倫理綱領における公正中立な立場の堅持として、「私たち介護支援専門員は、利用者の利益を最優先に活動を行い、所属する事業所・施設の利益に偏ることなく、公正中立な立場を堅持します」となっている。

こうしたケアマネジャーに公正中立を求める業務規定や倫理綱領をつくらなければならない背景として、ケアマネジャーは介護サービス事業所に併設された居宅介護支援事業所に属している場合が多いことが挙げられる。

そこで、どのような居宅介護支援事業所やどのようなケアマネジャーが、ケアプラン作成で管理者と意見の相違が生じるのかを明らかにすることとした。これは、今まで示してきた調査をさらに深く分析するものであるが、まずは、ケアプランをめぐって管理者の間で意見の相違があるケアマネジャーとないケアマネジャーを判別している居宅介護支援事業所やケアマネジャーの特性を明らかにする。これについては、2項ロジスティック回帰分析という分析方法を使って実施した（注2）。

その結果、居宅介護支援事業所については、「介護サービス事業所を併設していない単独型事業所」や「ケアマネジャーの人数が少ない事業所」では、ケアプランをめぐって、ケアマネジャーと管理者との間で意見の相違が少ないことが明らかになった。

また、管理者とケアプランについて意見の相違が少ないケアマネジャーの属性は、「女性」「経験年数が少ない者」「主任介護支援専門員資格未取得者」であることがわかった。

居宅介護支援事業所の属性に関する結果の解釈は、独立型のケアマネジメント機関で、管理者との意見の相違が少ないことは、0・1%水準で有意差があり、逆に介護サービス事業所を併設している場合には、ケアマネジャーと管理者との間でケアプラン作成で意見の相違が有意に高いことを意味している。このことは、ある意味では、管理者から自法人のサービス利用を求めていることが関係している可能性があることを示している。

また、少人数のケアマネジメント機関で、管理者との意見の相違が少ないことは、逆に大きなケアマネジメント機関になるほど、管理者はケアプランに意見を挟むことが多いことを示している。

一方、管理者とケアプランをめぐって意見の相違が生じやすいケアマネジャーは「男性」「高年齢」「主任介護支援専門員資格取得者」である。経験や知識のあるケアマネジャーや男性ケアマネジャーは、管理者との間でケアプランについて意見の相違が顕在化しやすいが、逆に「女性」「経験年数が少ない者」「主任介護支援専門員資格未取得者」は、管理者と協調しながらケアプラン作成している可能性が高い。ただし、この管理者の意向は利用者本位のケアプラン作成を志向している場合もあれば、自法人のサービスに囲い込むよう志向している場合もある。

次に、管理者とケアプランで意見の相違があるケアマネジャーを対象に、自らの意向でケアプランを決定するケアマネジャーと、管理者側の意向で決定するケアマネジャーを判別するために、居宅介護支援事業所の要因とケアマネジャーの要因に分けて、それぞれ2項ロジスティック回帰分析を行った（注3）。

その結果、居宅介護支援事業所の属性では、「介護サービス事業所を併設していない単独型事業所」では、ケアマネジャーと管理者の間でケアプランに意見の相違があっても、管理者ではなくケアマネジャーの意向でケアプランを決定していることが有意に高いことが明らかになった。逆に言えば、介護サービス事業所に併設された居宅介護支援事業所の場合は、管理者の意向でケアプランが決定することが有意に高いことを示している。

一方、ケアプランの決定を管理者かケアマネジャーのどちらがしているかを判別する介護支援専門員の属性については、有意な差がみられる変数は抽出されなかった。

以上のことから、独立型の居宅介護支援事業所では、ケアプランについて管理者とケアマネジャーとの意見の相違が少なく、さらに意見の相違があった場合でも、管理者よりはケアマネジャーの意向でケアプランが決定している特徴があることが明らかになった。このことは、ケアマネジャーの自律性を確保し、公正中立を担保するうえで、独立型の居宅介護支援事業所は有効であるということを示している。

そのため、公正中立のケアプラン作成においては、独立型の居宅介護支援事業所に対して介護報酬でもってインセンティブを高めていくことで、独立型の居宅介護支援事業所を増やしていくことも一つの方法であろう。ただし、介護サービス事業所や、場合によっては住宅賃貸サービス事業所から独立していることの証明をどのように確認するのかが課題として残る。それは、医療保険制度で、調剤薬局を医療機関から独立させることを試みたが、必ずしもそうした独立性がすべての調剤薬局で実現していないことを認識して、対応していくことが重要である。

一方、ケアプランに意見の相違があった場合に、ケアマネジャーの意向でケアプランを決めているケアマネジャーの属性が明らかにならなかった。経験年数や主任介護支援専門員資格者の有無で有意差がみられないことは、自律性のあるケアマネジャーをどのようにして育成していくのかの課題があることを示している。

以上のような調査結果を受けて、ケアマネジャーと管理者の関係は、ケアプランを介して利用者のＱＯＬを高めていく鍵になる重要な要素であるといえる。そのため、管理者の養成と位置づけをどのようにするかがポイントになる。

２０１８（平成30）年４月からの「指定居宅介護支援等の事業の人員及び運営に関する基準」の改正で、居宅介護支援事業所の管理者要件が主任介護支援専門員に変更になった。確かに、ケアプランに対して管理者と意見の相違があるケアマネジャーが４人に１人もいる以上、管理者の資質が重要となる。管理者がケアプランに関与するとすれば、スーパーバイザーとして利用者の的確なニーズを捉え、自立の支援やＱＯＬを高める観点から、ケアマネジャーを支援することが求められる。そのため、主任介護支援専門員の法定研修がスーパーバイザーとしての役割を担うカリキュラムとなっているため、今回の管理者資格の変更は基本的には評価できる。ただし、現状の主任介護支援専門員の研修体系や研修内容で十分であるかの議論は必要不可欠である。

(4) まとめ

以上、介護サービス事業者と同じ法人にケアマネジャーが配置された場合に、利用者のニーズに合った公正中立なケアプラン作成に支障をきたす可能性があることを示してきた。

その意味では、ケアマネジャーはいずれの機関に配置されようと、常にステークホルダーとの緊張関係の中で、利用者のアセスメントを行い、ケアプランを作成・実施していく仕事であるといえる。時には、この緊張関係がケアマネジャーのケアプラン作成の際のストレスや、時にはジレンマとして顕在化してくるともいえる。

そうしたストレスやジレンマを緩和してくれる可能性があるのが、日本では介護サービス事業所から独立した居宅介護支援事業所のケアマネジャーであるといえる。ただし、それとて、独立性を担保する仕組みを確立するには相当な困難が残っている。

こうしたことを考えると、ケアマネジャーはあえて多くのステークホルダーとの緊張関係を自らの必然的な業務と認識し、それを受け入れるべきであろう。その時にケアマネジャーの拠り所は、利用者主体という揺るぎのない価値を実現していくことが自らの責務であると認識することである。その意味では、ケアマネジャーは利用者を擁護する厳しい職業であるとの自己認識が必要不可欠である。同時に、ケアマネジャーは高い専門性でもって利用者を支援しているという社会的評価をほかのステークホルダーから獲得していく努力が必要である。

ただ、こうしたケアマネジャーである利用者主体の実現には、時には自らの事業所や保険者との間に厳しい対立が生じることも起こりうる。そうした際に、職能団体は自らの倫理綱領に基づき、会員であるケアマネジャーを擁護していく役割がある。

一方、ステークホルダー側に求められことは、ケアマネジャーとは緊張関係にあるが、ケアマネジャーの業務は利用者主体でもって、利用者の自立や権利を擁護していく人材であるという認識をもつことで、ケアマネジャーと共同していくことである。

注釈

（注1）本調査は文部科学省科学研究費助成事業科学研究費補助金基盤B一般「ソーシャルワーク・ケアマネジメントの独自性とその評価に関する研究」（代表：白澤政和、平成28～32）をもとに実施したものである。調査結果については、以下のホームページの通りである。

https://docs.wixstatic.com/ugd/b5a540_c81ddfaddd354a6b950b2fef2959f364.pdf

（注2）2項ロジスティック回帰分析では、従属変数を「ケアプランについてのケアマネジャーと管理者の間での意見の相違の有無」とし、まずは居宅介護支援事業所の属性を説明変数として分析した。その際の説明変数には「設置状況（併設型か単独型か）」、「運営主体」（民間法人か公益性の高い法人か）、「特定事業所加算取得の有無」、「ケアマネジャーの人数」の4変数とした。次に、ケアマネジャーの属性を説明変数とする2項ロジスティック回帰分析を行ったが、その際の説明変数は「性別」、「年齢」、「担当ケアプラン数」、「基礎資格」（福祉系か医療系か）、「経験年数」、「主任介護支援専門員資格の有無」6変数とした。

（注3）従属変数を「ケアプランをケアマネジャーが決定するか、管理者が決定するか」として、2項ロジスティック回帰分析を行った。説明変数は前分析（注2）と同じにし、居宅介護支援事業者の属性とケアマネジャーの属性に分けて分析を行った。

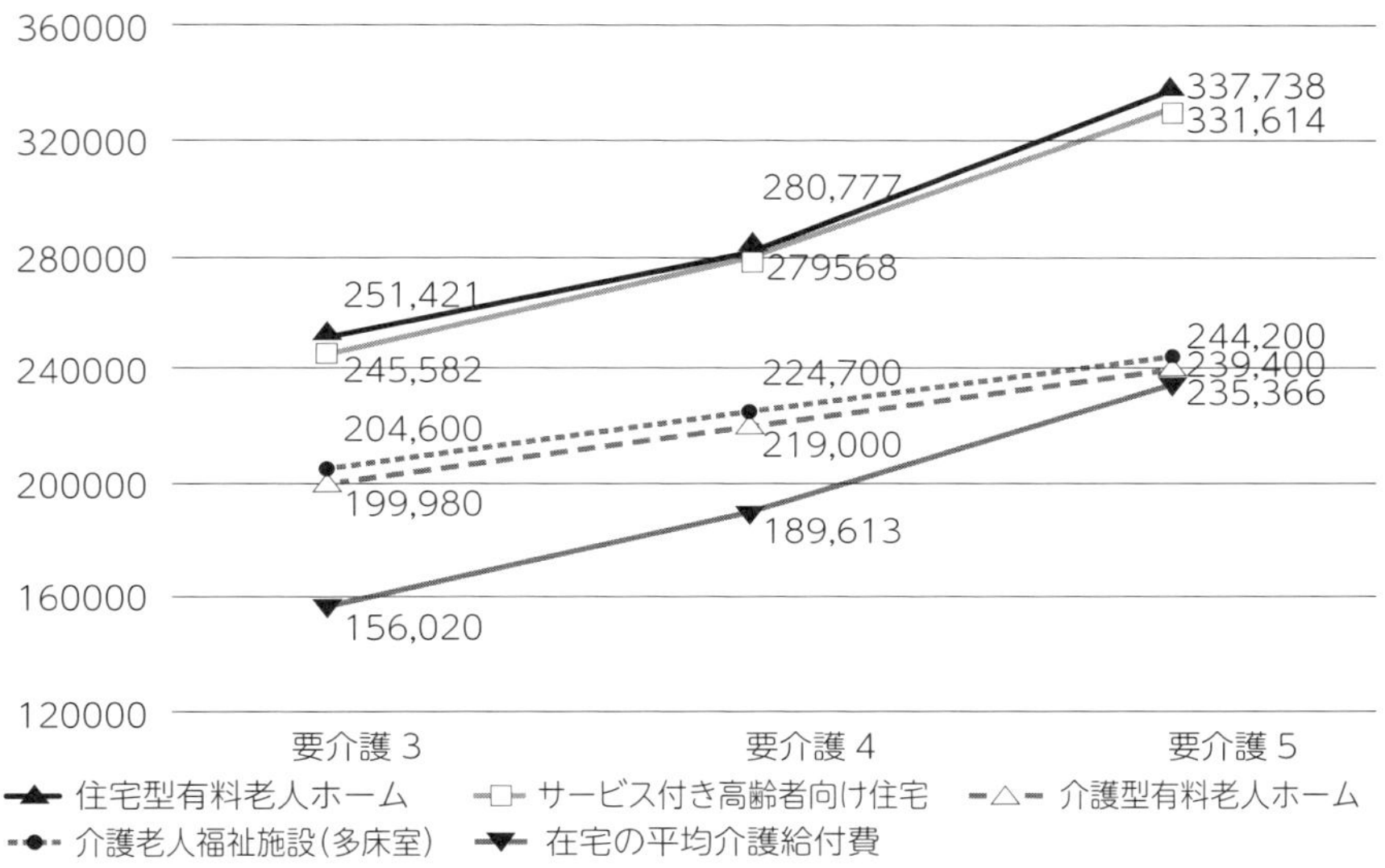

図 9-2　住宅型有料老人ホーム、サービス付き高齢者向け住宅の、要介護度別の1カ月の平均介護給付費

注　介護型有料老人ホームでの特定施設入居者生活介護の給付額や介護老人福祉施設（多床室）は、大阪府の市町村では地域区分が 2級地から 7級地まであり、基本給付額は 1割程度アップし、さらにサービス提供体制強化や認知症専門ケア等のいくつかの加算が加わることを配慮して本来は比較することが必要になるが、本図では基本給付額のみを示してある。

出典：大阪府高齢者保健福祉計画推進審議会専門部会報告書『大阪府における介護施策の現状と課題、対応の方向性について』2016年 12月 16日をもとに作成

②集合住宅でのケアプランの実態と課題

２０１６（平成28）年9月に大阪府は住宅型有料老人ホーム（以下「住宅型有料」）とサービス付高齢者向け住宅（以下「サ高住」）での1カ月当たりの平均介護給付費についての調査を行った（図 9-2）。その結果をみると、要介護3以上は、サ高住や住居型有料での介護給付費のほうが、介護老人福祉施設（以下、「特養」）や介護型有料老人ホーム（以下、「介護型有料」）での介護給付費よりも高い。

具体的に、要介護3でみると、特養の介護給付費は20万４６００円、介護型有料は19万９９８０円であるが、大阪府の調査では、住宅型有料は25万１４２１円、サ高住は24万５５８２円であった。要介護5では、特養の介護

給付費は24万4200円、介護型有料は23万9400円に対して、住宅型有料は33万7738円、サ高住は33万1614円であった。重度になるに従って、その差が大きくなることがわかった。そして、住宅型有料では支給限度額の90・7％、サ高住では86・0％まで利用していることがわかった。

一方で、国全体での在宅の平均介護給付費をみると、要介護3であれば15万6020円、要介護5であれば23万5365円である（「2016（平成28）年度介護給付費等実態調査の概要」）。この結果、在宅全体での介護給付費は、大阪府での住宅型有料やサ高住の介護給付費と比べて、かなり低い結果となっている。

在宅では、家族介護者が介護の多くを担っており、その不足分を介護保険制度が補っており、政策的には、施設に比べて在宅は安上がりになることを示している。ただ、サ高住や住宅型有料の入居者の介護報酬が高くなるのは、対象者が実態として一人暮らしであるからである。

そのため大阪府の調査結果も、在宅での一人暮らし高齢者への介護給付費と比較して、サ高住や住宅型有料の介護給付費に有意差が出るのかどうかが示されない限り、サ高住や住宅型有料の入居者に対しては、公正中立が守られておらず、過剰にサービスを提供しているとは論証できない。

住宅型有料やサ高住では、自法人内に介護サービス事業所がある場合と外部の介護サービス事業者が提供している場合で、要介護度別で1人当たりの介護給付費がどのような異なるかを明らかにすることで、公正中立かの論証が一部はできるかもしれない。

住宅型有料やサ高住に対してこうした疑義が生じる背景には、介護保険外にある住宅サービスと介護保険サービスを同一法人で一体的に運営している仕組みにある。介護保険では、介護サービス事業所と居宅介護支援事業所を分離できないために公正中立が守られにくい。さらに、住宅型有料やサ高住では住宅サービスまでが一体的になっている場合が多く、ケアマネジメントでもって囲い込みやすいクローズドな環境になりやすいといえる。そのため、住宅型有料やサ高住では、社会的な責務として、ケアプランについて透明性を図っていく努力が求められる。

同時に、住宅型有料やサ高住の入居者はすべて自法人のケアマネジャーがケアプランを立て、自法人の介護サービスを利用しているわけではないことも理解しておく必要がある。住宅型有料やサ高住は本来、高齢者の住宅にすぎないからである。こうした方向性で、住宅型有料やサ高住を位置づけていくよう政策誘導していくことが重要である。

在宅よりも施設のほうがコストフルであるとする論理からすれば、介護型有料は、住宅型有料やサ高住に比べて介護報酬だけをみる限りでは、介護報酬が高くなるとみられていたが、そうではないことがわかった。加算等を入れないで算定すれば、介護型有料は要介護3で約5万円、要介護5で10万円弱も低くなっている。これはある意味、介護型有料では集団としての効率的なサービス提供ができているからかもしれない。同時に、介護型有料では、包括報酬であるため、公正中立のケアマネジメントの議論が生じない。

財源的な議論として、保険者は住宅型有料と介護型有料の配置のバランスについて再考が求められているといえる。一般に、保険者は介護型有料よりも住宅型有料をつくることに誘導しているのが現状であるからである。

③介護報酬改定からみるケアマネジメントのあり方

介護報酬改定で居宅介護支援事業者の特定事業所集中減算が実施されているが、この背景には、ケアマネジャーが公正中立な業務が担えていないとの認識が基本にあることが類推できる。

国の委託による調査結果によると、**図9-3**のように、ほぼすべての居宅の介護サービスについて、それを

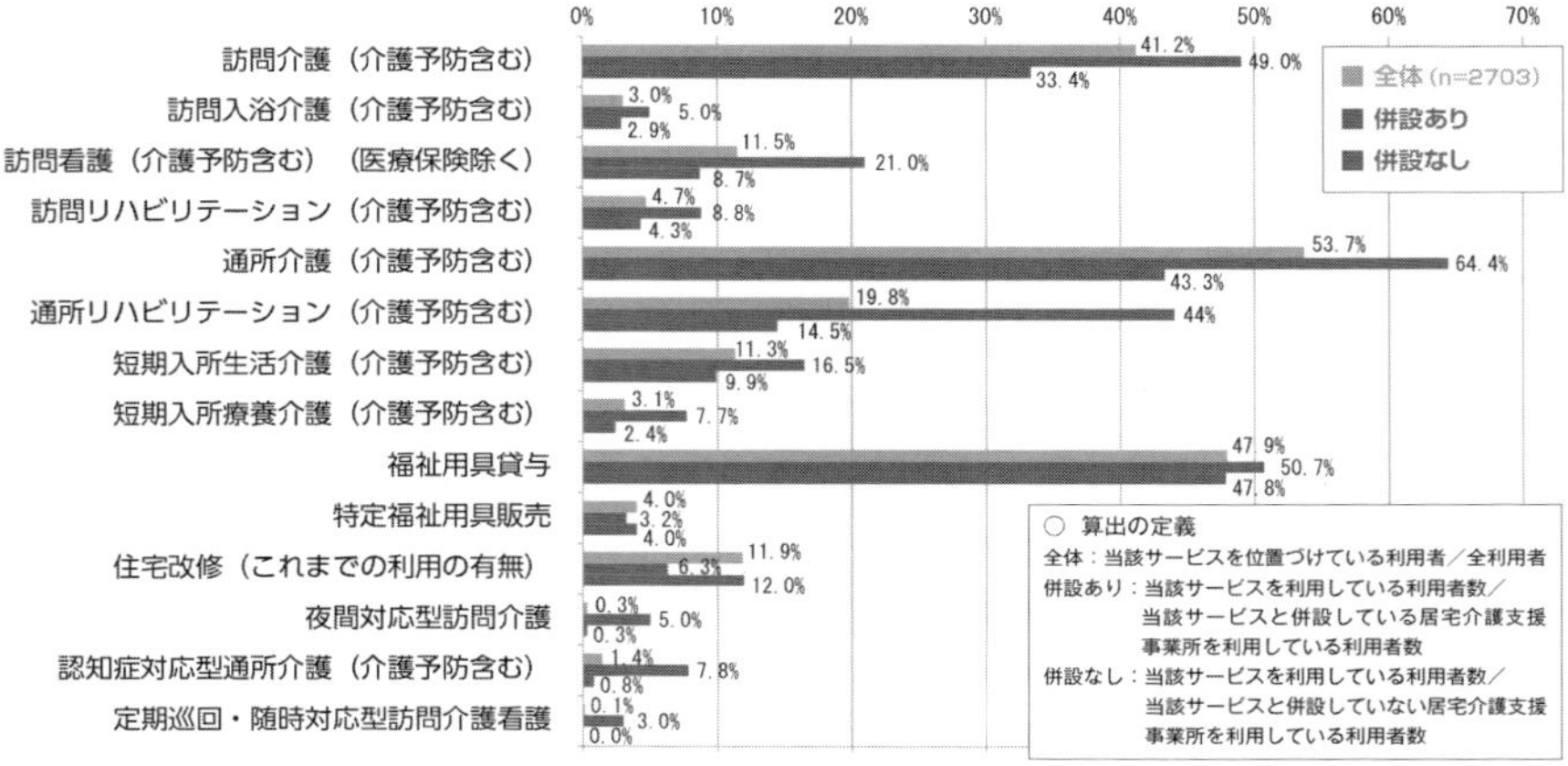

図 9-3　利用者のケアプランに組み込まれているサービス内容

○サービス事業所と併設あり・併設なしの別で居宅介護支援事業所が作成したプランにおけるサービスの利用率をみると、大概のサービスで併設なしに比べて、併設ありのほうが利用率が高くなっている。

出典：株式会社三菱総合研究所『居宅介護支援及び介護支援専門員業務の実態に関する調査報告書』平成 25年度厚生労働省老人保健健康増進等事業

併設している法人の場合には、ケアマネジャーのケアプランによるサービス利用率は併設していない場合に比べて、上回る結果となっている。これは、自法人の居宅介護サービスを利用しているかどうかは明らかではないが、公正中立が守られにくいことの根拠になるデータである。

ただし、この調査結果の見方も、公正中立が守られていないと一概に決めつけられない部分もある。第1には、利用者はどのようなサービスを利用したいかの視点からまずは介護事業者を決め、それからケアマネジャーを選ぶことで、結果的に同じ法人が一体的にサービス提供していることも考えられる。第2には、ケアマネジャーの力量に関わるもので、ニーズに合わせて介護サービスを紹介する段階で、地域全体を見渡して多様な事業所を紹介しなければならないが、身近なサービスしか提案できないことから生じていることも考えられる。

確かに、調査結果の数字をもって、公正中立が守られていないと断言できない部分もあるが、公正中立が守られにくい制度になっていることは確かである。管理者から自法人のサービスにつなげるようにお叱りを受けたといった話をケアマネジャーから聞くことも、まれではない。

ケアマネジャーには、利用者のニーズからではなく、意図的に自法人のサービスにつなげるメカニズムが働いている可能性がある。これは、当然、法人や事業者の管理者からの圧力がかかり、そのため生じている可能性があるが、このことは利用者に無駄な経費を出させ、他方、介護保険財源を圧迫させている要因にもなる。**図9-3**ではわからない支給限度額一杯まで利用させることもごく一部存在するであろう。これも公正中立に反することであり、本来のニーズ・オリエンテッドであるケアマネジメントとはかけ離れた代物である。

一方、介護サービス事業者の指定取消しの半数は、介護給付費の不正請求で占められているが、ここではケアマネジャーが給付管理をしている以上、ケアマネジャーの関与なしに不正請求は成立しない。ケアマネジャーは利用者側の給付管理をする立場にあるが、不正請求には、ケアマネジャーの管理機能が不十分であったり、事業者と裏で手を結んでいることから生じることもある。こうした実態をみると、居宅介護サービス事業者の不正に対して、利用者の権利を守るべき立場にあるケアマネジャーが、事業者の不正に加担していることにもつながることになる。

以上のような公正中立を守れないケアマネジャーはごく一握りであると思われるが、存在している。そこでケアマネジャーにはまずは公正中立な仕事が根本的に求められ、そのうえで、利用者に対して質の高い支援を進めていくということが道筋である。

ケアマネジャーが倫理的対応を可能にするためには、何をすべきか。これについては、無理やりに自法人のサービスにつなげたり、法人内の居宅介護サービス事業所と結託して不正を働きたいと思っているケアマネジャーは誰もいない。そのようなことが、ケアマネジャーに強いられない仕組みづくりが求められる。

こんな時、24時間訪問介護を日本で最初に始めた㈱コムスンの創設者の故 榎本憲一さんを思い出す。榎本さんは社長として、「私は一切ケアマネジャーのケアプランには関与しない」との契約書をケアマネジャーと交わしていた。このような理想に燃えた管理者が介護サービスの業界でどの程度いるのであろうか。

ただ、管理者の性善説にのみ委ねることは無理であり、2つのことの検討を提案したい。第1は、居宅介護支援事業所を地域包括支援センターと同じ保険者機能に変えることである。ここでは、ケアマネジャーが保険者から自立して、利用者のニーズに合わせて、利用者の権利を守っていくことができるかどうかが課題である。

第2は、居宅介護支援事業所のビジネスモデルである3人以上の独立型の居宅介護支援事業者をつくることに、加算等でインセンティブが働く仕組みをつくることである。ここでは、独立型であることをどのように担保していくのかが課題である。

介護保険財源が厳しくなってきている中で、公正中立なケアマネジメントではあるが、財源が不要に使われている部分があるとするならば、財源を適切に活用していくための方策を検討すべき時期にきている。同時に、このことは、ケアマネジャーが本来すべきニーズ・オリエンテッド・ケアマネジメントを実施できる環境を整えることにもなる。

④公正中立なケアマネジメントへの提案

ケアマネジメントの構造についての最も大きな課題は、ケアマネジャーが所属する居宅介護支援事業所の大多数が介護サービスを直接提供している法人に属しており、ケアマネジャーの公正中立が保ちにくいことである。さらに、現状では、住宅型の有料老人ホームやサービス付き高齢者向け住宅が多く建設され、住宅・施設部門とケアマネジャーを含めた介護サービス部門を一体的に経営している場合が多い。そのため、利用者へのサービスを自法人のサービスで囲い込みやすい構造になっている。

適正な介護保険財源のもとで利用者の権利を守るべく、ケアマネジャーと介護サービス事業所を切り離すことが必要不可欠である。利用者に効果的・効率的にサービスを提供していくうえで、介護保険制度内でのケアマネジメントの位置づけを見直すことが求められている。

ケアマネジメントを実施する居宅介護支援事業所の位置づけであるが、基本的に介護サービス事業所として配置していることは問題が多い。海外のケアマネジメントは、ほとんどが都道府県レベルと市町村レベルに分けられるが、自治体が実施しており、公正中立の議論は起こらない。

イギリスでは、地方自治体がケアマネジメントを実施しているが、購入者側であるケアマネジメントと提供者側である介護サービス事業者を切り離すことを意識して構造化されている。それは「購入側と提供側の分離(Purchaser-provider Split)」と言われ、ケアマネジメントの仕組みで最も基本的なことである（注1）。

日本においては居宅介護サービスの一つとして位置づけられていることを再考する必要がある。介護保険制度の見直しで、居宅介護支援事業所の指定権限が都道府県から市町村に移行したが、これだけでは公正中立を担保できない。

他の国々同様に、居宅介護支援サービスを保険者業務とし、介護サービス事業所から切り離し、保険者である市町村から委託される業務とすることである。具体的には居宅介護支援サービス事業所は、地域包括支援センターと同じ位置づけにし、ケアマネジメントは保険者からの受託事業にすることが必要である。

ただし、市町村業務になると、市町村は保険者であり、介護保険財源に強い関心を示すことによる課題が新たに生じてくる可能性がある。すなわち、ケアマネジャーはある意味では、保険者から利用者のサービス利用を抑制する役割を担わされ、ケアマネジメントの自律性が損なわれる可能性がある。そのため、イギリスでは、「利用者の代弁者の役割を果たしにくくなる。そのため、ケアマネジメントの体制を整えることと並行して、個人の不服の申し立てや代理の機会を拡充する必要が出てくる」としており、ケアマネジャーに対してできる限りの自由裁量を認め、同時に結果に対する責任をケアマネジャーにもたせる体制になっている（注2）。

日本においても、そうした体制づくりが必要であるが、そのためには、ケアマネジャーも自らの専門性を高め、利用者のニーズや必要なサービスについて、ほかの人々にその根拠を説明できる能力が必要である。

以上、ケアマネジャーが所属する居宅介護支援事業者は介護サービス事業者からも、行政からも一定の距離を置いた位置づけにすべきである。なぜなら、ケアマネジャーは利用者の尊厳を保持し、自立支援を進めていくうえで、いずれの組織団体からも距離を保ち、利用者を守っていく役割を果たさなければならないからである。

注釈
（注1）イギリス保健省、白澤政和・広井良典・西村淳訳著『ケアマネジャー実践ガイド』医学書院、1997年、15頁
（注2）前掲書、23頁

2　ケアマネジメントと情報提供サービスの分離

①ケアマネジャーの有効性はどこにあるのか

ケアマネジャーは、介護保険制度創設以降どのような貢献をしてきたのであろうか。厳しい批判にさらされ

ているケアマネジャーであるが、根本に立ち返って、率直な評価をしてみたい。

ここでは、まずは大阪市が２０１１（平成23）年４月に報告した『介護支援専門員調査』結果をもとに考えてみたい。これは、大阪市内の居宅介護支援事業所に勤務するすべてのケアマネジャーを対象にした調査である（注1）。

この調査結果で注目したいのは、単品サービス利用者比率についてである。ケアマネジャーの全利用者内での単品サービス利用者割合は41・６％であり、前回の２００７（平成19）年10月調査での46・９％よりは少なくなったが、４割の利用者が1つのサービスのみを利用しているということである。このような単品サービスの提供は利用者のニーズに基づくものであれば、決して問題にされるべきことではない。無理やり多くのサービスを提供することこそ、問題である。

介護給付費分科会で、ある委員は適切なケアプランを作成・実施していないため、単品サービスになっていると批判されたが、本当にそうであろうか。これについて、私の意見を述べてみたい。

第1の論点として、このような単品サービス利用者が多いことは、介護保険制度上での欠陥が露呈していると考えている。要支援者を中心とした生活問題がさほど複雑でない軽度者は多くのサービスを必要としておらず、本来はケアプランを作成し実施する重装備のケアマネジメントよりも、各種サービスの情報を提供し、利用者がサービスを自己選択していく情報提供・送致機能（Information and Referral Service）で十分であると想定できる。

現実に、要支援1の単品サービス利用者比率は77・３％であるが、要支援2では59・７％、要介護1では45・７％、要介護2では28・７％、要介護3では21・３％、要介護4では14・３％、要介護5では10・３％と順次低くなっており、要介護度が４や5では単品サービス利用者は1割台である。

大阪市が同時期に実施した『介護保険サービス利用者・未利用者調査』では、利用しているサービスの平均数（福祉用具の購入と住宅改修を含む）として、要支援1では1・49、要支援2では1・79、要介護1では2・19、要介護2では2・75、要介護3では3・05、要介護4では3・33、要介護5では4・18の介護保険のサービスを利用しており、同様の結果を示している（注2）。

このことは、介護保険制度ではすべての利用者にケアマネジメントを実施することにしているが、ケアマネジメントを必要とする者と情報提供で事足りる利用者を制度的に峻別することが必要であるといえる。これには、要介護度だけで峻別できるものではなく、境界領域の利用者もおり、議論の必要な部分である。これについての私見は、『ケアマネジメントのあり方〜ケアマネジメントの必要な人、そうでない人に焦点をあてて〜報告書』にまとめているので、後で報告をしたい。

第2の論点として、ケアマネジメントは、個々の利用者のニーズにより介護保険サービスだけでなく、他の社会資源とも結びつけることであるが、単品サービスが多い中で、ケアマネジャーはどのような対応をしているかである。大阪市の同じ介護支援専門員の調査結果では、介護保険サービス以外のサービスやインフォーマルサービスのケアプランを作成しているケアマネジャーが83・2%となっている。その具体的なサービスとしては、「食事サービス」が70・8%と最も多く、次が「家族」の68・4%、「緊急通報システム」の64・5%、「近隣・知人」の46・6%となっている。

この結果、多くのケアマネジャーは確かに単品サービス利用の支援を行っているが、他のフォーマルな、あるいはインフォーマルなサービスを活用して、要介護・要支援者を支えていることも事実である。

個々の利用者に対してどの程度まで介護保険外のサービスを利用するよう支援しているか、その具体的な人数はこの調査からは読み取れないが、8割以上の介護支援専門員がそうした活動を行っていることが明らかになった。

第3の論点として、ケアマネジャーは確かに、利用者のニーズに合わせて必要な社会資源と結びつける専門職であるが、同時に様々な役割を果たしている。このことは目に見えないことであるが、利用者や家族の悩みを傾聴したり、利用者と家族の意見の調整をしたり、さらには介護サービス事業者や他のサービスとの葛藤を調整している。この結果、ケアマネジャーは利用者の地域での在宅生活を支える「要」としての役割を果たしている。

単品サービス利用者が多いという問題に対して、以上の3つの観点から、ケアマネジャーの評価をしていく必要がある。単に、単品サービス利用者が多いことのみを取り上げて、あげつらい、批判すべきではない。

一方、こうした評価に該当しない介護支援専門員がいることも事実である。例えば、同じ大阪市の『介護支援専門員調査』の結果では、介護保険以外のサービスをケアプランに入れていないケアマネジャーが15・5％いるという事実である。ケアマネジャーの担当者数が10人未満である者が11・9％もいることも考慮しなければならないが、これら一定の介護支援専門員については極めて深刻な問題である。ケアマネジャーのレベルの底上げが必要不可欠であることを忘れてはならない。それでもだめな場合は、そうした介護支援専門員が利用者から選ばれない仕組みづくりが必要である。

注釈

(注1) 大阪市『介護支援専門員調査』2011年

(注2) 大阪市『介護保険サービス利用者・未利用者調査』2011年

②誰にケアマネジメントが必要か

ケアマネジャーの担当する単品サービス利用者は軽度者に多く、一概には言えないが、こうした利用者には、ケアプラン作成・実施にまで至らず、情報提供・送致するだけで対応可能な人が相当いることを論じてきた。

そうしたこともあり、2008（平成20）年にケアマネジメントを必要としない利用者についての事例研究を行った。ケアマネジメントを必要としている人の特性として、2つあることがわかった（注1）。

第1の特性は、利用者なりその家族が、どのような生活課題（ニーズ）があるのかを彼ら自身で把握できるアセスメント力と、その生活上の課題に対してどのような社会資源を活用すれば解決できるかを、自ら判断し調整するコーディネーション力を有しているかにある。このアセスメント力やコーディネーション力はケアマネジャーの能力と同じ内容であり、利用者や家族が自らケアマネジメントを遂行できる能力を有していれば、ケアマネジャーからの支援を必要としないということになる。

第2の特性は、利用者や家族の有している生活上の課題が深刻で、かつ複雑である場合である。このような場合には、たとえ利用者や家族が生活上の課題をアセスメントし、コーディネートする能力を有していようと、このような生活課題が利用者や家族の限界を超えており、ケアマネジャーなしには生活課題を解決していくことは難しい。

なお、この事例研究では、アセスメント力については、「目標を決定する力」「現状を把握する力」「生活課題（ニーズ）を明確にする力」「モニタリングする力」の4つの指標に分かれた。またコーディネーション力については、「解決方法を選択する力」「資源を選択する力」「手続きする力」「評価をする力」の4つに分かれた。

これらの指標で、利用者や家族のアセスメント力やコーディネーション力を評価することができる。ただし、この事例研究では、「生活課題の深刻・複雑性」を評価する指標については明確にしていない。これは今後の宿題であるが、指標化はさほど難しくないと考えている。当然、要介護度も一つの重要な指標になるが、すべてではない。

生活課題の深刻・複雑性の指標が作成されれば、要介護・要支援者のすべてにケアマネジメントを実施する無駄がなくなると考える。ケアマネジメントを必要としない者には情報提供・送致の支援を実施することで、介護保険財源を抑えることもできる。同時にこのような指標であれば、要介護・要支援者以外の高齢者に対しても、必要な場合、ケアマネジメントを実施することが可能になる。

このようなことを主張する根拠としては、既にイギリスの研究で、ケアマネジメントは重度者には効果が高いが、軽度者には効果の低いことが立証され、ケアマネジメントは重度者に対してインテンシブに実施していくべきであるということで、「インテンシブ・ケアマネジメント」が強調されてきた。

にも関わらず、日本では、介護保険制度が創設されて以降、原則的にはすべての要介護・要支援者にケアマネジメントを実施してきたが、２００５（平成17）年介護保険法改正では、介護保険制度を利用する予備軍である特定高齢者（「第2次予防対象者」に名称変更）にまで強引にケアマネジメントを実施することを広げた。

その結末は、２０１０（平成22）年8月6日に、「地域支援事業実施要綱改正」の通達で、第2次予防対象者のケアマネジメントは原則実施しなくてもよいことになった。その意味では、日本のケアマネジメントの対象者をどのように区分するかの整理ができていない。

これは、特定高齢者の介護予防ケアプランの作成が失敗であったことを国が自ら認めたことでもある。ある意味では、４年半の間介護保険財源を無駄にしたことでもある。

ケアマネジメントは利用者にインテンシブに継続的に対応する重装備な支援であり、コストがかかる。そのため、できる限り利用者を厳選する必要がある。同時に、ケアマネジメントを実施する場合は、その効果・効率が図られるよう、当該利用者に対して十分な手間暇をかけた支援が重要である。

今後、要介護・要支援者や介護予防・生活支援サービス事業対象者に対するケアマネジメントは、利用者や家族のセルフマネジメントを基本にして、ケアマネジメント対象者と情報提供サービス対象者に分離し、両者の連動性を図っていく仕組みづくりが求められている。

ケアマネジメントのコスト抑制と、利用者や家族のセルフマネジメント力を活かすうえで、真にケアマネジメントを必要とする人とは誰かについて、検討する必要があろう。

注釈

（注1） 白澤政和・他『ケアマネジメントのあり方～ケアマネジャーの必要な人、そうでない人に焦点をあてて～報告書』ケアマネジメントシステム研究会、２００８年、1～31頁

3　ケアマネジメントの目的についての再検討

①ケアマネジメントの目標としての自立支援の明確化

ケアマネジメントの目的は自立の支援にあるとされるが、介護保険制度における自立の意味が明確にされて

いない。2012（平成24）年に始まった「介護支援専門員（ケアマネジャー）の資質向上と今後のあり方に関する検討会」においても、自立支援の考え方が十分に共有されていないことが検討課題であるとされたが、2013（平成25）年1月7日に出された検討会の中間的な整理においても明確な回答が示されていない（注1）。

自立支援には、一般的に利用者が自己責任のもと自己決定することにあるとする「精神的自立」がある。他方、介護の領域では、利用者の身辺機能が改善・維持されるとする「身体的自立」がある。このどちらか一方を自立として主張するには、誰からも納得が得られにくい。

ケアマネジャーが利用者の精神的自立を目標にして支援していることが自立支援であると主張した場合に、それは「言いなりのケアプラン」「御用聞きケアプラン」ではないのかと反論される。他方、身体的自立として、ADL等の身体的な自立を求められると、ケアマネジャーは、とりわけ認知症の場合やターミナルケア期におけるADLや要介護度の改善は難しいと主張するであろう。そのため、ケアマネジメントが実施する自立は、精神的自立でも、身体的自立でも納得のいく十分な説明ができないといえる。

前述の介護支援専門員の資質向上に向けての検討会に、日本社会福祉士会が検討会に提出した『介護支援専門員の資質向上と今後のあり方について』（2012（平成24）年12月20日）では、自立支援に資するケアマネジメントは、「利用者の有する力（意欲、他者との関係性、思考、知識、自己決定、サービス活用等）を高めるとともに、利用者のニーズに適合した多様な社会資源を利用者が活用できるように支援すること」と、位置づけている（注2）。ここでは、前者が利用者の身体的能力を超えて、多様な力を引き出すことを意味している。後者については、利用者が活用できるという利用者の主体性を支援する中で、自己決定・選択を含めた意味合いが込められている。

これは日本社会福祉士会という一職能団体から発出されたものであるが、従来から両極で捉えてきた自立を一体的に捉えるものであり、自立支援について、ケアマネジャーが共有できる定義として評価できる。

ただし、利用者の「有する力」ということで、この力には定義に例示されていないＡＤＬ、ＩＡＤＬ、身体的・精神的健康等も含めることができるであろう。そのため、利用者の「有する力」にはどのようなものがあり、それをどのような方法で高めていくのかが重要である。これについては、利用者の「ストレングス」に着目して支援することに相通じる。

一方、後者の利用者が活用できるよう支援するということは、自己責任で自己決定することを意図している。ただし、こうした自己決定を必ずしも誰もができない中で、利用者の主体性を引き出していく支援を意味している。

それを実現していくためには、ケアマネジャーは利用者の主体性が引き出せる方法についての知識や方法を習得する必要がある。このためには、利用者が発言できる雰囲気をつくっていくといったコミュニケーション手法の習得も重要である。また、利用者の肯定的な自己づくりを支援するナラティブ・アプローチから学べることも多く、利用者の否定的自己に対して肯定的な解釈をしていくリフレーミング（リラベリング）といった方法も有効である。このことは自己肯定観を強化していくことから、自己決定を支援していくことになる。

さらには、自己決定が十分できない場合には、多くの関係者を集め、利用者の意志を推定していくことも必要となる。その場合に、ケアマネジャーは利用者の表情やしぐさ、さらには生活歴といったアセスメント情報をもとに、意志を推定するための情報を関係者に提供していくことも重要である。

いずれにしても、ケアマネジメントを介して利用者の自立支援という目標を実現していけるよう、ケアマネジャーは自立支援についての考え方を共有し、それに向かって価値・知識・方法を身につけていくことが必要である。これにより、ケアマネジメントを利用者の自立に資することができ、その有効性を発揮することができることになる。

注釈

（注1）介護支援専門員（ケアマネジャー）の資質向上と今後のあり方に関する検討会『介護支援専門員（ケアマネジャー）の資質向上と今後のあり方に関する検討会における議論の中間的な整理』２０１３年、５頁

（注2）日本社会福祉士会が２０１２年12月20日に提出した介護支援専門員（ケアマネジャー）の資質向上と今後のあり方に関する検討会に提出した意見書

②ケアマネジメントの目的として介護者支援の追加

介護保険制度は、創設前には国民の介護不安を解消すべく、介護の社会化を押し進め、介護者の介護負担を軽減することが目標であるとされた。それにもかかわらず、創設後その目標は弱くなっている。介護保険制度が要介護・要支援者の自立支援が重要な目的であることを決して否定するものではないが、本来であれば、介護者の負担軽減が並列的に目的に加えられるべきである。公的介護の目的は、利用者の自立支援と介護負担の軽減にあるが、後者については十分焦点が当てられてこなかった。これは、介護保険法の目的が要介護・要支援者の自立の支援になっていることでも明らかである（介護保険法第2条）。

多くの調査結果では68頁に示すように、介護保険制度創設以降、介護負担感は減少するというよりも、むしろ増大している結果になっている。

そのため、介護保険制度はケアマネジメントも含めて、被保険者でもある家族介護者に焦点を当てた支援を強調していくことが必要である。介護保険制度と家族介護者がパートナーとなって高齢者介護は実施されているのが現実であり、そのことを社会としても認め、それゆえ介護保険制度やそれを支えるケアマネジメントに

おいて家族介護者を支援する視点が必要になる。

ちなみに、海外の介護者支援施策をみると、介護保険制度と家族の両者が介護の担い手ということを前提にして、家族介護者を支援する仕組みがつくられている。

特に、ドイツの介護保険制度は介護者支援の視点が強い。介護者は要介護者を週14時間以上自宅で介護する者と定義され、介護者支援としての現金給付はよく知られている。これ以外にも、介護者が休息・休暇・病気その他の理由で介護ができない場合に、要介護度に関係なく年に最長4週間代替介護サービス（短期入所サービス）を現物で支給される。また、介護により介護者が腰痛等を生じると労災保険が適用される等で、介護者が不利にならないよう多くの施策が講じられている。家族介護を所与のものとして位置づけているため、無料の介護講習会も実施されている（注1）。

イギリスでは、「2014年ケア法」で自治体が実施するケアマネジメントには、要介護者だけでなく介護者も同様にアセスメントが義務化され、介護者のニーズに合わせたケアプランが作成され、サービスが提供されることが義務づけられている（注2）。

そのため、日本のケアマネジメントにおいても、高齢者の自立支援と同等の水準で、介護者の心身の負担軽減を目的とすべきである。ケアマネジャーは、介護者のアセスメントも重視し、介護者のニーズを明らかにし、そのニーズと要介護者側のニーズを調整し、同時に介護者の自立した日常生活を支援していく仕組みや方法の確立が必要不可欠である。もちろん、それを可能にする短期入所等のレスパイトサービスの充実が求められる。

日本については、家族介護者支援に向けて、介護離職ゼロを進めるべく、厚生労働省は2018（平成30）年3月に『市町村・地域包括支援センターによる家族介護者支援マニュアル～介護者本人の人生の支援～』を出版した。ここでは、**図9-4**のような、①介護者アセスメントの導入―介護者本人のクライエントとしての支援、②多様な専門職の支援ネットワークの形成―要介護者本人と介護者本人へのチームアプローチ、③地域づくり・まちづくりの視点―介護者本人を地域から孤立させない包括支援、④介護離職防止への接近―介護者本人の仕事の継続支援により、タイトルでいう「介護者本人の人生の支援」を目指すものである（注3）。

このようなマニュアルが出たことは画期的であり、評価できるが、本当にマニュアル通り、介護者本人の人生の支援ができるのであろうか。現実に、家族介護者への支援は介護保険法の目的にも、「指定居宅介護支援等の事業の人員及び運営に関する基準」の基本方針にも書かれておらず、介護支援専門員や地域包括支援センターは、家族介護者支援を胸を張って実施できるのであろうか。現状の保険者の居宅介護支援事業者への監査で、家族介護者を支援する生活ニーズが書かれていれば、介護保険給付の該当外と指摘する保険者もある中で、現実に家族アセスメント用紙をつくって、介護者向けのケアプランをつくることを保険者は認めてくれるのであろうか。このようなマニュアルを否定するものでは決してないが、本質的な議論がなく、法的に整備されていない中で、本当に介護者本人の人生の支援ができるのであろうか。

もう1点、タイトルがなぜ「市町村・地域包括支援センターによる」なのかも不思議でならない。仕事と介護の両立で最も厳しい状況に置かれているのは、要介護者を介護しながら働いている介護者であり、その支援をしているのは圧倒的に介護支援専門員であるのに、なぜ、「市町村・地域包括支援センター・介護支援専門員による」としなかったのであろうか。うがった見方をすれば、このマニュアルは介護支援専門員には読んでほしくないのではと、勘ぐってしまう。万が一、この報告書がアリバイ的に作成されているとするなら、仕事と介護の両立で苦しんでいる介護者に対する冒涜である。真剣に、介護離職ゼロに向けて、踏み込んでいただきたい。

考え方

4　介護離職防止への接近
―介護者本人の仕事の継続支援

④施策の企画立案協議
家族介護者の社会参加（仕事その他）継続に向けた協議の場づくり

④-1 施策の企画立案協議のための資料作成、会議テーマの検討
④-2 内外関係部署・機関・専門職による施策企画会議の開催
④-3 施策会議の検討結果の実行

介護者本人の人生の支援
―家族介護者の総合的な支援の展開

(1) 市区町村が進める取組
(2) 地域包括支援センターが進める取組
(3) 市区町村と地域包括支援センターの協働により進める取組
※市区町村と地域包括支援センターが４つの　手法を用いて一体的に総合的な家族介護者の支援を展開する

考え方

1　介護者アセスメントの導入
―介護者本人のクライエントとしての支援

①個別相談・支援
市町村や地域包括支援センター、介護支援専門員等の専門職による介護者アセスメントと相談機能の強化

①-1 家族介護者に対するアセスメントや自己チェックの実施
①-2 早期発見のための地域の相談場所の開発
①-3 家族介護者自身の取組の支援
①-4 子育て、障害関係部署等、関係各課間によるチームアプローチの構築

考え方

3　地域づくり・まちづくりの視点
― 介護者本人を地域から孤立させない包摂支援

③地域づくり
生活支援コーディネーター等による
介護者支援の地域づくり
ケアラーズ・カフェの取り組み

③-1 民生委員や生活支援コーディネーター、一般住民等向け情報提供「早期気づきのためのポイント」作成配布
③-2 地域住民、企業・事業所を対象とした「家族介護と仕事との両立・準備」に関する情報提供、啓発
③-3 家族介護者の相談機会づくり
③-4 見守り・生活支援活動を通した家族介護者支援の向上

考え方

2　多様な専門職の支援ネットワークの形成
―要介護者本人と介護者本人へのチームアプローチ

②多機関・職種間ネットワーク
支援が必要な介護者の早期発見ネットワーク構築地域包括支援センターによる地域を基盤とした本人・介護者を支える支援チーム結成

②-1 介護支援専門員の早期発見力の向上支援、発見後の継続した支援
②-2 介護サービス事業所等の介護専門職の早期発見力の向上支援、発見後の継続した支援
②-3 仕事と介護の両立を支援する地域のネットワーク体制づくり

出典：厚生労働省

図 9-4　家族介護者支援の総合的展開の 4つの考え方

注釈
（注１）齋藤香里「ドイツの介護者支援」『海外社会保障研究』184、2012年、16～29頁
（注２）白澤政和『ケアマネジメントの本質：生活支援のあり方と実践方法』中央法規、2018年、240～241頁
（注３）厚生労働省『市町村・地域包括支援センターによる家族介護者支援マニュアル―介護者本人の人生の支援』2018年

③ケアマネジメントとコストの抑制（Cost Efficiency）の関係

海外のケアマネジメントをみると、コストの抑制がケアマネジメントの一次的ないしは二次的な目的になっている。特にアメリカの保健医療制度においては、コスト抑制を主眼にしてその手段としてケアマネジメントを取り入れてきた経緯がある。ただし、ここで言うコストの抑制は、ケアマネジメントを活用して、医療費といった社会保障費の抑制に対する効果をみることが狙いである。

ケアマネジメントがアメリカで始まった歴史自体が精神科医療費の抑制の側面があった。１９７０年代の後半にジョンソン大統領が提唱した精神障がい者のコミュニティケア政策として、在宅生活が可能な入院患者が半数いることを前提にして、州立の精神病院のベッド数を半分にするという政策であった。ただし、この政策を進める過程で、退院患者が必要な諸々のサービスを1カ所で利用できるケアマネジメントの仕組みがつくられていった。この拠点となるために整備されたのが、地域精神保健センター(Community Mental Health Center) であった。

日本の介護保険制度や障害者総合支援法でケアマネジメントが導入されているが、法律上、コスト抑制に相当する部分を捉えてみると、次のようになる。介護保険法での「指定居宅介護支援等の事業の人員及び運営に

関する基準」や、障害者総合支援法の「指定計画相談支援の事業の人員及び運営に関する基準」では、同じように第2条の基本方針に「総合的かつ効率的に提供されるよう配慮して行われるものでなければならない」とされ、「効率的」が唯一コスト抑制に関わる部分である。

そのため、日本のケアマネジメントは、コスト抑制としての「効率的」をどのように捉えるかが、ポイントとなるが、両方の解釈通知についても、「効率的」の意味についての解釈は示されていない。文面通り読むならば、「効率的」は個々の利用者に対して無駄なくサービスを提供することを意図している。公正中立が守られにくい日本のケアマネジメントの仕組みゆえに、個々の利用者支援においてコスト意識をもつことを強調したとも解釈できる。このことが、ケアマネジャーに対して適正化事業につながっているともいえる。

ただ日本のケアマネジメントを概観してみると、コスト抑制の考え方は個々のケアプランに焦点が置かれているように思える。一方、海外でケアマネジメントのコスト抑制は医療費や社会保障費の抑制にどの程度効果があったのかを議論しており、日本と海外でのコスト抑制の意味にギャップが存在しているように思えてならない。

日本においても、個々の利用者に対するケアプランでの効率性を評価するだけでなく、ケアマネジメントによって、介護保険制度であれば、施設入所を抑制し、結果的にどの程度の介護保険財源の抑制になったのか、あるいは病院での在院日数を減らし、結果的にどの程度の医療費財源の抑制になったのか、といった、ケアマネジメントが社会保障財源抑制にどの程度寄与できているのかを、数値を用いて評価することも必要である。

これは、障害者総合支援法についても同様であり、医療費や障害者福祉サービス費の中でも、施設サービス費の財源抑制にどの程度寄与したかを評価することも必要である。

以上のような視点に立てば、利用者ができる限り長く在宅生活ができるよう支援すること自体が、効率的なサービスの提供になるといえる。ただし、このできる限り長く在宅生活を支えるためには、ケアマネジャーだけでなく、医療や介護の専門家の責任も大きいが、ケアマネジャーについて言えば、利用者のニーズの変化に合わせて適切なサービスと結びつけていくだけでなく、利用者の力を引き出し、介護者を支えるといったケアマネジャーの力量が問われることになる。こうした力量を高めるために、ケアマネジメントの方法について多様なモデルを生み出し実践してきたのが、アメリカのケアマネジメントである。

日本のケアマネジメントが、個々の利用者に対して「効率的」な、すなわち無駄のないケアプランであるという評価を否定するわけではないが、広い意味での、居宅介護支援事業や相談支援事業といった事業そのものの「効率的」評価も重要であることを指摘しておきたい。ただし、この「効率的」は、ケアマネジメントとそれに関わるフォーマルケアとインフォーマルケアの総体としての成果であることも認識しておく必要がある。

おわりに

このたび、桜美林大学の定年を契機にして、研究の一里塚として『介護保険制度とケアマネジメント 創設20年に向けた検証と今後の展望』を刊行することができた。桜美林大学では8年間お世話になった。前任校の大阪市立大学を退職した2011（平成23）年3月には『介護保険制度のあるべき姿：利用者主体のケアマネジメントをもとに』（筒井書房）を刊行しており、本書は8年間の研究成果の一つになった。

大阪市立大学での37年の教員生活を終えての退職と比べて、わずか8年間という約5分の1の期間で、研究も教育もさほど思ったほど成果を上げることができなかったという忸怩たる部分もある。ただ、良い研究環境に恵まれ、今までの研究・教育全体の3分の1程度の仕事ができたのではと思っている。この間に、教育面では、それなりの多くの優秀な大学院生を育てることができたと思っている。研究面では、自らのそれまでのケアマネジメントの研究成果をまとめた『ケアマネジメントの本質：生活支援のあり方と実践方法』を刊行でき、三井住友海上財団賞を受賞させていただくこともできた。

本書は、ほぼ桜美林大学に着任してから以降で、いくつかの新聞等で連載したものの中から、介護保険制度やケアマネジメントを検証する普遍的なものを選んで、まとめたものである。とりわけ、『シルバー産業新聞』で2009（平成21）年1月から2019（平成31）年3月までの10年間毎月連載してきた「ケアマネジメント快刀乱麻」から、主として抽出させていただいた。119回の中から、普遍的なテーマであるものを選んで再掲させていただくことにした。さらに、『高齢者住宅新聞』で2018（平成30）年10月から2019（平成31）年3月にかけて24回の「世界のケアマネジメント―最新事情」を連載させていただいたが、それはすべて再掲させていただいた。さらに、『ケアマネジャー』（中央法規出版）に２０１８（平成30）年10月号と11月号に掲載された「ケアマネジャーはどこに配置されるべきか─ケアプランをめぐってステークホルダーとの葛藤をもとに」を編集し直し、一部を収録した。ただ、『シルバー産業新聞』の「ケアマネジメント快刀乱麻」については、10年に及ぶ連載であり、データとして古くなったものは新しいデータに修正した。

そのため、再掲することを許諾いただきました各社に対して、心からお礼を申し上げる。

この８年間は大阪から東京に主たる拠点を移し、研究・教育・社会活動を行ってきたが、東京が中心になると、以前とは違い、情報や活動範囲も常に全国的で俯瞰的・政策的な視点で捉えることができるようになった。それは研究や教育にとってメリットな部分もあるが、個別性のある個人や地域といった視点で捉えられにくくなるという意味では、デメリットもある。今後も、桜美林大学での研究や教育をもう少し継続・発展していきたいと思っており、この４月から同じ東京の赤坂にある国際医療福祉大学大学院で教鞭をとることになっている。

その意味では、私の研究はあえて言えば、後者の個別的な志向性が強いが、その良さを残しながら、俯瞰的・政策的な視点を深めていきたいと思っている。

経験上、研究があって初めて良い教育ができると考えており、教育者である限りは研究にも邁進していきたいと思っている。

２０１９年３月18日の桜美林大学学位授与式にて

白澤政和

●著者略歴

白澤　政和（しらさわ・まさかず）
博士（社会学）

1949 年　三重県名張市生まれ
1974 年　大阪市立大学大学院修了（社会福祉学専攻）
1994 年　大阪市立大学生活科学部教授
2011 年　桜美林大学大学院老年学研究科教授
2019 年　4 月より，国際医療福祉大学大学院教授
一般社団法人日本ケアマネジメント学会理事長，一般社団法人日本社会福祉学会元会長，日本在宅ケア学会前理事長，日本介護福祉学会副会長，一般社団法人日本ソーシャルワーク教育学校連盟会長，日本学術会議第 19 ～ 21 期会員

●著書
『ケースマネージメントの理論と実際――生活を支える援助システム』（中央法規出版，1992 年）第 7 回吉村仁賞，第 3 回福武直賞受賞
『「老人保健福祉計画」実現へのアプローチ――サービスの利用促進にむけて』（中央法規出版，1994 年）
『ケアマネジメントハンドブック』（医学書院，1998 年）
『介護保険とケアマネジメント』（中央法規出版，1998 年）
『生活支援のための施設ケアプラン――いかにケアプランを作成するか』（中央法規出版，2003 年）
『介護保険制度のあるべき姿――利用者主体のケアマネジメントをもとに』（筒井書房，2011 年）
『キーワードでたどる 福祉の 30 年』（中央法規出版，2011 年）
『地域のネットワークづくりの方法――地域包括ケアの具体的な展開』（中央法規出版，2013 年）
『ケアマネジメントの本質――生活支援のあり方と実践方法――』（中央法規出版、2018 年）三井住友海上福祉財団賞授賞
『認知症のある人へのケアプラン作成のポイント』（編著，ワールドプランニング，2018 年）
『ケアマネジメント論 わかりやすい基礎理論と幅広い事例から学ぶ』（編著，ミネルヴァ書房，2018 年）
等多数

介護保険制度とケアマネジメント
―創設20年に向けた検証と今後の展望

2019年4月20日　発行

編　者　白澤政和
発行者　荘村明彦
発行所　中央法規出版株式会社
〒110-0016　東京都台東区台東3-29-1　中央法規ビル
営　　業　TEL 03-3834-5817　FAX 03-3837-8037
書店窓口　TEL 03-3834-5815　FAX 03-3837-8035
編　　集　TEL 03-3834-5812　FAX 03-3837-8032
https://www.chuohoki.co.jp/

装幀・本文デザイン・印刷・製本　永和印刷株式会社

定価はカバーに表示してあります
ISBN978-4-8058-5863-9